Vom Mitmachen und Mutmachen

Kinder
Gottesdienst
Gemeinde

Eine Buchreihe für die Praxis –
herausgegeben vom
Württ. Evang. Landesverband
für Kindergottesdienst

Die Deutsche Bibliothek – CIP-Einheitsaufnahme

**Vom Mitmachen und Mutmachen:** Kindergottesdienst
mit 4-7jährigen; Alltagsthemen und Bibelgeschichten;
Aktives und Kreatives in Liedern und Spielen;
allerlei Anregungen zum Basteln und Feiern /
Alma Grüßhaber (Hg.). – Leinfelden-Echterdingen:
Verl. Junge Gemeinde, 1992
  (Kinder, Gottesdienst, Gemeinde)
  ISBN 3 –7797– 0329 –7
NE: Grüßhaber, Alma (Hrsg.)

© 1992 Verlag Junge Gemeinde Stuttgart
Leinfelden-Echterdingen
1. Auflage
Umschlag und Typografie: Dieter Kani, Stuttgart
Illustrationen und Vignetten:
Dorothea Layer-Stahl, Winnenden
Gesamtherstellung: Ebner Ulm

ISBN 3 –7797– 0329 –7

ALMA GRÜSSHABER (Hg.)

# Vom Mitmachen und Mutmachen

## Kindergottesdienst mit 4–7jährigen

*Alltagsthemen
und Bibelgeschichten*

*Aktives und Kreatives
in Liedern und Spielen*

*Allerlei Anregungen
zum Basteln und Feiern*

Verlag Junge Gemeinde

# Inhalt

# Verzeichnis der Lieder

☞ *Abkürzungen, die in diesem Buch vorkommen,*
*sowie Bücher, die immer wieder (z. T. in Kurzform) genannt werden:*

EKG = Evangelisches Kirchengesangbuch

LfJ = »Liederbuch für die Jugend. Geistliche Lieder für Schule und Kindergottesdienst«, Quell Verlag

LzU = »Liederbuch zum Umhängen«, Menschenkinder-Verlag

Mal Gottes Regenbogen = »Mal Gottes Regenbogen in das Grau-in-Grau der Welt. Ein
Liederbuch für Kinderkirchen und vieles mehr«, Verlag Junge Gemeinde

»Menschenskinderlieder«, ein Liederbuch hrsg. von der Beratungsstelle für Gestaltung
von Gottesdiensten und anderen Gemeindeveranstaltungen, Eschersheimer Landstraße
565, 6000 Frankfurt a. M. 1

Fröhlich Herz = »Er gebe uns ein fröhlich Herz. Überlegungen, Vorschläge, Texte für
die Liturgie im Kindergottesdienst«, Verlag Junge Gemeinde

Sagt Gott, wie wunderbar = »Sagt Gott, wie wunderbar er ist. Alte und neue Psalmen
zum Sprechen und Singen«, Verlag Junge Gemeinde

# Zeichenerklärung

Diese Marken begegnen Ihnen in diesem Buch an vielen Stellen.
Sie bedeuten:

 Kind und Thema

 Kinderaktivitäten

 Botschaft des Bibeltextes

 Liturgie

 Arbeitsplan

 Gebet

 Erzählen/Geschichte

 Hinweis auf
weitere Ideen und Vorschläge

 Fingerpuppe

 Literatur

 Lied/Spiellied

 Bewegungslied

 Basteln

# Vorwort

Eine fröhliche, ansteckende und einladende Kirche sollen die jüngsten Gottesdienstbesucher erleben. Kinder wollen sich mit ihrem Bewegungsdrang, ihrer Spontaneität und ihrer Neugier an dem beteiligen, was geschieht. Ein Gottesdienst, der Vorschulkinder anspricht, muß ihre elementaren Bedürfnisse einbeziehen. Singen, spielen, sich bewegen, zuhören und miteinander reden, aber auch innehalten und zur Ruhe kommen gehören zusammen. Die Vielfalt der Erlebnisformen haben zu vorliegendem Buch inspiriert. Es wendet sich ausschließlich der Gestaltung von Gottesdiensten mit Kindern der Altersstufe von vier bis sieben Jahren zu.

Der Titel »Vom Mitmachen und Mutmachen« beschreibt bereits, um was es geht. Die Überlegungen, Vorschläge und Entwürfe tragen zusammen, was Kinder in diesem Alter brauchen, was sie anspricht und freut. Geliebt und angenommen sein von Gott, das sollen die Kinder von Anfang an erfahren. Von ihm behütet sein und sich bei ihm geborgen fühlen an jedem Tag des Lebens, das ist die Botschaft der biblischen Erzählungen. Die Auswahl der Bibeltexte orientiert sich an wichtigen Lebensthemen der Kinder. Daß diese auch Hauptthemen der biblischen Botschaft vom schenkenden und begleitenden Gott sind, ist die grundlegende religionspädagogische Auffassung, die dieses Buch vertritt.

In den Entwürfen haben die Mitarbeiterinnen und Mitarbeiter dieses Bandes nach Darbietungsformen gesucht, die Spaß machen, miteinander Kindergottesdienst zu feiern. Manche Vorschläge weichen von der traditionellen Kindergottesdienstform ab. Auf Wiederkehrendes und Wiederholbares ist ein besonderes Augenmerk gerichtet. So ist z. B. nur *eine* Bibelerzählung für zwei bis drei Gottesdienste aufgenommen. Diese wird eingeführt, erspielt, erzählt, auch vertieft und weitergeführt. Wir meinen, mit mehreren Einheiten zum selben Thema den Kindern dieser Altersstufe gerechter zu werden.

Wir wünschen den Leserinnen und Lesern, die mit dem vorliegenden Materialangebot arbeiten, daß es ihnen gelingt, sich mit den Kindern auf den Weg zu machen. Wir hoffen, daß alle, die Kindergottesdienst feiern, neuen Mut gewinnen und erfahren, wie Gott schenkt und begleitet.

# Wie sind Kinder wirklich?
*Das Kind in seiner Entwicklung*

Joachim von Lübtow

## 1. Nähe im Leben

### 1.1 Getragen und geborgen

Man kann sich fragen, woher wir unsere Paradiesvorstellungen, die Bilder vom Schlaraffenland nähren: Gibt es Entsprechungen in unserem Leben, unserer Entwicklung? Bei dem Leidvollen unserer Geburt und der allernächsten Zeit danach erleben wir in der Regel sehr viel Beglückendes, Paradiesisches: Ge- und beschützt beginnt unser Leben. Man muß nur Eltern in den ersten Lebenswochen ihres Kindes begleiten, um zu erleben, wie sie dieses kleine zerbrechlich wirkende Wesen abschirmen, schützend ihre Hand über das Köpfchen halten. So ein Baby ist in Sicherheit, geborgen auf den Armen der Eltern, in seinem gepolsterten Bettchen, beim Baden.

Vorausgegangen ist all dem ein Vertrauen der Eltern in die Zukunft, als »geborgte Partner« dem Kind das geben zu können, was es braucht. Natürlich steht da an erster Stelle die Versorgung an Leib, Verstand und Seele.

Besorgt und fürsorglich lesen Eltern ihrem Kind seine Wünsche von den Augen ab, versetzen sich in seine Ängste, Sorgen und Sehnsüchte. Ihre Beziehung ist eine »tragende«, in des Wortes vielfacher Bedeutung. Hier ist ja der Grundstein gelegt für das »Ertragen« (bzw. die Toleranz) anderer Menschen im späteren Leben.

### 1.2 Geliebt und zufrieden

Die ersten Lebensjahre scheinen uns in der Regel nicht so wichtig, und doch geschieht hier schon so Entscheidendes. Wir tun den ersten »Schritt«, um später beziehungsfähig zu werden. Jetzt ist das Hauptthema, Nähe zu leben. Nie wieder im Leben sind Beziehungen so auf dauernde Nähe angelegt, spielen Schmecken, Fühlen, Betasten und Be- »greifen« wieder so eine Rolle. Nie wieder werden wir geliebt »so wie wir sind«, einfach, weil wir da sind. Natürlich kommt dem auch entgegen, daß Babies »einfach süß« sind, daß sie förmlich das »Herzen« und Drücken herausfordern. Uns Erwachsene scheint tief drinnen etwas anzurühren, zu unserer Seele zu sprechen, was von diesem ungeschützten, hilflosen Wesen ausgeht und die letzten Fasern unserer Liebesfähigkeit zum Zittern bringt.

Wenn diese Zeit zu Beginn unseres Lebens »zufriedenstellend« verlaufen ist, wir also Versorgung, Fürsorge, Schutz, Geliebtwerden ausreichend erlebt haben, dann ist eben der Grundstein gelegt für spätere Bindungsfähigkeit, dann läßt sich das Alleinsein in Maßen ertragen, dann werden wir gierig auf »Welterfahrung«, eben neugierig. Wir trauen uns Schritte ins Leben zu, sind aber auch ständig in Angst, die uns Pflegenden zu verlieren. Schon früh also geht beides Hand in Hand: Angst, Bedrohtsein und Gehalten-, Geborgensein«; zuviel Nähe, »Affenliebe«, wie wir sagen, und Lieblosigkeit bedrohen da unser weiteres Leben genauso wie Desinteresse.

### 1.3 Geborgen bei Gott – geborgen bei Menschen

Wichtig für die religiöse Erziehung aber ist vor allem: Drei Beziehungen bestimmen unser Leben: die zu uns selbst, zu den Mitmenschen und zu Gott. Was bisher gesagt wurde, prägt natürlich diese Beziehungen, und selbstverständlich übertragen wir das Erleben unserer »geliebten« Eltern auf Gott. Aber das ist noch unbewußt, sinkt tief in die Seele des Kleinkindes. Deshalb will ich diese »Erfahrungen« im Hinblick darauf ausdrücklich wiederholen:

Grunderfahrung ist die, »geliebt zu werden, wie wir sind«. Die Bibel findet für Gott Bilder: Wie eine »Glucke zu ihren Küchlein«, wie »ein Adler mit seinen Jungen«, er »hält mich an der Hand«, in seiner Hand »bin ich geborgen«, er »weidet mich auf grüner Aue«, »sieht mich«, »sucht mich«. Fürsorglich ist dieser schenkende, »liebende Gott.«

Mit diesem liebenden Gott im Rücken kann ich Leben wagen, ertrage ich Widerwärtigkeiten und Rückschläge, er »stellt meine Füße auf weiten Raum« und »führt mich durchs dunkle Tal«, er ist bei mir, wie ein Hirte bei seiner Herde. Erste wichtige Gotteserfahrungen sind gemacht und werden mich ein Leben lang begleiten, im Kindergottesdienst, im Religionsunterricht und wo sonst auch immer. Im vorigen Kapitel ging es um Nähe, fürsorgliches Tragen, um den Grundstein für eine tragende Bindung. Im folgenden soll es um eine neue Seite des Lebens gehen.

## 2. Distanz im Leben

### 2.1 Ich sagen lernen und ein Du finden

Das ist das große neue Thema. Die kleinen Zweijährigen spüren unbewußt, wie wichtig es ist, von Mutters Rockschößen wegzukommen, allein in die Welt zu gehen. »Hänschen/Johanna klein, geht allein, in die weite Welt hinein, Stock und Hut, steht ihm/ihr gut, er/sie ist wohlgemut . . .«

Ja, es ist die Aufbruchstimmung, von viel Hoffnung, viel Mut getragen. Das kleine Kind ist nun dabei, einen zweiten wichtigen Schritt in seiner Persönlichkeitsentwicklung zu tun. Sie/er stellt sich in den Vordergrund, lernt »ich« zu sagen und gleichzeitig zu spüren, was für ein »Du«

ihm gegenübersteht. Und schon in diesen frühen Jahren spürt das Kind, was es bedeutet, »ich« zu sagen. Sage ich zuviel »ich« im Leben, bin ich egoistisch und werde gemieden, sage ich zu selten »ich«, gehe ich unter in der Menge, werde gesichts- und profillos. Und doch muß ich wagen, mein »Ich« zu zeigen, auch wenn die Eltern in ihrer Hilflosigkeit und ihrem Ärger dazu dann »Trotzalter« sagen, das »Böckchen« in die Ecke stellen oder sogar dem Kind das »Rückgrat« brechen wollen.

Vielleicht spüren wir Erwachsenen oder wissen es sogar, daß es um Grundlegendes geht, nämlich um Zivilcourage: Hinstehen für hier Wichtiges, auch, wenn es nur Nachteile bringt, ich dafür weniger geliebt oder sogar bestraft werde.

### 2.2 Nein sagen und auch trotzen

Aber das ist erst der Anfang; ein Ich braucht mehr zu seiner Sicherheit. Wir lernen in dem Alter, Grenzen zu setzen und Grenzziehung anderer zu ertragen, das geschieht verbal: »Du sollst nicht immer mit deinem blöden Staubsauger mein schönes Legohaus kaputtmachen«, setzt sich später fort mit der Türaufschrift, die Zehnjährige anbringen: »Eintritt verboten, Lebensgefahr.«

Wie grundlegend das Thema »Grenzen« ist, sehen wir daran, wie schwer wir uns ein Leben lang damit tun. Wie viele Menschen leben grenzenlos und überfordern sich damit: im Überschreiten von Leistungsgrenzen, im Leben mit offenen Türen, Sich-alles-gefallen-Lassen und ein Leben lang nur immer zu schlucken.

Hinzu kommt »Nein«-sagen zu lernen in aller Unbeholfenheit, Hilflosigkeit. Vielleicht weiß das Kindergartenkind wirklich nicht, was es will, aber was es nicht will, ist ihm klar. Es spürt noch undeutlich, aber je länger, um so mehr, daß zuviel »nein« einsam und ungeliebt werden läßt. Zuwenig »nein« führt dazu, daß ich Dinge tun muß, die ich nicht tun will. Ständig werde ich überfahren, nicht nach meinem Willen gefragt. Auch hier ist es wieder so, daß Eltern nur den Trotz empfinden, die kindliche Opposition, und meinen, das Kind verhalte sich widerborstig, ungehorsam, bockig, nur, um sie zu ärgern, ohne daran zu denken, daß ganz anderes dahinterstehen könnte.

Und natürlich funktioniert das alles nur, wenn im Hintergrund das kindliche Allmachtsgefühl steht: »Ich bin ganz stark, kann verzaubern, habe Macht über Menschen und Tiere.« So erlebt es der kleine Max im Bilderbuch »Wo die wilden Kerle wohnen« von Maurice Sendak (Diogenes-Verlag). Und wieder ist beides da – das Allmachtsgefühl und das Ohnmachtsgefühl: Ohne die Eltern bin ich und kann ich nichts.

### 2.3 Geben und nehmen

Bei der Sauberkeitserziehung wird dies sehr anschaulich: Da sprechen wir vom »Thron«, da geht der ganze »Scheiß« in die Hose. Das

Kind erlebt: Ich muß Kostbares von mir hergeben, mache meinen Eltern ein Geschenk, wenn ich aufs Klo oder Töpfchen gehe. Andererseits wissen wir, welcher Machtkampf da oft tobt, wie wichtig es heute immer noch zu sein scheint, daß Kinder früh sauber werden, Kot und Harn halten können, und Eltern ihr Erziehungsgeschick von dessen »Erfolgen« abhängig machen.

»Geben und Nehmen« wird unser Leben weiter begleiten: Wie sozial sind wir, was will ich meinem Partner von mir geben, und wo möchte ich auch nehmen dürfen? Manche Menschen können eben nur geben im Leben, und das Nehmen (z. B. von Geschenken, Komplimenten, Kritik) fällt ihnen unendlich schwer. Andere wieder können nichts geben, sie nehmen immer nur, raffen und horten, sparen und sammeln; geht es aber ans Teilen und Geben, dann fühlen sie sich bedroht und ziehen sich zurück. Natürlich sind das nicht die einzigen Bereiche, in denen sich unsere Persönlichkeit entwickelt.

## 2.4 Fragen ohne Ende

Alles differenziert sich in den Jahren zwischen zwei und vier in besonders auffälliger Weise im Körperwachstum, den motorischen Fähigkeiten, dem Sprachvermögen und der Intelligenzentwicklung. Kinder scheinen vor Ideen zu bersten, und die Konzentration beim Sprechen ist nie wieder in ähnlicher Weise erreichbar. Sie scheinen Pläne für ihr Bauen im Kopf zu haben, ihr Spielen scheint einem inneren Plan zu folgen. Sie sind »Macher«, immer aktiv, quirlig und von einer hohen Unruhe bestimmt. Auch das ist natürlich alles auch wieder ambivalent (doppelwertig) zu sehen: Neben der Konzentrationsfähigkeit steht eben das Bedürfnis, aktiv zu sein, sich ständig zu bewegen, nicht bei einer Sache zu bleiben, weiter zu drängen. Hinzu kommt ständiges Plappern, Erzählen und ein bohrendes Fragen. Nichts scheint unwichtig, die gesamte Kinderwelt, alle ihre Erlebnisse drängen nach Erklärung durch die Erwachsenen, und auch hier gilt: Wer keine Fragen stellt, traut dem anderen die Beantwortung nicht zu. Fragend wird die Welt durchforstet, begriffen, sie ist »fragwürdig«. Und was verstanden ist, wird gestaltet oder gestaltend deutlich.

Was ich abbilde, beschäftigt mich, ist mir »frag-würdig«, füllt mich aus, will ich begreifen, dem will ich Gestalt geben, es benennen: Ich möchte meine Ängste, Sorgen, Freuden und Sehnsüchte eben »ins Bild rücken«. Darum ist es so wichtig, den rechten Weg zwischen Anleitung und Freiheit zum Malen zu geben. Das gilt beim Gestalten im weitesten Sinn: Die kindliche Seele sucht sich ihren Weg, findet ihren Ausdruck, wenn ich ihr bei der Entfaltung helfe und sie nicht überforme, bevormunde und einenge. Kinder zwischen zwei und fünf Jahren kommen mit sehr wenigen Bilderbüchern und Geschichten zurecht. So vieles wird bei ihnen angeregt und drängt ihre Erlebniswelt danach, in den Geschichten

Raum zu bekommen. Sie wollen in Verbindung geraten mit den Personen der Bilder und Geschichten und eben auch Hilfe und Beistand erfahren in aller Kleinheit, Traurigkeit, aller Angst, dem Unverstandensein, der Machtlosigkeit und dem Alleinsein.

### 2.5 Sich auseinandersetzen und durchsetzen

Immer wieder hat uns jetzt das »Sowohl-Als-auch« begleitet, bestimmend für unser Leben und Raum greifend in dieser Altersstufe: Unser weiteres Leben kennt den Wunsch, alles schwarzweiß zu sehen und doch lernen zu müssen, daß es so nicht ist, sondern daß alles gut *und* böse ist: Die liebe Mami, die mir am Bett erzählt, ist böse, weil sie mir die weiteren Süßigkeiten nicht mehr erlaubt.

Am Anfang des Kapitels sprachen wir von der notwendigen Distanz nach der großen Nähe am Lebensbeginn. Das Kind braucht Distanz, um sich auseinandersetzen zu lernen, sein Ich gegen das der Eltern, anderer Erwachsener zu stellen und damit auch die Frage beantwortet zu bekommen: Was bin ich dir wert, wie sehr magst du mich? Dabei hilft es natürlich nicht, den Kleinen das Rückgrat zu brechen und sie zu braven, gehorsamen Kindern zu machen. Das ähnelte eher dem Umbinden der Zehen der chinesischen Frauen des 19. Jahrhunderts: So kann das »Kind« nicht aufstampfen vor Zorn oder weite kraftvolle Sprünge machen. Solche Kinder leben be-grenzt, ver-bogen, trauen sich nichts, sind »hinten-herum« und ohne Mut, sich Konflikten zu stellen. Kinder aber, die Erwachsene erleben, die sich stets zurückziehen, ihnen nie widerstehen, keine Grenzen setzen (weil das vielleicht zu anstrengend ist, Kraft kostet, Position verlangt), diese Erwachsene ziehen – bildlich gesprochen – den Kindern zu große Stiefel an. Sie müssen stolpern oder gar fallen, können keine große Sprünge wagen und eben auch nur noch kleine Schritte tun, weil sie nie wissen, woran sie mit den Erwachsenen sind.

Es geht um meine Position, deine Position. Dies sind Auseinandersetzungen, die mir möglich machen, mich durchzusetzen, aber eben auch zurückzustecken, wenn es dran ist. Erwachsen gesagt: Es geht um Autonomie und Selbständigkeit, und zwar – recht verstanden – in dem Geflecht unserer Familie, dem Kindergarten, mit meinen Freunden/innen, im sozialen Kontakt mit anderen.

### 2.6 Geborgen, weil Gott begleitet

Und wieder entspricht dem eine Gotteserfahrung: Neben den schenkenden Gott tritt nun der, *der mein Leben begleitet*, indem er Ordnungen setzt, orientierend erscheint. Natürlich ist Gott für Kinder allmächtig, kann zaubern, ist böse und gut, setzt Grenzen, macht angst, läßt Traurigkeit und Leid zu oder wehrt ihm zumindest nicht. Er erscheint Kindern »frag-würdig«, rätselhaft und unbegreiflich. Beide Gottesvorstellungen werden in Zukunft nebeneinander stehen, mit beiden gilt es zu rechnen.

# 3. Rollen im Leben

### 3.1 Wofür Rollen-Spiele gut sind

Im dritten Abschnitt der Entwicklung, bis zum Schuleintritt, steht der Körper des Kindes im Mittelpunkt. Die Doktor- und Vater/Mutterspiele befriedigen die Neugierde. »Guck mal, was ich schon kann!« Und »das kannst du schon!«. –

Kindliche Unterlegenheit sucht ihre Kompensation über körperliche Aktivitäten, Konkurrenz und Kampf, und das alles will bewundert werden, sucht die Bestätigung durch die Erwachsenen. Die Angst, unzulänglich zu sein, unvollkommen, zu klein, all das verlangt nach Ausgleich.

### 3.2 Sich der Geschlechts-Rolle sicher werden

Dazu gehört das sogenannte »Probehandeln« im Bauen, Spielen, Verkleiden, in dem Rollenspiel, erwachsen oder Eltern zu sein, zu probieren, wie es wäre, »wenn«. Überhaupt bekommt man an Vater und Mutter das Zutrauen zum eigenen Geschlecht oder kann es zumindest bekommen. Sigmund Freud hat die Entdeckung gemacht, die alle Eltern mit wacher Beobachtung auch machen können, daß nämlich der Junge plötzlich zur Mutter sagt: »Mama, heirate doch mich, ich bin schon stark und kann dich beschützen, und der Papa, der könnte unser Chauffeur werden.« Vielleicht führt das kleine Mädchen folgendes Gespräch mit dem Vater: »Papa, heirate mich doch, ich kann schon Spaghetti oder Bratkartoffeln kochen. Die Mama könnte ja bei uns putzen.«

In der Literatur steht dieser Vorgang unter dem Stichwort »Ödipale Beziehung«: Die kleine Eva, die den Vater zum Mann begehrt, und der kleine Sohn, der die Mutter um den Finger wickeln kann. Dabei wird auch viel aggressives gegen den gleichgeschlechtlichen Elternteil hervorkommen. Im Spiel und in den Erzählungen kann man genug davon wahrnehmen. Da geschieht Mord und Totschlag, aber Unfallwagen sind immer in der Nähe. Nicht einmal im Spiel soll der Tod eintreten, mit dieser Schuld könnte kein Kind leben.

### 3.3 Wenn erste Schulderfahrungen gemacht werden

Kinder erleben sich ab ihrer Oppositionszeit im Kindergartenalter natürlich in Verstrickungen. Zwei Schulderfahrungen stehen im Vordergrund. Einmal: Wenn ich tue, was andere nicht wollen, werde ich nicht geliebt. Zum Beispiel: Wenn die Freundin bittet, noch ein bißchen mit ihr Fahrrad zu fahren, weil sie so allein sei, und ich höre die Uhrzeit, zu der ich daheim sein soll, da tue ich mit meinem Bleiben der Freundin etwas zuliebe. Ich ärgere aber meine Mama.

Die zweite Schulderfahrung ist: »Wenn ich liebe, verletze ich.« Das kann schon passieren, wenn ich die Erzieherin oder die Omis netter finde als meine Mama.

Kindern macht diese Erfahrung angst, und dies ist Anlaß für ihre Alpträume, genauso wie das Erleben der eigenen Aggressionen. Wichtig ist dabei, daß Erwachsene zeigen, daß beide Gefühle – lieb und böse – zu uns gehören und uns die sogenannten »bösen« Gefühle nicht schlechter machen. Angst machen natürlich auch die Manipulation am eigenen Körper, die Kinder lustvoll erleben: die Selbstbefriedigung beim Spielen, im Bett, beim Baden. Auch das sollen Erwachsene nicht überbewerten, aber eben auch nicht abwerten. Auch dies ist eine Möglichkeit, den eigenen Körper zu erleben und zu genießen.

Kinder erleben also einerseits viel Beglückendes. Sie werden in jeder Hinsicht »groß«, wissen und können vieles. Andererseits bedrücken sie Verstrickungen und Schulderfahrungen. Sie ahmen die Eltern nach, schlüpfen in deren Rollen und haben andererseits Vernichtungsgedanken für den gleichgeschlechtlichen Elternteil.

Die Themen der ersten Lebensjahre werden noch einmal buchstabiert: Nähe und Distanz, beides nebeneinander zu leben, zuzulassen und zu lernen, daß sie zum Leben gehören. Erst der Ausgleich zwischen der Nähe und den aggressiven Strebungen führt zur Wertschätzung meines Selbst.

### 3.4 Kinder fragen nach dem rätselhaften Gott

Für den religiösen Bereich heißt das: Gott hat mich geschaffen mit all meinen Möglichkeiten und Fähigkeiten. Er sieht mich und hilft mir, sucht und findet mich. Kinder suchen Gottes unfehlbare Autorität in all den Verstrickungen. Ihnen hilft, daß dieser »öffnende Gott« uns vorlebt, daß Wiedergutmachung möglich ist. Auf der anderen Seite ist Gott unbegreiflich, ich vernehme seine Stimme, ohne ihn zu sehen. Er stellt mich vor das Rätsel von Leben und Tod und läßt mich damit allein. Gott wird sehr menschlich gedacht, eben »wie meine Eltern«. Darum kennt er Rache, Strafe, Liebe und Verständnis. Aber er hat auch wieder märchenhaft-magische Kräfte, heilt und weckt Tote auf.

Er eröffnet Kindern hoffnungsvolle Antworten auf die Frage: Wie werden Schwache und Minderwertige in der Welt wichtig? Er bestätigt und hilft, wo Eltern, Geschwister und Freunde/innen versagen. »Er sieht mich, wie ich bin, und weiß Weg und Steg, auf denen ich sicher gehen kann.«

Darum werden Kinder auch hin- und hergerissen zwischen Hinnehmen und Untersuchen, Abwerten und Aufbauen, Sitzenbleiben und Aufbrechen, Davonlaufen und Standhalten, Schwach- und Starksein, Gefangensein und Auf-dem-Weg-in-die-Freiheit-Sein. In diesen Antinomien (Gegensätzlichkeiten) werden die Kindergartenkinder schulreif und wieder ein wenig »erwachsener«, wenn dies heißt, nicht an ein einseitiges Welt- und Gottesbild zu glauben, sondern den rätselhaften Gott in seine Welt hineinzunehmen.

# Kindergottesdienst: Angebot für ein Leben im Vertrauen

PETER HITZELBERGER

Die Erfahrung unbedingter Annahme und Liebe ist für die gesamte Entwicklung eines Kindes grundlegend. Im Vertrauen, um seiner selbst willen geliebt zu sein, vermag es ein eigenständiges Ich zu entwickeln und die Welt, die es umgibt, zu be-greifen und sich zu erschließen.

Vertrauen ist aber nicht nur Voraussetzung für eine gelingende psychosoziale Entwicklung des Menschen, sondern auch für den Wachstumsprozeß seines Glaubens. Im Vertrauen auf die Zusage Gottes wagt es Abraham, seine angestammte Heimat zu verlassen. Im Vertrauen auf Jesus lassen die Fischer ihre Boote und Netze zurück. Die Erfahrung, persönlich angesprochen, gemeint, bejaht und geliebt zu sein, macht solches Vertrauen möglich. »Ich habe dich bei deinem Namen gerufen, mein bist du« ist ein Grundmotiv biblischer und gläubiger Erfahrung.

Dabei stellt es Gott den Menschen stets frei, eigene Wege und Umwege zu gehen. Er läßt zu, daß das Volk in der Wüste mit fremden Göttern liebäugelt und im verheißenen Land vergißt, wem es dieses Land verdankt. Während seiner ganzen Geschichte erlebt das Volk Israel immer wieder Epochen, in denen es in seinen religiösen Bräuchen, seiner Politik und Lebensweise von den umliegenden Völkern beeinflußt wird. Doch wird es sich letztlich trotz dieser Krisen immer wieder seiner ursprünglichen Bestimmung bewußt: das auserwählte und geliebte Volk Gottes zu sein, das sich von allen anderen Völkern unterscheidet. Darin findet Israel seine eigentliche Identität als Volk.

Der geschichtliche Prozeß dieser biblischen Glaubenserfahrung ist mit dem Suchen und Fragen jedes einzelnen Menschen nach seiner Identität (nach dem, was er ist, kann und wert ist) vergleichbar. Aus der Erfahrung mit diesem Gott kann ihm ein Grundvertrauen, eine positive Lebenseinstellung (Lebensbejahung) und die Fähigkeit zu einer liebenden Zuwendung zu anderen Menschen (Beziehungsfähigkeit) erwachsen. Dies läßt das Leben als beglückend und gelingend erleben. Es hilft – auch durch Krisen und Umbrüche hindurch – immer wieder zu eigener Bejahung sowie der Annahme anderer zu finden. Eine solche identitätsfördernde Glaubenserfahrung äußert sich z. B. in dem Satz Dietrich Bonhoeffers: »Wer ich auch bin, dein bin ich, o Gott.«

Wenn es religiöser Erziehung gelingt, dafür Voraussetzungen zu schaffen und solchen Erfahrungen den Boden zu bereiten, ist viel erreicht. Wie kann nun aber die religiöse Erziehung speziell im Kindergottesdienst dazu beitragen, die Identitätsbildung und die Entfaltung zu einer reifen Persönlichkeit im beschriebenen Sinn beim Kind zu fördern?

1. Religiöse Erziehung darf nicht zuerst als Vermittlung von Inhalten und Glaubenssätzen verstanden werden. Dies würde dieser Alterstufe (Vor-lese-alter) auch nicht entsprechen.

2. Aus der Sicht des Erziehenden bedeutet es vielmehr Erziehung aus dem Glauben, d. h. aus eigener Glaubenserfahrung und gelebter Glaubensüberzeugung.

3. Aus der Perspektive des Kindes stellt sich religiöse Erziehung als Prozeß des Hineinwachsens in den Lebenszusammenhang christlicher Glaubenserfahrung dar, der sich in der Gemeinschaft der Gläubigen (Gemeinde) erschließt. Dies geschieht durch schrittweise Einführung und Teilhabe.

Der Kindergottesdienst steht natürlich als Ort religiöser Erziehung nicht allein. Elternhaus, Kindergarten, Schule und verschiedene Bezugspersonen spielen in den Gesamtprozeß der Erziehung des Kindes hinein. Der Kindergottesdienst ist dabei nur *ein* Erlebnisbereich unter vielen anderen.

Die verschiedenen Einflüsse, denen das Kind in seinem religiösen Leben und Erleben ausgesetzt ist, muß der Mitarbeiter bedenken. Er wird fragen müssen, wie religiöse Erziehung von anderen Bezugspersonen des Kindes verstanden wird. Sein Bemühen wird es sein, Erfahrungen mit Glaube und Kirche, die das Kind in anderen Bereichen macht, aussprechen zu lassen, sie zu bestärken, zu ergänzen oder zu vertiefen. Er wird auch Gelegenheit suchen, um besonders die Eltern in seine Bemühungen religiöser Erziehung einzubeziehen, z. B. durch Familiengottesdienste und Gemeindefeiern oder auch durch kleine »Werke«, die das Kind aus dem Gottesdienst mitnehmen darf (ein Bild oder eine Bastelei).

### Grundvertrauen stärken

Erste und grundlegende Aufgabe ist es, beim Kind ein Vertrauen aufzubauen und zu stärken, daß das Leben trotz aller Widerwärtigkeiten gelingen kann. Dies kann sich aber nur entwickeln, wenn das Kind schon vom ersten Tag seines Lebens an Verläßlichkeit, Wärme und Wertschätzung erfährt.

Dem ist bei allen neuen Erfahrungen, die das Kind macht, auch in späteren Jahren besondere Beachtung zu schenken. Insbesondere wenn es in eine neue, fremde Umgebung hineinkommt und eine erste Ablösung vom Elternhaus stattfindet, z. B. bei der Aufnahme in den Kindergarten und beim ersten Besuch des Kindergottesdienstes. Das Fehlen der Eltern, die fremde Gruppe, die neuen Bezugspersonen machen angst und fragen deshalb die (hoffentlich) in der Familie erfahrene Geborgenheit an: Erhalte ich in der neuen Umgebung soviel Aufmerksamkeit wie zu Hause?

*Was der Kindergottesdienst dazu beitragen kann:*

● Der Übergang vom Elternhaus zur Kindergottesdienstgruppe sollte bewußt und stufenweise vollzogen werden. Die Eltern könnten in der ersten Zeit noch beim Kindergottesdienst dabeisein. Neue Kinder sollten durch Nennung des Namens, einen persönlichen Gruß oder ein Segenswort bewußt in die Gruppe eingeführt werden.

● Nach längerer Abwesenheit eines Kindes (z. B. durch Ferien oder Krankheit) sollte der Leiter ihm wieder helfen, sich in die Gruppe einzugewöhnen (besondere Begrüßung, vom Erlebten erzählen lassen).

● Das Kind sollte im Kindergottesdienst eine feste Bezugsperson als Mitarbeiterin oder Mitarbeiter haben. Ein ständiger Wechsel in der Leitung einer Kindergottesdienstgruppe ist weder für den Leiter noch für die Kinder gut.

● Bindeglieder zwischen Familie und Kindergottesdienstgruppe können helfen, Vertrauen in die neue Situation zu stärken. Das Kind darf z. B. sein Kuscheltier, die Puppe oder das Lieblingsspielzeug von zu Hause mitbringen. Einen festen Platz könnte auch das Erzählen von daheim Erlebtem im Kindergottesdienst haben. Insbesondere von betroffenmachenden Ereignissen im familiären Bereich, wie Geburt eines Geschwisters, ein Krankheits- oder Todesfall sollte erzählt werden können.

● Ebenso wichtig ist es, daß das Kind auch etwas mit nach Hause nehmen darf (Bastelarbeiten, ein Liedtext, ein Bilderbuch, eine Erzählung). Kinder können so ihre eigenen Erfahrungen zu Hause zur Sprache bringen. In der vertrauten Umgebung des Kinderzimmers werden sie an das im Kindergottesdienst Erlebte erinnert.

● Vertrauen kann gestärkt werden, wenn das Kind im Gottesdienst neue Erfahrungen machen darf, die sein »Ich-kann-Bewußtsein« entwickeln helfen. Es lernt z. B. neue Spiele oder Lieder kennen. Beim Malen, Formen und Basteln kann es seine Fähigkeiten entdecken und erproben. In der Gruppe lernt es, sich zu äußern, sich bei anderen durchzusetzen oder auch, daß es nicht an Wert verliert, wenn es einmal hinter anderen zurückstecken muß.

● Vertrauen kann gestärkt werden, wenn im Kindergottesdienst eine angenehme und freundliche Atmosphäre entsteht und sich bestimmte Abläufe wiederholen, so daß sich Vertrautheit einstellt. Hier liegt eine besondere Chance des Kindergottesdienstes. Bestimmte Elemente sollten immer wiederkehren, eine Geschichte nicht nur einmal oder nur nach und nach erzählt werden. Auch bestimmte Riten können hilfreich sein: eine Begrüßungszeremonie und Verabschiedung, die Feier von Geburtstagen, das Falten der Hände beim Gebet. Der Gottesdienst selbst sollte einen geregelten Ablauf haben. Der liturgische Rahmen (Lieder, Gebete, Gesten, Symbole) ist nicht nur ein Beiwerk zur biblischen Erzählung. Gerade in diesen Formen kann sich eine Grunderfahrung des »Zu-Hause-Seins« entwickeln, die auch im weiteren Leben haftenbleibt.

Sicher muß in diesem Zusammenhang darauf geachtet werden, daß die gewählten Formen echt bleiben und nicht zu leerem Formalismus erstarren. Dies um so mehr, als das Kind gerade in diesem Alter zu bloß äußerem Nachmachen neigt und auch manche Ausdrücke einfach nachspricht, ohne zu wissen, was sie bedeuten. Dies kann sowohl für Gebetshaltungen und Gesten gelten wie auch für häufig wiederkehrende religiöse Benennungen, etwa »Gott«, »Schöpfer«, »Heiland«. Deshalb sollte sich auch beispielsweise die Gebetshaltung nicht auf eine nur mögliche beschränken; dem Kind können mehrere zur Auswahl geboten werden. Eine bestimmte Haltung sollte nicht zur Pflicht gemacht werden.

● Mit zunehmendem Alter und der Dauer der Teilnahme am Kindergottesdienst wird das Vertrauen auch durch wiederkehrende Themen und Inhalte gefördert. Die erzählten Geschichten werden weitere Erfahrungen einbeziehen, z. B. neben den Heilungsgeschichten die Begegnung mit Menschen, die »heil« im übertragenen Sinn werden. In der Geschichte von Zachäus geschieht eine Art »Heilung« in bezug auf seinen Umgang mit anderen Menschen, er erhält von Jesus wieder seine Würde als Mensch geschenkt. Solche »Heilung« und »Wandlung« vollzieht sich in vielen biblischen Geschichten.

## Eine positive Lebenseinstellung fördern

Eine Bejahung des Lebens, in seine Möglichkeiten und seine Bewältigung, ist Grundvoraussetzung, um auch mit widrigen Umständen, schmerzhaften Erfahrungen und Niederlagen zurechtzukommen. Es bedeutet das eigene Ich, die eigene Lebensgeschichte und persönliche Lebensaufgabe anzunehmen. Dem anderen gegenüber zeigt sich diese positive Lebenseinstellung in einer gewissen Offenheit und in der Bereitschaft zu Kooperation und Solidarität.

*Was der Kindergottesdienst dazu betragen kann:*

● Solche Lebensbejahung kann durch das Bestaunen der Wirklichkeit, die mich umgibt, gefördert werden. Das Kennenlernen der Natur, die Beobachtung von Pflanzen und Tieren, der Lobpreis und Dank an den Schöpfer können zu solcher Erfahrung des Staunens führen. Diese Erfahrung schenkt Freude, leben zu dürfen und dies alles zu sehen, zu erfühlen und bewundern zu können. Deshalb ist das Thema »Schöpfung«

im Kindergottesdienst ein zentrales Thema und sollte immer wieder aufgegriffen werden. Hilfreich können für die Liturgie des Kindergottesdienstes hier vor allem auch die Psalmen sein. Der Lobpreis und Dank über die Wunder der Schöpfung steht in vielen Psalmtexten im Mittelpunkt. Mit einfachen Kehrversen können die Kinder in das Loben und Danken miteinbezogen werden.

● Wenn das Kind im Erfahren der eigenen Lebensmöglichkeiten, im Fühlen, Tasten, Singen, Tanzen und Lachen seine eigene Lebendigkeit erfährt, wird die Lebensbejahung gefördert. Deshalb sollen im Kindergottesdienst Ausdrucksformen einen besonderen Platz haben, die im Gemeindegottesdienst selten zum Tragen kommen. Das Klatschen zu einem Lied, ein Bewegungsspiel oder ein Tanz, das Gestalten mit Farben und der Gebrauch verschiedener Klanginstrumente gehören ebenfalls zur Erfahrung der eigenen Lebendigkeit.

● Eine positive Lebenseinstellung wird durch die Erfahrung eigenen Könnens und das Erlernen bestimmter Fertigkeiten gefördert. Manchmal kann es sinnvoll sein, im Kindergottesdienst »Erarbeitetes« in den Gemeindegottesdienst einzubringen, z. B. ein Lied. Durch die Beachtung, die die Kinder dabei erfahren, wird die Gewinnung einer lebensbejahenden Grundhaltung gefördert. Die Kinder erleben sich in der Gemeinde zugehörig und fühlen sich ernst genommen. Auch für eine Gemeinde ist es im übrigen wichtig, an den Erfahrungen ihrer jungen und jüngsten Gemeindeglieder Anteil zu nehmen.

● Dieses Einbringen der Erfahrungen des Kindergottesdienstes soll von den Kindern nicht als »Vorführung« erlebt werden. Deshalb ist eine entsprechende Einführung gegenüber den Kindern wie auch beim Gemeindegottesdienst unerläßlich.

● Wichtig ist in jedem Fall das Lob und die Beachtung, die das Kind im Kindergottesdienst erfährt. Jedes Kind ist wichtig und verdient Beachtung als individuelle Person. In der Art und Weise wie ein Kindergottesdienstmitarbeiter mit den Kindern umgeht, geschieht oft mehr Verkündigung als im Erzählen dieser oder jener biblischen Geschichte.

● Lebensbejahung kann gefördert werden durch besondere Erlebnisse im Kindergottesdienst, z. B. durch die Feier bestimmter Feste und durch unterschiedliche Spielmöglichkeiten (Bewegungsspiele, Rollenspiele), die dem Kind Freude machen.

## Beziehungsfähigkeit anbahnen

Religiöse Erziehung im Kindergottesdienst kann auch einen Beitrag leisten, um die Fähigkeit zur Zuwendung zu anderen, die soziale Reifung des Kindes zu fördern. Vielfach wird in diesem Alter der Kindergottesdienst neben dem Kindergarten die erste Begegnung des Kindes mit anderen in einer Gruppe sein. Besonders für Einzelkinder hat deshalb diese Erfahrung der Gemeinschaft und das Zusammensein mit anderen Kindern große Bedeutung.

*Was der Kindergottesdienst dazu beitragen kann:*

● Beziehungsfähigkeit setzt voraus, daß ich ein Gegenüber und das, was mich umgibt, wahrnehme. Alle Elemente, die die sinnliche Wahrnehmung ansprechen, tragen dazu bei, daß sich beim Kind die Beziehungsaufnahme zu seiner Umwelt entwickelt. Für den Kindergottesdienst besonders wichtig: Auch einfache meditative Übungen, z. B. ein stilles Verweilen, können in diesem Alter schon eingeübt werden. Hilfreich können Bilder oder Gegenstände sein, die zum Betrachten und Bestaunen einladen. So antwortet ein Kind, das mit einer Bilderbibel die Geschichte von Abraham erzählt bekommt, nach längerem Betrachten des Bildes: »Das macht still« (Grom, Religionspädagogische Psychologie, S. 49). Mit solch einer Erfahrung ist sicher eine gute Grundlage auch für die Beziehungsaufnahme mit Gott, für das Gebet, gegeben.

● Beziehungsfähigkeit kann durch die Förderung der Gefühlswahrnehmung und der Einfühlung angebahnt werden. Im Kindergottesdienst soll deshalb über Gefühle (Freude, Ärger, Schmerz, Trauer) gesprochen werden. Das Kind soll lernen können, Stimmungen und Gefühle bei anderen wahrzunehmen. Das Anschauen von Bildern, bei Personen, die in der biblischen Erzählung vorkommen, das Rollen- und Handpuppenspiel, perspektivisches Erzählen und das Gruppengespräch sind solche Angebote. Das Kind lernt, sich in andere Situationen und Menschen einzufühlen. Es wächst in der Fähigkeit, emotionale Beziehungen zu anderen aufzubauen, sich mit anderen zu freuen, andere zu trösten.

● Beziehungsfähigkeit wird im Kindergottesdienst durch die Kontaktaufnahme innerhalb der Gruppe gefördert. Das Kind kann Geben und Nehmen lernen (durch gegenseitige Hilfe beim Gestalten und Spielen; dadurch, daß es sich äußert und aufmerksam das anhören lernt, was andere Kinder sagen). Es wird für Freundschaften aufgeschlossen durch Spiel- und Arbeitsgemeinschaften, durch Kontaktspiele und durch geeignete Erzählungen, Geschichten und Handpuppenspiele.

● Beziehungsfähigkeit wird gefördert durch gemeinsames Tun, bei dem das Kind Berührungsängste verliert (Händefassen, Kettenbilden, Rollenspiel) und lernt auf andere einzugehen (jemanden mitspielen lassen, anderen Platz machen im Kreis, einen anderen loben).

● Besondere Beachtung verdient auch die Förderung der Sprachfähigkeit: daß das Kind den Mut bekommt, sich in der Gruppe zu äußern, sich genau auszudrücken (z. B. durch Beschreibung von Gegenständen, Schildern von Alltagssituationen, Nacherzählen von Geschichten). Darüber hinaus soll es eine erste Ahnung von der Wirkung von Sprache erhalten: durch gegenseitige Mitteilungen, durch unterschiedliche Ideen, die Kinder zu gleichen Sachverhalten vorbringen, durch Entscheidungen, die es selbst fällen darf. In vielen biblischen Texten spielt das die Handlung begleitende Wort die entscheidende Rolle (Schöpfungserzählung, Heilungswunder Jesu). Auch solche Erzählungen können dem Kind eine Ahnung von der Wirkung der Sprache vermitteln.

## Literatur

Johann Hofmeier,»Religiöse Erziehung im Elementarbereich. Ein Leitfaden«, Kösel-Verlag 1987.

Hans-Jürgen Fraas,»Glauben und Identität, Grundlegung einer Didaktik religiöser Lernprozesse«, Verlag Vandenhoeck & Ruprecht 1983.

Hans-Jürgen Fraas,»Religiöse Erziehung und Sozialisation im Kindesalter«, Verlag Vandenhoeck & Ruprecht 1975.

Bernhard Grom,»Religionspädagogische Psychologie«, Verlag Vandenhoeck & Ruprecht 1981.

# Gott in der Entwicklung des Kindes

Alma Grüsshaber

## Das Weltbild des Kindes

Wie denkt sich ein Kind die Welt, die es umgibt? Da sind am Anfang die Gesichter der Eltern. Sie sehen das Kind an, ihre Blicke sagen, daß es gut ist. Dann kommen die Raum-Bilder: das vertraute Kinderbettchen, das Zimmer, später die Wohnung oder das Haus. Irgendwann beginnt das Kind, den eigenen und fremden Bereich zu unterscheiden. Nicht umsonst sagen wir dann, daß das Kind »fremdelt«. Unbekannte Gesichter oder Räume lösen Angst aus. Das Geborgensein muß tief innen erlebt werden, dann kann auch die Mutter oder der Vater weggehen, weil sie ja wiederkehren.

Das Weltbild des Kindes ist umfassend: Das, was auf den kleinen Menschen einwirkt, und die Dinge, denen sich das Kind zuwendet, sind seine »Welt«. Um zu verstehen, was ringsherum ständig geschieht, muß das Kind be-greifen, sich aktiv auseinandersetzen. Das Weltbild des Kindes zwischen vier und sieben Jahren ist personenorientiert. Erst später erfährt dieses Bild durch Sachinformationen eine neue Ordnung.

## Die Entwicklung des kindlichen Denkens

Entscheidend für die Wahrnehmung des Kindes sind seine Entwicklungsstadien, die zu jeweils neuen Erkenntnisprozessen anregen. Piaget[1], ein Psychologe, hat folgende Lernprozesse beim Kind aufgezeigt, welche die konstruktive geistige Aktivität des Kindes im Wahrnehmen, Aufmerken, Vorstellen, Beobachten und Einsehen umfaßt:

1. Lebensjahr: Sensomotorische Intelligenz entwickelt sich. Das Kind lernt über die Sinneswahrnehmungen.

1–3,6 Jahre: Symbolisches Denken. Das Kind hat eine reiche Phantasie, aber noch keine Fähigkeit, Eindrücke zu verarbeiten. Es braucht Hilfe von außen.

3,6–7 Jahre: Das anschauliche Denken entwickelt sich. Das Kind beginnt, sich an der Wirklichkeit zu orientieren. Fragealter: Warum? Wozu? Weshalb?

ab 7 Jahre: Das logisch-konkrete Denken entfaltet sich. Das Kind wird fähig, über die erlebte Welt hinaus zu denken, es kann »transzendieren«.

Diese Beschreibung eines Lernprozesses, wie es die Psychologie darlegt, läßt sich auch mit der religiösen Entwicklung des Menschen vergleichen: Am Anfang steht das Erleben über die Sinne. Dann folgt die Verinnerungszeit: Rituale, Symbole, Wiederholbares schafft eine Orientierung, und wird gebraucht, um sich gewiß zu werden. Mit dem Beginn des anschaulichen Denkens wird das Kind fähig, Zusammenhänge zu begreifen, z. B. die umgebende Welt zu differenzieren. Ab der Entwicklung des logisch-konkreten Denkens wird das Kind fähig, auch über die eigene Welt hinaus sich Vorstellungen zu machen, z. B. auch von Gott.

## Die Entwicklung des Gottesbildes

In den frühen Jahren richten sich die Vorstellungen des Kindes animistisch aus, d. h., alle Dinge werden belebt und dynamisch gesehen. Alles ist menschlich bestimmt (Beispiel: Das Kleinkind glaubt, das Auto würde sehen. Das Auto wird vermenschlicht; das Kind sieht keine Gefahr darin).

Auch Gott kann das Kind noch nicht denken. Es wird Gehörtes nachsprechen, weil dies mit schönen und guten Erlebnissen verknüpft ist. In aller religiösen Vermittlung, die in den frühen Jahren getan wird, wird deshalb ein »Vorform des Gottesbildes« weitergegeben.

---

Folgende Beschreibung läßt die alterspezifische Entwicklung erkennen (dargelegt nach einer Auflistung von B. Grom[2]):

*Wahrnehmungen*

| | |
|---|---|
| 2–3 Jahre | Gebete und Teilstücke von Gebeten werden gerne gesprochen oder wiederholt (z. B. »Lieber Gott. Amen«). Das Kind interessiert sich für Gottesdienste. |
| 4 Jahre | Für das Kind sind die Eltern allmächtig. Über Gott stellt das Kind viele Fragen (z. B. »Wie sieht er aus?« »Ist er eine Frau oder ein Mann?«). |
| 5 Jahre | Gott trägt die Verantwortung für alles, glauben manche Kinder. Er hat für das Wetter, für die Gesundheit und für das Wohlergehen zu sorgen. Das Kind stellt sich eine Person vor, einen alten Mann oder eine große Gestalt, die »oben« thront. |
| 6 Jahre | Gott ist der Schöpfer der Welt. Er hat das Schöne geschaffen – auch mich, denkt das Kind. In dieser Zeit lieben Kinder zeremonielle Gottesdienste. Ein Gefühl für die gegensätzlichen Kräfte wie »Himmel-Hölle«, »Gott – der Widersacher«, »Gut-Böse« bildet sich. |
| 7 Jahre | Das Kind beginnt, über Gott und Himmel nachzudenken. Das Kind wird fähig, zwischen dem, was es weiß, und dem, was er- |

|          | zählt wird, zu unterscheiden (Beispiel:»Gott ist hier bei uns.« Im Kindergottesdienst wurde erzählt, daß Gott überall ist. Stimmt das?). Biblische Geschichten werden interessiert aufgenommen. |
| 8 Jahre | Strafen beschäftigen das Kind.»Ist der Mensch böse gewesen, weil er sterben mußte«, fragt das Kind, wenn jemand aus dem Bekanntenkreis beerdigt wird. Oft wird der Tod als unmittelbare Handlung Gottes verstanden. Biblische Geschichten sind beliebt, vor allem Erzählungen aus dem Alten Testament sind gefragt. |

Die religiöse Welt der Kinder ist nicht von der sonstigen getrennt. Alles, was erfahren und erlebt wird, gehört zusammen.

Kinder, die von den Eltern den Namen Gott hören, werden ihn selbstverständlich finden. Die ersten Götter jedoch sind die Eltern. Dies ist das Schlüsselerlebnis, das Vertrauen- und Glaubenkönnen wird so erfahren. Für Religiosität wird in der frühen Kindheit der Grundstein gelegt.* Gute Eltern mühen sich, daß das Kind geborgen aufwächst und Liebe, Hoffnung, Vertrauen und Hingabe erlebt und die Schöpfung achtet. So wird »Geben« und »Nehmen« eine Lebensregel. Das Kind wird vom »guten Gott« wissen, der verläßlich ist. Es wird aber auch erfahren, daß er nicht das Paradies hier und heute schafft. Er läßt Probleme, Konflikte, Krankheit, Leid und Tod zu. Er läßt aber den Menschen nicht allein. Dieses »Sowohl-als-Auch« bewahrt vor einem Gottesbild, das vereinnahmt. An Gott glauben lernen heißt dann, nicht nur in Angst, Not und Gefahr zu ihm zu kommen, sondern mit allem, was im Leben begegnet, vor ihm zu sein.

## Die Gottesvorstellung in der kindlichen Erlebniswelt

Der Gott am Anfang ist der Schöpfer aller Dinge. Das ist verstehbar: Da hat einer die Welt erschaffen und auch mich. Ich bin wichtig, an mich hat er gedacht. Das entspricht auch dem mythologisch-symbolischen Denken, in dem das Kind noch steckt. Die magischen und religiösen Vorstellungen sind noch eigenartig verbunden.

Das Kind denkt sich im Mittelpunkt *(egozentrisch)*. Gott wird individuell gebraucht. Kindergebete zeigen dies:»Lieber Gott, laß morgen schönes Wetter werden, weil ich draußen spielen will.« Gott kann alles und wird gebraucht, ein »Brauchgott« sozusagen. Dies ist Gefahr und

---

\* *Anmerkung:* Es bleibt die Frage, wie ein Kind zu einer positiven Gottesbeziehung kommt, wenn die Eltern Geborgenheit, Liebe und Sicherheit versagen. Wenn der Vater oder die Mutter keine Beziehungsfähigkeit schafft, wieviel Geduld und Mühe ist dann ein Leben lang notwendig, um liebende Begegnungen annehmen zu lernen und diesen zu trauen – auch Gott zu trauen!

Reichtum der frühen Kindheit. Gott liebt mich, aber er gibt mir anders, als ich es erwarte – dies sollte das Kind lernen.

In diesen Jahren muß das Kind behutsam eine Ausrichtung von den eigenen Bedürfnissen her auf andere erfahren. Sozial fähig werden heißt auch religiös fähig werden, indem helfende Kräfte geweckt werden, die vom egoistischen Ich zum Du befähigen.

Das Kind glaubt an eine den Dingen innewohnende *(weltimma-nente)* Gerechtigkeit. Kinder sind überzeugt, daß ein Vergehen sofort bestraft wird. Unserem Sohn ging ein Spielzeug direkt nach dem Kauf entzwei. Erschrocken fragte er: »Hat Gott das kaputtgehen lassen, weil ich zu meinem kleinen Bruder häßlich war?« Diese Einstellung ist altersentsprechend. Gefährlich wird dies, wenn die Entwicklung nicht weitergeht und das Weiterwachsen – auch eines Gottesbildes – verhindert wird. Scheitern und Gelingen des Menschen wird dann unmittelbar auf Straf-, Belohnungs- und Schutzabsichten Gottes zurückgeführt. Gott wird nur nützlich gesehen, nicht aber als der, der sich dem Menschen zuwendet, dessen Liebe gilt, trotz Leid und Tod. Deshalb gehören Ursachen und Absichtzuweisungen nie in die Verkündigung an Kinder (z. B. »Das ist Gottes Strafe für . . .«), vielmehr sind solche Fehlhaltungen, wo sie Kinder zur Sprache bringen, anzusprechen und zu korrigieren.

Das Kind bevorzugt *magische* Handlungen. In seiner Eigenwelt denkt sich das Kind in viele Dinge hinein. Symbole wie Kreuz, Stern, Licht haben eine große Faszination, aber auch Gesten und zeichenhafte Handlungen, wie folgendes Beispiel zeigt.

Begeistert erzählte mir eine Siebenjährige, daß das schönste am Kindergottesdienst der Schluß sei. Sie sagte: »Weißt du, dann, wenn der Pfarrer die Hände erhebt und vom Frieden Gottes redet. Dann spüre ich, wie er mir von dem Frieden ein Stück auf den Kopf legt, und das trage ich mit nach Hause.«

Wie schön, daß Kinder dies so erleben! Wundergeschichten und Heilungserzählungen haben in dieser Zeit eine eigene Faszination. Die Gefahr ist wohl, Jesus als Zaubermann zu sehen. Positiv ist der Zugang der Kinder zu Ritualen und die Freude, daß Vertrautes wiederkehrt. So hat die Liturgie im Kindergottesdienst eine elementare Bedeutung und sollte gepflegt werden.

Negative Auswirkungen sind dort abzulesen, wo das Kind die Wiederholungen »leiert«. Dem ist entgegenzuwirken: Gebete, Lieder und Geschichten müssen mitwachsen, d. h. immer wieder neu nach dem Verstehen fragen, nach der Sprache und dem Zugang.

Das Kind ist aber auch bestimmt vom *Staunen* und *Verwundern*. Welt, Mensch und Gott sind für das Kind noch eine Einheit. Das Kind ahnt etwas vom Geheimnis des Menschen in seiner Verwurzelung in Gott. »Das Kind ist der Mensch, der schon immer der Partner Gottes ist, der, der sein Auge aufschlägt, um den Blick auszuhalten, in dem ihn ein

unbegreifliches Geheimnis anblickt . . .«, sagt der katholische Theologe
Karl Rahner.[3]

*Was die, die von Gott erzählen, zu beachten haben*

So ist alles Reden von Gott in den ersten Kindheitsjahren vorberei-
tend. Wir Eltern, Kindergottesdienstmitarbeiterinnen und -mitarbeiter,
wie Erzieher/Innen und Lehrer/Innen öffnen das Fenster in die Welt
des Gottes, der sein Ja an den Anfang des Lebens stellt. Damit Kinder
glücklich werden, brauchen sie verständnisvolle, liebe Eltern, die sie begleiten. Ich möchte diese Aussage auch übertragen: Damit Kinder zu
einer glückenden Gottesbeziehung kommen, brauchen sie Menschen, die
ihnen behutsam und sorgfältig Geschichten vor Augen malen von dem
Gott, der das Leben schenkt und begleitet. Die kleinen und großen
menschlichen Fragen müssen in den Geschichten von ihm wiederkehren: Die Fragen nach Herkommen und Weitergehen, die Sehnsucht nach
Geborgenheit und Bewahrung, die Freude an Wiedergefundenem und
Heilgewordenem.

*Quellenangaben*

1) Piaget, zitiert aus: Bernhard Grom, »Religionspädagogische Psychologie«, Verlag Vandenhoeck & Ruprecht 1981, Seite 128 ff.

2) Siehe Aufsatz von B. Grom in: B. Buschbeck, W. Failing, »Religiöse Elementarerziehung;
ein Buch für die Ausbildung und Praxis«, Gütersloher Verlagshaus Gerd Mohn 1976, Seite 43/44.

3) Zitiert in: Johanna Klink, »Kind und Glaube«, Patmos-Verlag 1971, Seite 29.

# I.
# Der schenkende Gott

# Ich bin ich
*Vom Kleinsein und Größerwerden*

Text: Die Berufung des David (1. Samuel 16,5–13)

WALTRAUD HÖRSCH

## 1. Mögliche Erfahrungen der Kinder im Blick auf dieses Thema

Die Entwicklung des Ichbewußtseins ist ein schrittweiser Prozeß über viele Jahre hinweg, der erst in der Pubertät zur eigentlichen Ichfindung führt.

Das vier- bis fünfjährige Kind steht in diesem Prozeß noch ganz am Anfang. Es erlebt seine Identität in starkem Zusammenhang mit seinem Namen. Durch ihn erfährt das Kind persönliche Zuwendung und Wertschätzung. Der Name ist eine wesentliche Voraussetzung für das Entstehen einer vertrauensvollen Basis. Durch Äußerungen wie: »Hallo, Kleiner!« oder »Du da, mit dem Pferdeschwanz!« fühlt sich das Kind nicht ernstgenommen.

Zur Entwicklung des Ichbewußtseins gehört, daß das Kind sich an den Wertmaßstäben seiner Mitmenschen orientiert und sein Handeln danach ausrichtet. Ein wichtiges und natürliches Bestreben des Kindes ist es, etwas zu vollbringen, was Anerkennung findet, und es den »Großen« gleichzutun. Jedes Kind macht jedoch die schmerzliche Erfahrung, daß dieses Bestreben nicht ernstgenommen und abgewiesen wird. Es erlebt immer wieder, daß ihm meist nur wenig zugetraut wird und die Erfahrungen vom Groß- und Kleinsein durchaus wechselseitig sein können, wie die folgenden Beispiele zeigen:

Ich muß mein Zimmer aufräumen. Mama sagt, ich wäre schon groß und könnte das. Die Streichhölzer darf ich aber nicht haben. Dazu bin ich noch zu klein. Komisch, mal bin ich groß, und mal bin ich klein.

Jens und Uwe spielen im Kindergarten in der Bauecke. Ich möchte gerne mitspielen. Sie schreien: »Hau ab, Kleiner, du machst bloß alles kaputt!«

Mutter macht Pfannkuchenteig. Sie klopft ein Ei nach dem anderen in die Schüssel. Ich schnappe mir eins und will es selbst versuchen. Aber Mutter nimmt es mir weg und sagt: »Dazu bist du noch viel zu klein. Das kannst du nicht!«

Vater liest in einem dicken Buch. Ich möchte wissen, was da drin steht. »Das verstehst du nicht«, sagt er, »wenn du größer bist, erklär' ich es dir.«

Micha und Susanne, meine großen Geschwister, gehen ins Theater. Ich darf nicht mit. Die Vorstellung ist erst ab sechs Jahren.

(An dieser Stelle wäre auch zu überlegen, ob die Einheit nicht dazu anregen könnte, Gruppennamen für die verschiedenen Altersstufen im Kindergottesdienst zu finden. Die oft übliche Einteilung in »Kleine« und »Große« ist sicher keine glückliche Lösung.)

## 2. Welche »Botschaft« macht den biblischen Text erfahrbar?

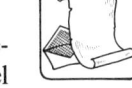

Zu den Wertmaßstäben, die das Kind im zwischenmenschlichen Bereich kennenlernt, tritt durch die Botschaft des Textes aus 1. Samuel 16,5–13 der Maßstab Gottes.

Das Kind erfährt Wesentliches über Gottes Handeln und Beurteilen. Von den acht Söhnen Isais erwählt Gott den Jüngsten, den Kleinsten, der so unscheinbar ist, daß man ihn gar nicht in Betracht zieht, sondern ihn bei den Schafen läßt. Ganz überraschend wird David zur Hauptperson. Er verdankt dies weder seinen äußeren noch seinen inneren Vorzügen.

Es ist ein tiefer Wesenszug Gottes, der sich wie ein roter Faden durch die ganze Bibel zieht, daß er sich dem Schwachen und Verachteten zuwendet und solche Menschen erneuert, umgestaltet und gebraucht, die nach den Maßstäben dieser Welt nichts zu bieten haben.

Gott schenkt sein Ja aus Liebe. Es ist unabhängig von Leistung und Voraussetzung. Aus der Liebesbeziehung empfängt der Mensch seinen unantastbaren Wert. Diese biblische Botschaft ermöglicht es dem Kind, über die Erlebnisse des Alltags hinauszuwachsen. Es erfährt:

*So ist Gott. Für ihn bin ich nicht zu klein. Er traut mir Großes zu. Seine Liebe zu mir ist nicht abhängig von dem, was ich kann oder nicht kann. Er liebt mich, weil ich sein Kind bin!*

Eine höhere Wertschätzung gibt es nicht. Sie ist ein tragfähiges Fundament für »kleine« und »große« Menschen aller Zeiten.

---

## 3. Arbeitsplan
*Vorschlag für die Erarbeitung des Themas in vier Schritten*

SCHRITT 1 – (1. Einheit):

**Ich bin ich – ich habe einen Namen**

● Spiele um den Namen mit der Fingerpuppe »Tim«

SCHRITT 2 – (2. Einheit):

**Gott liebt mich – er kennt meinen Namen**

● »Das bin ich«, gestalten einer Klappkarte zur Vertiefung von Jesaja 43,1: »Fürchte dich nicht. Ich habe dich bei deinem Namen gerufen. Du bist mein!«

SCHRITT 3 – (3. und 4. Einheit):

**Alle sagen: »Du bist klein« – Es ist nicht schön, »klein« zu sein**

● Einstimmung auf das Thema mit der Fingerpuppe »Tim«
  Gespräch über die eigenen Erfahrungen der Kinder
● Spiellied »Wir werden immer größer«
● Bilderbuchbetrachtung »Der Löwe und die Ratte«

SCHRITT 4 – (5. Einheit):

**Gott sagt: »Du bist nicht zu klein« – Er traut mir viel zu**

● Biblische Erzählung »Die Berufung des David« nach 1. Samuel 16,5–13
  Darbietung mit Aststücken oder Natur-Holz-Bauklötzen

*Vorschlag für eine Weiterführung des Themas*
Als Anknüpfung wäre denkbar:
● Einheit vom »Verlorenen Schaf«
● Eine Auswahl von Davidsgeschichten
● Geschichten zum Themenkreis »Für Gott ist keiner zu klein«
  (Kindersegnung, Lukas 18,15–17)

## Liturgieelemente zum Thema

Die Liturgie ist ein sehr wesentlicher Teil der Einheit. Der feste Rahmen vermittelt dem Kind Geborgenheit. Durch die immer wiederkehrenden Elemente prägen sich dem Kind wichtige Glaubensaussagen und Texte ein, die ihm zu Lebensbegleitern werden können. Auch äußere Zeichen, wie das Kreuz und die Kerze, sind für das Kind hilfreiche Symbole.

**Kreuz:** Ein eigenes »Kinderkirchkreuz« läßt sich leicht durch das Zusammenbinden von zwei Ästen herstellen. Es kann in einem mit Sand gefüllten Blumentopf befestigt werden. (Wir haben in unserer Kinderkirche ein großes Maschendrahtkreuz mit Holzrahmen. Die Kinder können es, je nach Jahreszeit, mit Blumen oder Zweigen schmücken.) Sehr schön ist, wenn für jede Einheit ein Bild oder ein Symbol gefunden wird, das am Kreuz befestigt wird.

**Kerze:** Die Kerze wird während der Liturgie entzündet. Dazu sprechen wir den verkürzten Vers aus Jesaja 43,1: Gott spricht: »Fürchte dich nicht. Ich habe dich bei deinem Namen gerufen. Du bist mein.«

**Glockenläuten** (symbolisch): Ein Teil der Kinder läßt die großen schweren Glocken »läuten«. Sie schwingen die Arme langsam vor sich hin und her und singen dazu das Ostinato »Kommt herbei« (Fröhlich Herz, S. 45). Der andere Teil der Kinder läßt die kleinen schnellen Glocken »läuten«. Sie singen dazu »Kommt, wir wollen froh beginnen!« (Fröhlich Herz, S. 44). Dabei ist jede halbe Note als Viertelnote zu singen!

**Lieder:** »Gott ist mitten unter uns« (Liederbuch zum Umhängen«, Nr. 35, Verse 1 und 4). – Vers 7 (ergänzender Vers zum Thema):

Gott liebt dich. Gott liebt mich.
Gott liebt alle hier!
|: Er kennt unsere Namen, den von dir und mir. :|

(Statt »dich« und »mich« können die Namen der Kinder eingesetzt werden.)

»Der Gottesdienst soll fröhlich sein«, LfJ 688a
»Weißt du wieviel Sternlein stehen«, LfJ 661
»Ein kleiner Spatz zur Erde fällt«, LfJ 646, Verse 1 + 3
»Schwarze, Weiße, Rote, Gelbe«, LfJ 658, Verse 4
»Wir fangen an fröhlich zu sein«, LzU 95, Verse 1–2
»Ich schreibe meinen Namen«, LzU 46, Verse 1 + 6
»Kindermutmachlied/Wenn einer sagt, ich mag dich«, LzU 55
»Ja, Gott hat alle Kinder lieb« (nur Refrain), LzU 50
    **Gebet:** »Großer Gott für kleine Leute«, Fröhlich Herz, S. 82
*Psalmgebet mit Zwischenruf:*
»So wie ich bin, komme ich zu dir.«, Sagt Gott, wie wunderbar, S. 76/77

*Liturgievorschlag*

— Glockenläuten *»Kommt herbei!«* *Fröhlich Herz, S. 44 + 45.*
— Begrüßung
— Lied *»Gott ist mitten unter uns«*, *LzU 35, Verse 1 + 4*
— Kerze entzünden, dazu Jes. 43.1 sprechen
— Lied *»Gott ist mitten unter uns«*, *LzU 35, Vers 7*
— Bausteine zum Thema
— Lied *»Wir fangen an fröhlich zu sein«*, *LzU 95, Verse 1 + 2*
— Segenskreis:
    Psalmgebet *»So wie ich bin«*, *Fröhlich Herz, S. 48*
    Segen

## 1. EINHEIT
### Ich bin ich – ich habe einen Namen
Spiele um den Namen mit der Fingerpuppe »Tim«

Vorderseite      Rückseite

**Herstellung der Fingerpuppe**
Aus Pappe ein Gesicht ausschneiden, bemalen und mit Wollhaaren bekleben.
Auf der Rückseite ein Gummiband festklipsen.
Über den Zeigefinger ein aufgefaltetes Taschentuch als »Körper« stülpen,
darauf den Pappkopf stecken. Daumen und Mittelfinger bilden die Arme.

▶ Tim begleitet die Kinder durch die ganze Einheit. Er tritt immer wieder auf, begrüßt die Kinder, spricht mit ihnen und gibt Impulse für die verschiedenen Bausteine.

*Einführung in die Spiele*

Bei seiner ersten Begegnung erzählt Tim von sich, begrüßt die Kinder und versucht sich ihre Namen einzuprägen. Das fällt ihm schwer. Immer wieder kommt es zu lustigen Verwechslungen.

Tim lädt die Kinder zum Spielen ein. Er hofft, daß er dadurch seine »Gedächtnislücken« füllen kann.

● *Ballkullern:* Alle sitzen auf dem Boden im Kreis. Ein Ball wird hin und her gekullert. Derjenige, auf den der Ball zurollt, sagt seinen Namen und kullert ihn weiter.

● *Flaschendrehen:* Eine Flasche wird in die Kreismitte gelegt und um sich selbst gedreht. Dazu wird gesprochen: »Flasche, Flasche, dreh dich . . . erheb dich!« (Name des Kindes nennen, auf das der Flaschenhals zeigt.) Es darf als nächstes die Flasche drehen.

● *Wer sitzt unter der Decke:*
Ein Kind hält sich die Augen zu, während sich ein anderes unter einer Decke versteckt. Wer fehlt?
Hilfen fürs Erraten: Beschreiben, wie das Kind aussieht; das Kind unter der Decke spricht oder singt.

## 2. EINHEIT:

## Gott liebt mich – er kennt meinen Namen

»Das bin ich« – dazu gestalten wir eine Klappkarte

*Material:*

Malblätter DIN A 5, Tonpapier DIN A 4, Wachsmalstifte, Klebstoff.

*Durchführung:*

Die Kinder malen sich selbst. Das Tonpapier als Klappkarte falten. Auf die Vorderseite das Bild kleben und den Namen des Kindes dazuschreiben. Auf die Innenseite kleben wir einen Abzug (Fotokopie) von Jesaja 43,1 und dem Lied »Wir fangen an fröhlich zu sein« (als Erinnerung für zu Hause). Jedes Kind stellt seine Karte zum Kreuz. Dazu wird jeweils gesprochen:

Gott spricht: »Fürchte dich nicht . . . (Name des Kindes).
Ich habe dich bei deinem Namen gerufen. Du bist mein!«

Die Karten werden auch bei den folgenden Einheiten in dieser Form zum Kreuz gestellt.

Diese »Aktion« hilft dem Kind die Aussage von Jesaja 43,1 ganzheitlich zu erfassen und in sich zu bewahren.

## 3. und 4. EINHEIT:

## Alle sagen: »Du bist zu klein« –
## Es ist nicht schön, »klein« zu sein

### 3.1 Einstimmung mit der Fingerpuppe Tim

*Methodischer Hinweis:*

Tim erzählt den Kindern von seinen Erfahrungen mit dem »Klein-sein«. Als inhaltliche Anregung könnten die Beispiele unter »Mögliche Erfahrungen der Kinder« dienen. Im anschließenden Gespräch holt Tim die Kinder bei ihren Erfahrungen ab.

### 3.2. Spiellied »Wir werden immer größer«

Von Volker Ludwig © und Birger
Heymann © Aus: »Das Grips-Liederbuch«
Verlag Heinrich Ellermann, München

**Lied:**

1. Wir werden immer größer,
jeden Tag ein Stück.

Wir werden immer größer,
das ist ein Gück!
Große bleiben gleich groß

oder schrumpeln ein.

Wir werden immer größer –
ganz von allein!

**Methodische Hinweise:**

*Aus der Hocke zum Gestrecktsein »wachsen«, dabei mit den Händen Stufen beschreiben (Bewegungsform 1).*

*Bewegungsform 1
Hände zeigen über dem Kopf die gleichbleibende Größe.
»Einschrumpelnde »Bewegung bis zur Hocke zurück.
Bewegungsform 1*

| | |
|---|---|
| 2. Wir werden immer größer, | *Bewegungsform 1* |
| das merkt jedes Schaf. | |
| Wir werden immer größer, | *Bewegungsform 1* |
| sogar im Schlaf. | |
| Ganz egal ob's regnet, | *Finger als »Regentropfen« von oben nach unten bewegen, dabei wieder zur Hocke kommen.* |
| donnert oder schneit: | *Fäuste klopfen auf den Boden.* |
| Wir werden immer größer | *Bewegungsform 1* |
| und auch gescheit! | |
| | |
| 3. Wir werden immer größer, | *Bewegungsform 1* |
| darin sind wir stur. | |
| Wir werden immer größer | *Bewegungsform 1* |
| in einer Tour. | |
| Auch wenn man uns einsperrt | *Finger als »Gitter« vors Gesicht halten.* |
| oder uns verdrischt: | *Hand klopft auf den Po.* |
| Wir werden immer größer, | *Bewegungsform 1* |
| da hilft alles nichts! | |

### 3.3. Bilderbuchbetrachtung *»Der Löwe und die Ratte«*
(von Brian Wildsmith, Atlantis Bilderbücher)

*Didaktisch-methodische Hinweise*

Das Bilderbuch zeigt sehr schön, daß das »Kleinsein« nicht negativ sein muß, sondern seine ganz besonderen Chancen hat. Im Mittelpunkt steht eine kleine Ratte, die sich nicht entmutigen läßt, sondern unbeirrt ihre Gaben, die ihr gegeben sind, einsetzt und dadurch zum unersetzbaren Helfer für den großen Löwen wird.

Es wäre denkbar, daß die Tiere im Bilderbuch von den Kindern mit Orffschen Instrumenten »dargestellt« werden. d. h.: Jedes Kind sucht sich ein bestimmtes Instrument für ein Tier aus (z. B. Ratte = Rassel). Wird das Tier in der Geschichte erwähnt oder treten alle Tiere auf, musiziert das jeweilige Kind auf seinem Instrument.

### 5. EINHEIT:
## Gott sagt: »Du bist nicht zu klein« – Er traut mir viel zu

Biblische Erzählung »Die Berufung des David«, 1. Samuel 16,5–13
Spielerisches Erzählen mit Aststücken oder Natur-Holz-Bauklötzen

*Didaktisch-methodische Hinweise*

Das Erzählen mit Holzstücken ist eine einfache spielerische Methode, die besonders die Kleinen im Kindergottesdienst anspricht. Sie kommt ihrem Bedürfnis, eine Geschichte ganzheitlich zu erfassen, sehr entgegen.

 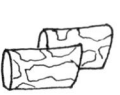 

**Aststücke als Figuren**

*Material:* Aststücke von verschieden starken Ästen (dicke, dünne, rissige Rinde, glatte Hölzer, Birkenäste als Schafe).
Die Holzstücke brauchen eine Stellfläche und eine »Gesichtsfläche« (abgeschrägt sägen). Zu beachten ist, daß für die Erzählung unterschiedliche Höhen gebraucht werden. Wichtig ist die Standfestigkeit. Die Hölzer für die Schafherde werden auf der Unterseite abgeflacht.

Wer andere Figuren einsetzen möchte, sei auf den Entwurf »Verloren – gefunden« verwiesen, siehe Seite 99. Dort werden Natur-Holzklötze eingesetzt.

Als weitere Figuren eignen sich: einfache Holzkegel (aus dem Bastelgeschäft) oder Figuren aus Papier- oder Klopapierrollen. Herstellung siehe im »Materialteil«, Seite 179.

**Bitte beachten:** Da sich das Kind mit jeder selbsthergestellten Figur identifiziert und im Spiel dann u. U. erfahren muß, daß die verkörperte Figur abgelehnt ist, *muß* die Herstellung solcher Figuren durch die Mitarbeiter erfolgen. Ein Nachbauen (z. B. nach dem Erzählen) ist als Bastelidee eher geeignet als vorbereitendes Herstellen der Figuren.

Durch den begleitenden Aufbau der Szene während des Erzählens hört und sieht das Kind die Geschichte und kann auch beim Aufbauen und Bewegen der Holzfiguren mithelfen. Ein chinesisches Sprichwort sagt:»Was ich gehört habe, vergesse ich. Was ich gesehen habe, behalte ich. Was ich getan habe, weiß ich.«

Durch die schlichte Form der Darstellung bleibt für die kindliche Phantasie viel Spielraum. Ein Holzstück kann in der Vorstellungswelt des Kindes ganz verschiedene Funktionen erfüllen. Dadurch ist dieses »Medium« sehr vielseitig. Bunte Tücher können den Aufbau der Szenen unterstreichen und ergänzen.

Für diese Erzählung wird ein braunes und ein grünes Tuch (ca. 50 × 50 cm) benötigt. Gespielt wird auf dem Boden in der Kreismitte.

Da das Kind im Kindergarten oder vielleicht auch zu Hause die Möglichkeit hat, mit Holzstücken zu spielen, kann diese Art des Erzählens auch zur Nachahmung motivieren.

**Erzählung:**

Das ist Isai.
Isai wohnt in Betlehem.

**Darstellung:**

*Braunes Tuch (= Betlehem) auslegen, darauf 1. Szene aufbauen.*

*Isai auf das Tuch stellen*

| Erzählungen: | Darstellung: |
|---|---|

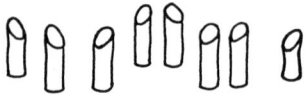

Er hat 8 Söhne.
Sie sind schon groß und helfen dem Vater
bei der Arbeit.

*Söhne dazu stellen*

*Söhne gehen vom Tuch, stehen
an verschiedenen Plätzen*

Der jüngste Sohn von Isai heißt David.
David paßt auf die Schafe seines Vaters auf.
Jeden Tag geht er mit ihnen hinaus auf die
Felder.

*David zeigen*

*Grünes Tuch (= Weide)
auslegen, darauf 2. Szene
aufbauen*

Er sucht gute Futterplätze für die Schafe
und führt sie zum Brunnen, wenn sie durstig
sind.

*David wandert mit den Schafen*

Manchmal muß er die Schafe vor wilden
Tieren beschützen. Er verjagt sie mit einem
dicken Stock oder mit seiner Steinschleuder.

*Wildes Tier schleicht zur Herde,
David verjagt es*

Oft sitzt David bei seinen Schafen und spielt
auf der Harfe. Das ist ein gebogener Stab
mit vielen Saiten. Er singt dazu Lieder.
Ein Lied, das David gerne singt, erzählt von
Gott, der für uns sorgt, wie ein guter Hirte:
»Der Herr ist mein Hirte. Mir wird nichts
mangeln. Er weidet mich auf einer grünen
Aue und führet mich zum frischen Wasser.
Er erquicket meine Seele.«
So singt David, und er ist froh.

Eines Tages kommt Besuch nach Betlehem.
Es ist Samuel.
Samuel ist ein wichtiger Mann.
Er sagt den Menschen, was Gott von ihnen
möchte.
Samuel geht zu Isai. Er sagt zu ihm:
»Isai, Gott schickt mich zu dir.
Einen von deinen Söhnen hat Gott
ausgesucht. Er soll König werden.
Rufe deine Söhne her zu mir. Gott wird mir
sagen, welcher Sohn König werden soll.«

*Samuel läuft zum braunen Tuch*

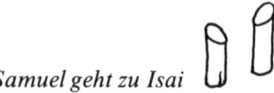

*Samuel geht zu Isai*

**Erzählung**

Isai läßt schnell seine Söhne holen – nur David nicht.
»Er ist ja noch so klein. Er kann nicht König werden«, denkt Isai und läßt David bei den Schafen.
Isai schickt seinen ältesten Sohn zu Samuel. Er ist groß und stark.
Samuel schaut ihn an und denkt:
»Das ist sicher der König, den Gott ausgesucht hat!«
Aber Gott spricht:
»Nein, Samuel, das ist er nicht!
Für mich ist nicht wichtig, ob einer groß und stark ist. Ich schaue mit dem Herzen.«

Isai ruft seinen zweiten Sohn.
Aber Samuel schüttelt den Kopf und sagt:
»Diesen hat Gott nicht ausgesucht.«
Isai ruft seinen dritten Sohn,
aber wieder schüttelt Samuel den Kopf.
Isai ruft einen Sohn nach dem andern.
Alle gehen an Samuel vorbei.
Aber jedesmal schüttelt Samuel den Kopf und sagt: »Diesen hat Gott nicht erwählt.«

Als alle Söhne vorbeigegangen sind, fragt Samuel erstaunt:
»Isai, sind das alle deine Söhne?«
»Nein«, sagt Isai, »David fehlt. Er ist draußen bei den Schafen. Aber er ist der Kleinste von allen.«
»Ruf ihn zu mir!« sagt Samuel. »Ich muß ihn sehen.«
Schnell läuft ein Bote zu David und und holt ihn.

Als Samuel David sieht, spricht Gott:
»Das ist er! Er soll der neue König sein!«
Samuel nimmt David bei der Hand.
Er sagt: »David, Gott hat etwas Besonderes mit dir vor. Du sollst König werden.
Als Zeichen dafür leere ich dieses Öl auf deinen Kopf.«
David wundert sich, aber er spürt, daß Gott ganz nahe bei ihm ist.
Er weiß: »Gott wird mich nie verlassen. Er hilft mir das zu tun, was er von mir möchte.«

**Darstellung:**

*Söhne auf das braune Tuch stellen*

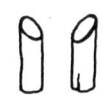

*Sohn zu Samuel stellen*

*Sohn geht zur Seite*

*Söhne kommen und gehen zur Seite*

*Bote holt David*

# Ich bin begabt

*Meine Sinne und mein Körper*

Biblische Bezugspunkte: Psalm 139,13–16; Psalm 34,9; 1. Petrus 4,10

KARLA HUDELMAYER

## 1. Das Thema

Kinder erleben von klein an alles sehr stark mit den Sinnen, bevor sie sich dessen überhaupt bewußt werden. Es macht ihnen große Freude, alle Sinne einzusetzen, und es fällt ihnen z. B. schwer, lange stillzusitzen und ruhig zu sein – positiv ausgedrückt: Sie möchten sich mit allem betätigen, was sie haben und können.

Nun soll ihnen klar werden: Was wir können, ist ein Geschenk, eine Gabe von Gott. Dafür wollen wir danken. Wir wollen die Gaben auch nicht für uns allein behalten, sondern sie für andere einsetzen, mit den Gaben »dienen«.

## 2. Die Botschaft

Die vorgeschlagenen biblischen Texte sind nicht geeignet zum direkten Erzählen. Vielmehr muß eine Erzählung auf die Botschaft, die Aussage der Texte, hinführen. Daneben sollte über der Liturgie der ganzen Reihe begleitend die Zielaussage stehen:

»Ich danke dir, daß ich so herrlich bereitet bin, so wunderbar.« (Psalm 139,14 nach der Zürcher Übersetzung)

PSALM 139, 13–16

*»Denn du hast meine Nieren bereitet und hast mich gebildet im Mutterleibe. Ich danke dir dafür, daß ich wunderbar gemacht bin; wunderbar sind deine Werke; das erkennt meine Seele. Es war dir mein Gebein nicht verborgen, als ich im Verborgenen gemacht wurde, als ich gebildet wurde unten in der Erde. Deine Augen sahen mich, als ich noch nicht bereitet war, und alle Tage waren in dein Buch geschrieben, die noch werden sollten und von denen keiner da war.«*

Persönliche Hinwendung zu Gott im Schöpfungsglauben: Es wird deutlich, daß die gesamte menschliche Existenz nicht sich selbst, sondern ganz Gott gehört und ohne ihn nichts ist.

Gott »wirkt« alles – das göttliche Sein ist also »Wirklichkeit« im eigentlichen Sinn des Wortes. Diese Wirklichkeit wird in den praktischen Realitäten des Lebens offenbar.

Auch dem am eigenen Leibe erfahrenen Schöpfungsglauben ist Gott immer nur als der Verborgene offenbar. Das wundervolle Bild des Psalmisten »Du hast mich gewoben im Leib meiner Mutter« (Übersetzung Weiser) führt zu dem hymnischen Bekenntnis in Vers 14, das Ehrfurcht und Vertrauen ausdrückt.

PSALM 34,9
*»Schmecket und sehet, wie freundlich der Herr ist.«*

Dieser Vers ist ein Danklied der Frommen, das im Festgottesdienst vorgetragen wird. Der Beter empfindet die Wirklichkeit der Güte Gottes und seine lebendige Gegenwart so stark, daß sie für ihn geradezu in die Nähe sinnlicher Wahrnehmung rückt (»schmecket und sehet«) und ihn zur beglückenden Seligpreisung der Geborgenheit in Gott begeistert. Schon in der Liturgie der alten Kirche wurde dieser Psalmvers bei der Feier der Kommunion verwendet, also dann, wenn es um die leibliche Erfahrung von Gottes Güte geht.

1. PETRUS 4,10
*»Dient einander, ein jeder mit der Gabe, die er empfangen hat, als die guten Haushalter der mancherlei Gnade Gottes.«*

Hier wird im paulinischen Sinne (1. Kor 12 und Röm 12) davon gesprochen, daß jeder auf seine Weise an der Gnade teilhat. Gottes Gnade ist vielgestaltig und verschiedenartig, mannigfaltig und mehrfarbig. Jeder ist als Glied der Gemeinde vom Geist begabt und hat seine Gaben und Begabungen empfangen. Dazu gehören gewiß auch die Gaben des Leibes und der Sinne. Diese Möglichkeiten des Menschen sind von Gott anvertraute Gaben. Es gilt, sie im Dienst für andere Menschen einzusetzen.

## 3. Arbeitsplan

### TEIL 1: **Unsere Stimme**

Lied: (z. B. »Nun danket all«, EKG/LfJ 231, 1–3 und 5)
Erzählung als Hinführung
Gespräch mit den Kindern
Spruch
Einführung des Spielliedes: »Kommt alle her« (siehe Seite 43)
Dankgebet
Spiele mit der Stimme
Schlußlied. »Daß ich springen darf«, LfJ 666

### TEIL 2: **Unsere Sinne**

Lied: »Daß ich springen darf«
Spruch
Hinführung zu den Spielen: »Was wir alles können«

Erproben von Nase  – Riechen
               Mund – Schmecken
               Ohren – Hören
               Hinweis auf Augen
Einführung des Spielliedes: »Ich freue mich und springe« (siehe Seite 45)
Dankgebet
Schlußlied: »Herz, Hände, Mund und Augen mein«, LfJ 699

**TEIL 3: Unsere Hände**

Lied: »Herz, Hände, Mund und Augen mein«
Spruch
Überlegung zum Thema »Hände«
Spiele: Tasten/Fühlen
Spiellied: »Ich freue mich und springe« – neu: 3. Vers
Erzählung: »Zehn kleine Freunde«
Bastelarbeit: »Jemand zur Freude«
Gebet
Schlußlied: »Gott, du hast uns Augen gegeben«, LfJ 684

## TEIL 1: **Unsere Stimme**

● Lied: z. B. »Nun danket all und bringet Ehr«, EKG/LfJ 231, 1–3 und 5

● Hinführende Erzählung:

Heute möchte ich euch von Uli erzählen. Er ist fast drei Jahre alt – also jünger als ihr – und möchte schrecklich gern in den Kindergarten. In seiner Straße wohnen nämlich nur größere Kinder, die nicht so oft mit ihm spielen. Aber im Kindergarten ist noch kein Platz für ihn frei. »Wenn ich wenigstens eine kleine Schwester hätte wie die Sabine von Tante Renate oder einen kleinen Bruder wie der Moritz!« seufzt er.

Eines Tages ruft ihn die Mutter zu sich. »Uli«, sagt sie, »hast -u mich eigentlich in der letzten Zeit mal richtig angeguckt?« »Nö – wieso?« – »Dann schau doch mal meinen Bauch an!« »Oh – ist der aber dick! Hast du heute so viel von dem Reis gegessen?« – »Nein, Uli, das hängt nicht mit dem Essen zusammen«, sagt die Mutter. »Halt mal deine Hand an meinen Bauch!« Zuerst merkt Uli nichts – aber plötzlich spürt er etwas – wum wum – gegen seine Hand. »Was war denn das? Da hat mich gerade etwas geboxt!« staunt er. »Ja denk nur«, sagt die Mutter, »in meinem Bauch wächst ein Kind.« – »Spitze!« schreit Uli. »Da bin ich doch auch gewachsen!« Die Mutter nickt. »Läßt du es wachsen?« fragt Uli. »Papa und ich, wir haben uns noch ein Kind gewünscht, aber wachsen läßt es Gott«, erklärt die Mutter. »Wann kommt es denn heraus. Und kann ich dann gleich mit ihm spielen?« Ulis Fragen überstürzen sich. »Da wirst du noch ein bißchen warten müssen«, sagt die Mutter tröstend. »Aber du kannst dann beobachten, wie das Baby alles immer besser lernt.«

● *Gespräch mit Kindern:*
Was kann ein Baby schon?
Schreien, sehen, hören, schmecken, mit den Händen greifen und
festhalten, mit den Füßen strampeln.
Was können wir? . . . . . . . .
Wir freuen uns darüber und danken Gott.

● *Spruch:* »Ich danke dir, daß ich so herrlich bereitet bin, so wunderbar.« Psalm 139,14

● *Einführung des Spielliedes:* »Kommt alle her«, mit Klatschen,
Stampfen und Springen.

Text: Hans-Jürgen Netz; Musik: Rainer Ibe
Aus: »Mein Lieberbuch für heute und morgen«, 1981
Alle Rechte im tvd-Verlag, Düsseldorf

**Kommt alle her**

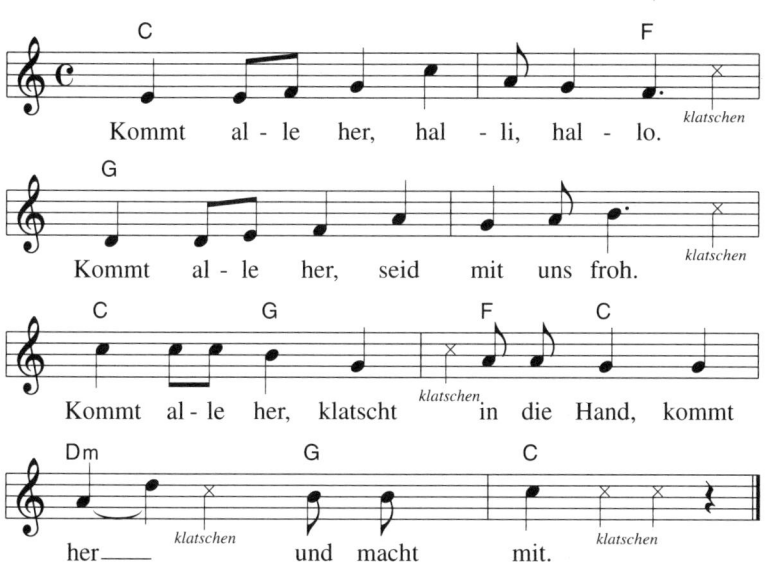

2. Kommt alle her, die Musik spielt.
Kommt alle her, singt dieses Lied.
Kommt alle her, stampft mit dem Fuß,
kommt her und macht mit!          *(bei x stampfen)*

3. Kommt alle her, ob klein ob groß,
Kommt alle her, hier ist was los.
Kommt alle her, springt in die Luft,
Kommt her und macht mit!          *(bei x springen)*

4. Kommt alle her, klatscht in die Hand.
Kommt alle her, stampft mit dem Fuß.
Kommt alle her, springt in die Luft,
Kommt her und macht mit!          *(xxx klatschen, stampfen, springen)*

- *Dankgebet:* »Segne, Vater, diese Gaben«, 1. Abschnitt (in: »Sagt Gott, wie wunderbar«, Seite 106)
  Abschluß gesungen: »Wir danken dir« (a.a.O. Seite 107)
- *Spiele mit der Stimme:*
  Das Auffälligste an einem Baby ist am Anfang sein Schreien.
  Ihr könnt mit eurer Stimme vielfältiger umgehen: laut – leise, ärgerlich – lieb und freundlich, einander erkennen an der Stimme (wer hat gerufen?), summen, singen.
- *Schlußlied:* Zum Abschluß wollen wir die Stimme noch einmal zum Singen einsetzen: »Daß ich springen darf«.
  (zu finden in: LfJ 666, Menschenskinderlieder 40, Sing mit 1, 3)

### TEIL 2: **Unsere Sinne**

- *Lied:* »Daß ich springen darf«
- *Spruch:* Ich danke dir . . .«, Psalm 139,14

- *Hinführung zu den Spielen:* »Was wir alles können«
  a) Nase – Riechen. Material: Augenbinde
     z. B. Parfüm, Essig, Kräuter, duftende Blume
  b) Mund – Schmecken. Material: Augenbinde
     Verschiedene Getränke, Obst, Kekse, Brot, Käse, Wurst
  c) Ohren – Hören. Material: Tonträger (Kassette) mit verschiedenen Geräuschen, z. B. Hausglocke, Wasserkessel, Kirchenglocken, Vogelgezwitscher, Telefon – oder:
     Vorhang, hinter dem folgende Geräusche zu hören sind: Papier zerreißen, Hämmern, Klatschen, verschiedene Musikinstrumente (Flöte, Triangel, Glockenspiel), Trillerpfeife – oder: tickenden Wecker verstecken – suchen lassen.
  d) Hinweis auf Augen – Sehen
     Beobachtungsspiele mit den Augen werden häufig gespielt, deshalb je nach zeitlichem Spielraum viele Möglichkeiten:
     Bilder anschauen und dazu sagen, ob man das auch kann oder will: z. B. schwimmen, putzen, anmalen, kochen . . .

- *Einführung des Spielliedes:* »Ich freue mich und springe«
  Zuerst Refrain, dann Verse 1 und 2
  Material: einige Orffsche Instrumente oder ersatzweise Stühle und leere Papierkörbe.

**Spiellied »Ich freue mich und springe« mit Bewegungsgestaltung**

Die Kinder können bei Mangel an genügend Orff-Schlaginstrumenten auf ihren Holzstühlen sich trommelnd freispielen. Jeder kniet oder hockt vor seinem Stuhl und zeigt, wie »seine Trommel oder Pauke« klingt.
Die Versuche, wie laut und wie lange man mit den Händen darauf pauken kann, werden nach kurzer Zeit abflauen; die Motorik ist dann zu ihrem Zuge ge-

kommen. Nun betrachtet man gegenseitig, wie rot die Handflächen oder kleinen Fäuste dabei geworden sind.

Die Gruppenleiterin als erste Dirigentin (später kann das ein Kind sein) hebt schließlich beide Hände in die Höhe: jeder zeigt seine »Paukenschlegel«, die Hände. Damit kann man sehr leise pauken, die Stuhlpauke fast nur streicheln und auch sehr laut schlagen.

Jeder achtet als Spielregel aber auf den Dirigenten, der zum Erreichen einer Pause entweder die »Schlegel« hoch in die Luft streckt (und alle machen es nach) oder sie unter dem Stuhl versteckt. Wenn diese Pausen auch nach einem Drei-schlag: Gott-sei-Dank, sofort wieder exakt klappen, kann das Lied in seinem Re-frain eingeführt werden. Am Ende jeder Melodiezeile (siehe Markierung) werden die drei Gott-sei-Dank-Paukenschläge eingefügt:

*Refrain:*

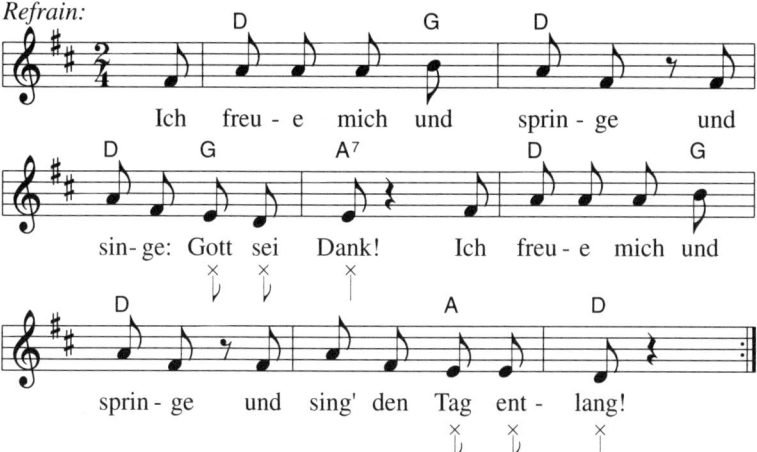

Später kann statt des Paukendreischlages abwechselnd auch geklatscht oder getri-angelt werden. Beim Singen der Verse läßt man die Kinder entscheiden, wie das, was wir mit Händen, Füßen, Augen tun können, während des Liedes bewegungs-mäßig dargestellt werden soll.

Hier Text und Melodie für die Strophen zwischen den Refrainwiederholungen:

*Strophe:*

*(Strophen 2 und 3 siehe nächste Seite oben)* ▶

*Refrain:* Ich freue mich und springe . . .

2. Ich habe Füße, ich bin gesund,
   die mir gehorchen zu jeder Stund,
   und die mich tragen, wohin ich mag,
   ich lauf und springe den langen Tag. *Refrain:* . . .

3. Ich denk' an andre, die krank, in Not,
   wie kann ich helfen, zeig's, lieber Gott,
   lenk Händ' und Füße, lenk Herz und Sinn,
   daß ich den andern ein Helfer bin. *Refrain:* . . .

Text und Melodie: Wolfgang Longardt
Aus: »Spielbuch Religion«
Verlag Ernst Kaufmann, Lahr, und
Christophorus-Verlag, Freiburg

● *Dankgebet:* »Segne, Vater, diese Gaben« (siehe Teil 1)
● *Schlußlied:* »Herz, Hände, Mund und Augen mein«, LfJ 699

## TEIL 3: **Unsere Hände**

● *Lied:* »Herz, Hände, Mund und Augen mein«, LfJ 699
● *Spruch:* »Dienet einander mit den Gaben, die ihr geschenkt bekommen habt«, 1. Petrus 4,10
● *Gespräch zum Thema »Hände«*
  *Was wir mit unseren Händen alles tun können:*
  Gutes – Böses, Streicheln – Schlagen, Helfen, Heilen – Zerstören.
● *Spiel: Tasten/Fühlen*
  Material: Korb mit Tuch. Darin Gegenstände zum Betasten und Benennen (z. B. Stoffe, Hölzer, Gräser, Blätter, Körner, Früchte, Sand, Steine; außerdem Handschuh, Briefumschlag, Geldstück usw.) Viele Erweiterungsmöglichkeiten: z. B. Finger- und Handspiele aller Art (siehe Seite 176).
● *Spiellied:* »Ich freue mich und springe« – neu: Vers 3
● *Erzählung:* »Zehn kleine Freunde« (aus: »Kurze Geschichten 1«, Verlage Kaufmann/Kösel 1975)
● *Bastelarbeit:* Zur Freude von Eltern, Geschwistern, Kranken usw. etwas malen oder basteln (je nach zeitlichem Spielraum)
● *Gebet:* (aus LfJ Seite 476/477, Nr. 48)
● *Schlußlied:* »Gott, du hast uns Augen gegeben«, LfJ 684

*Literatur*

»Die Psalmen«, von Artur Weiser, Band 14 und 15 der Reihe: »Das Alte Testament Deutsch«, Verlag Vandenhoeck & Ruprecht

»Die katholischen Briefe«, von Horst Balz und Wolfgang Schrage, Band 10 der Reihe: »Das Neue Testament Deutsch«, Verlag Vandenhoeck & Ruprecht

Rolf Krenzer, Anneliese Pokrandt und Richart Rogge (Hrsg.) »Kurze Geschichten 1«, Verlage Kaufmann/Kösel

Wolfgang Longardt, »Spielbuch Religion«, Verlage Kaufmann/Benziger

»Evangelische Kinderkirche«, 64. Jahrgang 1992, Heft 1, Verlag Junge Gemeinde (Wir verweisen dabei auf den Seiten 14–18. Der Entwurf von Wolfgang und Gabriele Traub enthält viele Elemente zum Thema »Erleben mit den Sinnen« am Beispiel der Geschichte des blinden Bartimäus in Mk 10,46–52).

# Ich bin da – geliebt und angenommen

Text: Die Geburtsgeschichte (Lukas 2,1–7)

VERONIKA LANGER

## 1. Das Thema

»Ich bin ich – und so wie ich bin, bin ich toll!«
In der Begegnung mit anderen Menschen erfahren Kinder ihre Besonderheit, ihre Unersetzbarkeit und ihre Wichtigkeit. Ich erinnere mich, wie unser Adoptivsohn im Kindergartenalter seinem Freund erzählte: »Ich bin im Bauch von meiner anderen Mutter gewachsen. Weil sie kein Essen und kein Bett für mich gehabt hat, hat sie meine Eltern gesucht. Meine Eltern wollten ganz arg ein Kind haben. Da hat das Jugendamt geholfen. Und jetzt bin ich da!« Jedes Kind hat seine eigene Geschichte; seine eigene Erlebniswelt. Es lohnt sich, mit den Kleinen darüber zu sprechen.

## 2. Die Botschaft

Der Text läßt uns staunen, wie Gott ganz persönlich in eine Familiengeschichte eingreift. Die Einheit führt uns zur Geburtsgeschichte Jesu hin (Lk. 2).
Die Kinder erfahren:
a) Ich werde geliebt – so wie ich bin.
b) Gott hält, was er verspricht (Jesaja).
c) Gott möchte, daß wir uns freuen. Er hat uns seinen Sohn geschenkt.
Zur theologischen Erarbeitung verweise ich auf die Ausführungen in der Mitarbeiterzeitschrift »Evangelische Kinderkirche«, Heft 4/1990. Lukas 1,26 ff. ist dort auf den Seiten 374–375 dargelegt, Lukas 2,1–7 wird im Entwurf zum Christfest auf Seite 379 erörtert.

## 3. Arbeitsplanung

In drei Einheiten soll die Geburtsgeschichte zum Sprechen kommen. Wer die Werkidee auf Seite 48 heranzieht, wird noch eine weitere Kindergottesdiensteinheit dazu einplanen müssen.

### 1. EINHEIT: Ich bin geliebt, wie ich bin

Spiel: »Ich bin . . .«
Lied: »Schwarze, Weiße, Rote, Gelbe«, LfJ 658
Geschichte: »Die Puppe ohne Haare«
Gespräch

Psalm: »Von Geburt an bis jetzt«
(aus: »Sagt Gott, wie wunderbar«, Seite 94)
Hausaufgabe

**2. EINHEIT: Gott hält, was er verspricht**

Lied: »Wir wünschen, Herr« (Menschenskinderlieder, Nr. 108)
Gespräch und Geschichte von Silvio
Impuls: Gott vergißt nicht
Gebet

**3. EINHEIT: Gott wird ein Kind, damit sich alle freuen**

Gespräch
Einführung in die Geburtsgeschichte (Lk 2,1–7)
Psalmgebet: »Komm, Herr, wir brauchen dich« (aus: »Sagt Gott, wie
wunderbar«, Seite 100)
Die Geschichte gestalten mit Tonpapierfiguren (siehe »Materialteil« Seite
181)
Strohstern auf den (Heim-)Weg

## 1. EINHEIT: **Ich bin geliebt, wie ich bin**

● *Spiel:* Wer schafft es, fünf »Ich-bin«-Sätze zu sagen? (evtl. auch als
Ratespiel).
 Ich bin das Kind von . . .
 Ich bin die Schwester von . . .
 Ich bin der Liebling von . . .
 Ich bin schon groß
 Ich bin ein Junge (Mädchen)
● *Lied:* »Schwarze, Weiße, Rote, Gelbe«, LfJ 658. Wir singen gemein-
sam und klatschen dazu; evtl. 1–2 neue Verse aufnehmen.

● *Geschichte:* **Die Puppe ohne Haare**
 Martina hatte die Puppe in dem Katalog des Versandhauses entdeckt. Eine Puppe mit langen braunen Haaren, mit blauen Augen und
einem roten Kleid. Diese Puppe wünschte sich Martina zu Weihnachten.
Diese Puppe und keine andere.
 Allen Leuten erzählte sie: »Ich habe mir eine wunderschöne Puppe
zu Weihnachten gewünscht!« Oft holte sie sich den Katalog herbei und
betrachtete die Puppe ganz genau. Martina konnte Weihnachten kaum
erwarten.
 Die Eltern hatten ein großes Paket bei dem Versandhaus bestellt.
Weihnachten rückte immer näher heran, aber das Paket war noch nicht
angekommen. »Hoffentlich kommt es noch rechtzeitig!« sagte der Vater.
»Martina wartet doch schon so sehr auf ihre Puppe!«
 Einen Tag vor dem Heiligen Abend kam endlich das Paket an. Am
Abend, als die Kinder im Bett lagen, packten die Eltern das Paket auf. Als

sie aber die Puppe aus ihrer Verpackung herausholten, erschraken sie. Die Puppe hatte keine Haare. Als die Puppe hergestellt worden war, waren die Haare vergessen worden. Jetzt war es eine Puppe mit einer richtigen Glatze.

»Wir tauschen die Puppe um!« sagte die Mutter. »Und Martina?« fragte der Vater. »Sie wartet doch schon so sehr auf die Puppe!« – »Wir müssen ihr erzählen, was passiert ist!« meinte die Mutter. »Und gleich nach Weihnachten schicken wir die Puppe zurück!«

Am Heiligen Abend suchte Martina unter dem Weihnachtsbaum, auf dem Tisch, hinter dem Sessel, überall. Als sie nirgends die Puppe entdecken konnte, fragte sie ihre Eltern danach. »Ich habe sie mir doch so sehr gewünscht!« sagte Martina und schaute ihre Mutter traurig an. Da erzählte ihr die Mutter, daß die Puppe umgetauscht werden sollte, weil sie keine Haare hatte. Doch Martina wollte die Puppe ohne Haare unbedingt sehen. So holte der Vater die Puppe herbei. Martina hob sie vorsichtig aus der Schachtel und strich ganz behutsam über das kahle Puppenköpfchen.

»Arme Puppe!« sagte sie. »Ich muß dir sofort ein Mützchen häkeln, damit du nicht am Kopf frierst!«

Alle übrigen Weihnachtsgeschenke waren vergessen. Am Heiligen Abend häkelte Martina ein Mützchen für die Puppe. Sie nahm die Puppe mit ins Bett. Es wurde ihre Lieblingspuppe. Vielleicht gerade deshalb, weil sie keine Haare hatte.

So wurde die Puppe niemals zurückgeschickt. Und das Versandhaus hat nie erfahren, daß einmal eine Puppe ohne Haare verschickt wurde.

*Rolf Krenzer*

(Aus: Rolf Krenzer, »52 Sonntagsgeschichten«, © RehaVerlag, Bonn-Bad Godesberg)

● *Gespräch:* Was macht die Puppe für Martina so wertvoll?
● *Lied* zum nachfolgenden Psalm einüben
● *Psalm:* »Von Geburt an . . . bis jetzt« beten und singen
   (aus: »Sagt Gott, wie wunderbar«, Seite 94/95)
● *Hausaufgabe:* Oft haben wir Wünsche. Wir wünschen uns etwas von den Eltern, den Freunden oder Geschwistern. Oft sind dies Wünsche, die unerfüllbar sind. Überlegt einen Wunsch und bittet zu Hause jemand, diesen auf ein Kärtchen zu schreiben. Dieses Kärtchen bringt ihr zum nächsten Kindergottesdienst mit (kleine Kärtchen aus Tonpapier bereitlegen).

## 2. EINHEIT: Gott hält, was er verspricht

● *Lied einüben:* »Wir wünschen, Herr« (Menschenskinderlieder, Nr. 108) Während das Lied gesungen wird, legen die Kinder ihre Wunschzettel in ein bereitgestelltes Körbchen. Alle Wünsche sind nun bunt gemixt.

● *Gespräch:* Was haben wir für Wünsche?
Können alle Wünsche in Erfüllung gehen?
Wie ist die Zeit des Wartens und des Hoffens?

● *Erzählung:* **Die wunderschöne Glaskugel**

Silvio hat im Urlaub eine wunderschöne Glaskugel im Schaufenster entdeckt. »Mama, die wünsche ich mir so sehr! Kannst du sie mir kaufen?«, hat er gefragt. »Wenn am letzten Urlaubstag noch Geld da ist, kannst du sie haben«, hat die Mutter versprochen.

Silvio fiebert dem letzten Urlaubstag entgegen. Immer wieder schaut er im Schaufenster nach, ob es das wunderschöne Gebilde aus Glas noch gibt. Wird das Geld reichen? Wird die Mutter ihr Versprechen halten?

● *Gespräch:* Wie ging es Silvio? Was wird er tun, wenn dieser Wunsch in Erfüllung geht? Wie geht es ihm, wenn das Geld ausgegeben ist?

*Wünsche in der Bibel*

Auf Gott kann man sich verlassen – so sagen viele Menschen. Auch die Bibel hat unendlich viele Hoffnungsbilder aufgezeichnet. Ein solcher Mann der Hoffnung war Jesaja. Er lebte in einer traurigen Zeit. Nachbarn und Freunde sind, wie viele aus seinem Volk, in ein fremdes Land entführt worden. Manche können es gar nicht glauben, daß Gott sein Versprechen hält und daß Friede wird. Wo bleibt der Friedenskönig, den Gott dem Volk Israel versprochen hat?

Gott will nicht, daß die Menschen im Volk Israel unglücklich sind. Deshalb schickt er zu ihnen Jesaja, seinen Boten. Jesaja soll den Menschen sagen: Gott wird sein Versprechen ganz gewiß halten. Er wird auch den Retter schicken, der euch wieder ganz heil macht. An jeden von euch denkt Gott. Und alle, die traurig sind, sollen wieder froh werden. Denn, so sagt es Jesaja: »Ein Kind ist uns geboren, ein Sohn. Er herrscht über alles. Er hat Namen: Wunder-Rat, starker Gott, Ewigvater und Friedefürst.« (Jes. 9,6)

Es hat noch lange gedauert, bis Gott sein Versprechen wahr machen konnte. Die Menschen haben sich oft gefragt: Werden wir es noch erleben? Wird Gottes Geduld mit uns noch ausreichen? Wird er auch nicht vergessen, was er versprochen hat?

● *Gebet:* Lieber Gott, danke, daß ich mich auf dich verlassen kann. Du erfüllst nicht alle meine Wünsche; aber was du versprochen hast, das hältst du auch. Hilf bitte auch mir, daß ich halten kann, was ich verspreche. Amen.

(Das Gebet kann auch mit dem Psalmlied der ersten Einheit verbunden werden.)

● *Lied:* Wir wünschen, Herr« (evtl. 4. Vers einfügen: ».. . , daß jeder Mensch vertrauen kann«)

## 3. EINHEIT: **Gott wird ein Kind, damit sich alle freuen**

● *Lied wiederholen:* »Wir wünschen, Herr« (Menschenskinderlieder, Nr. 108). Während des Singens wird das Körbchen mit den Wunschzetteln nochmals aufgestellt.

● *Gespräch:* Nun liegen unsere Wunschzettel alle beieinander. Wir wissen nicht, ob sie uns erfüllt werden. Vielleicht wird es ganz anders, als wir es uns vorstellen. Vorerst müssen wir warten. Ein alter Reim sagt:

*»Ich schenke dir ein Nixchen,*
*in einem goldenen Büchschen*
*und dazu ein silbernes Wart-ein-Weilchen.«*

Was sagt dieser Reim?
Was tun wir, wenn die Zeit so lange wird?
In der Geschichte, die wir heute hören, ist das Warten auch lange geworden.

### Gott will, daß wir uns freuen
Biblische Erzählung (Lk 1,30.31.38; Lk 2,1–7)

Jesaja hat den Menschen seiner Tage erzählt, daß ein Kind geboren wird, das Gottes Versprechen einlöst. Viele, viele Jahre sind seither vergangen. Jetzt wird es wahr. Der Schreiber Lukas hat für uns eine lange Geschichte aufgeschrieben:

*Der Engelsbesuch*

Einst lebten zwei Menschen in Nazaret. Die Frau hieß Maria, der Mann Josef. Maria saß in der kleinen Hütte. Sie war wie benommen. War das ein Traum, was sie eben erlebt hatte? Ein Engel Gottes war wirklich da gewesen und hatte zu ihr gesprochen? Noch klangen ihr die Worte im Ohr und im Herzen: »Maria, du sollst ein Kind bekommen.« So hatte der Engel gesagt. »Dieses Kind wird Gottes Sohn sein«, hatte er hinzugefügt.

»Wie soll denn das alles geschehen«, dachte Maria. »Josef und ich sind doch nicht einmal verheiratet. Wir sind arme Leute. Das göttliche Kind soll bei uns geboren werden? Wer soll uns denn glauben? Ich verstehe das nicht.« Still betete sie: »Hilf mir, lieber Gott, daß ich das verstehe, was du Großes an mir tun willst. Noch habe ich Angst. Aber du bist ein starker Gott, der die Armen und Schwachen ansieht. Du bist bei mir, und ich verlasse mich auf dich.«

*Das Unterwegssein*

Nur mit Josef hat Maria über ihre Begegnung mit dem Engel gesprochen. Sie wußten beide nicht, wie alles werden sollte. Aber sie vertrauten auf Gott und freuten sich auf ihr Baby.

Nun kam gleich eine große Schwierigkeit auf diese beiden Menschen zu. In dieser Zeit wurde das Land Israel vom römischen Kaiser Augustus regiert. Der ordnete an, daß in seinem großen Reich alle Menschen gezählt werden sollten. Jeder sollte mit seiner Familie in die Stadt gehen, aus der die Vorfahren stammten. Dort wurde die Zählung gemacht. Josef stammte aus der Stadt Betlehem, weit weg von Nazaret. Mit Maria mußte er diese beschwerliche Reise antreten.

Eine ganze Woche waren sie unterwegs. Müde und erschöpft kamen sie in Betlehem an. Viele Menschen waren da, die auch in dieser Stadt gezählt werden sollten. Alle Gasthäuser waren schon belegt. Nur ein Gastwirt, der Mitleid mit dem Mann und seiner schwangeren Frau hatte, sagte: »Dort drüben auf der großen Weide habe ich eine Höhle für meine Tiere. Da könnt ihr schlafen.«

*Die Geburt*

Maria spürte das Kind in sich. »Lieber Gott«, betete sie, »ich weiß nicht, was du mit uns vor hast. Aber du bist bei uns, auch in dieser Nacht.«

So gingen sie zuversichtlich in die Höhle. Josef bereitete aus Stroh ein Lager für Maria, auf dem sie sich ausruhen konnte. Er ließ Maria nicht aus den Augen. Das war gut so. In dieser Nacht wurde das Kind Jesus geboren. Maria und Josef waren überglücklich. Sie wickelten das Kind in Tücher, die sie mitgebracht hatten. Sie legten es in die Futterkrippe, in der frisches, weiches Stroh lag. Ja, dort im Stall wurde das Kind geboren, Gottes Sohn.

\*

So hat Lukas die Geschichte erzählt. Es ist ihm wichtig, daß alle Menschen erfahren: In der Königstadt Betlehem wurde Jesus geboren, denn Joseph stammt von König David ab. Aber Jesus ist viel mehr als ein König. In ihm will Gott den Menschen nahe sein – in dem kleinen Kind. Deshalb wollte er, daß sein Sohn arme Eltern hat und nicht in einem Palast zur Welt kommt. Für alle Menschen ist Jesus da – für die Armen und Reichen, für die Kleinen und Großen. Für mich und für euch kam er auf die Erde, daß Frieden wird.

● *Psalm:* »Komm Herr, wir brauchen dich«, mit dem erlernten Kehrvers »Fröhlich gehe ich« (aus: »Sagt Gott, wie wunderbar«, Seite 100, Kehrvers Seite 95)

● *Gott hat uns so reich beschenkt.* Zur Erinnerung an die Geburtsgeschichte von Jesus, die Lukas aufgeschrieben hat, schenke ich jedem von euch einen Strohstern. Vielleicht dürft ihr ihn zu Hause an den Weihnachtsbaum hängen.

*(Für jedes Kind einen Strohstern bereitlegen.)*

# Ich bin nicht allein – gemeinsam sind wir mehr

Texte: Lukas 2,41–47 und Apostelgeschichte 2,41–47

DIETER MATTERN
*unter Mitarbeit von Anneliese und Hannelore Hösch*

## A. Entfaltung der Thematik auf dem Hintergrund von Kindererfahrungen

1) Im Kindergarten- bzw. Vorschulalter machen Kinder ihre ersten Erfahrungen im »Unterwegssein«. Dazu gehören die Loslösung vom Elternhaus, erste Versuche »eigenständigen Handelns« unter fürsorglicher Begleitung von Erwachsenen und das Erlebnis, bei aller Eigenständigkeit geführt zu sein.

Dieses eigenständige Verhalten macht dem Kind auch angst, dadurch die Zuwendung seiner Bezugspersonen zu verlieren.

Der erfolgreich abgeschlossene Lernprozeß bringt eine neue Erfahrung: Es wird nicht mehr nur als hilfsbedürftige Person, sondern auch als eigenständige Persönlichkeit akzeptiert und trotz veränderter Beziehung auf einer reiferen Stufe geliebt.

Die beginnende Loslösung vom Elternhaus weitet den Blickwinkel: Es lernt neue Bezugspersonen mit ihren Wertsystemen kennen und kann vergleichen. Es erlebt sich als Teil einer durch andere Kinder und die Erzieherinnen erweiterten Gemeinschaft.

Es entdeckt, daß auch andere gleiche Grundbedürfnisse und Interessen haben. Diese können durch *gemeinsames* Bemühen leichter erfüllt werden. Es treten Konflikte zwischen seinen eigenen und den Interessen anderer auf. Es muß lernen, seine Interessen zu vertreten, unterzuordnen und gegebenenfalls Kompromisse zu schließen.

2) Erste »Reiseerfahrungen« ins Leben, aber auch in die Welt, die nach und nach entdeckt wird, sind gemacht. Darauf sind Kinder ansprechbar. Darüber können sie – beispielsweise anhand von Urlaubsbildern – erzählen.

3) Weil sich vor und nach der Geburt der Lebensraum weitet und das »Zuhause« verändert, läßt sich dies für ein Kind nachempfinden. Beim Werden des Menschen- und Gottessohnes Jesus und beim Wachsen der ersten Gemeinde läßt sich diese Erfahrung mitbedenken.

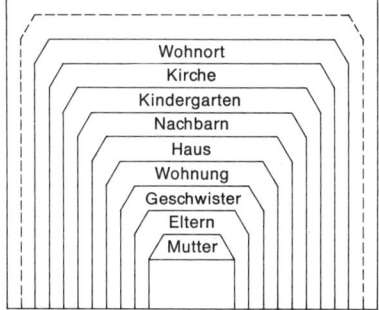

Wohnort
Kirche
Kindergarten
Nachbarn
Haus
Wohnung
Geschwister
Eltern
Mutter

## B. Die Botschaft von Lukas 2,41–47 und Apg 2,41–47

1) Die *Gesamtbotschaft* des Lukasevangeliums und der Apostelgeschichte lautet kurz gefaßt: Im Menschen Jesus von Nazaret kommt Gott selbst zur Welt. Mit Jesu Wort und Tat geht er bis an die Grenzen des Menschenmöglichen und der Gotteserfahrung. Durch Jesus Christus schenkt er sich den von Gott und der Welt Verlassenen und den in gesetzlicher Selbstgerechtigkeit Vereinsamten. Jesus verläßt sich ganz und gar auf den Vater und ist in den Geboten der Gottes- und Nächstenliebe zu Hause.

In dieser Gemeinschaft werden Jesusleute mit auf den Weg genommen, in dieser Glaubensrichtung sind sie mehr und werden schließlich selbst zum »Weg« (Apg 22,4 u. 24,14) für viele über Jerusalem, Galiäa und Samarien hinaus bis an das Ende der Erde (Apg 1,8).

2) Zum tieferen Verständnis der beiden Textabschnitte könnte es hilfreich sein, den *Metaphern* (»Reise« und »Weg«, »Haus« und »Raum«) nachzuspüren und die *existenziellen Erfahrungen* von »Aufbrechen« und »Heimkommen«, »Verlieren« und »Zurückbleiben«, »Suchen« und »Finden« anzudenken.

3) Eine mögliche *theologische Spur* wäre: Der »Gottessohn«, für den sie »sonst keinen Raum in der Herberge« hatten (Lk 2,17), wird von seinen Eltern auf der ersten Reise nach Jerusalem nicht verstanden (2,50), wegen seiner Predigt aus der Vaterstadt Nazaret verstoßen (4,29). Er »hat keine Stätte, wo er sein Haupt hinlege« (9,58), findet aber sein eigentliches Zuhause »in dem, was seines Vaters ist« (2,49). So mit sich identisch ist er unterwegs durch ganz Galiäa (4,14; 17,11; 23,5) und bricht, »da die Zeit erfüllt war« (für seinen Weggang zum Vater), ein zweites Mal nach Jerusalem auf (9,51).

Nach seinem »Einzug in Jerusalem« (19,51 ff.) ist er »täglich ... im Tempel« (22,53), gibt ihn zeichenhaft seiner Bestimmung als »Bethaus« zurück (sog. Tempelreinigung) und lehrt dort täglich (19,45–47). Weil die Menschen von Jerusalem ihn »nicht erkannten«, sagt er weinend die Zerstörung an (19,41–44 u. 21,5 ff.). Der zerstörte Tempel wird sogar zum Symbol für den Gekreuzigten und Auferstandenen selbst (Apg 6,14 u. Matth 26,61) und die damit verbundene Gottesherrschaft und Neuschöpfung.

*4) Im einzelnen* ist in den Versen noch wahrzunehmen:

41: Die jährliche Wallfahrt nach Jerusalem läßt auf gottesfürchtige Eltern und Erzieher(in) schließen. Die Bedeutung der drei Wallfahrtsfeste im allgemeinen (2. Mose 23,14–17) und des Passafestes im besonderen (2. Mose 12) ist wegen der Rettungserfahrungen Israels und seiner besonderen Geschichte mit Gott zu bedenken. Ihre christologische Erfüllung spiegelt sich im Abendmahlsbericht (Lk 22,7–20) wider.

42: Ganze Dorfgemeinschaften machen sich auf den Weg. Vermutlich sind die Jerusalemer auch mit ihren Kleinkindern gekommen.

43: Unklar bleibt die Dauer des Aufenthalts (die beiden Hauptopfertage oder alle Festtage). Bei ca. 125 km dürfte die Reise etwa drei Tage gedauert haben.

44 Die Jesus gewährte Selbständigkeit bleibt von der elterlichen Für-
+ sorge umschlossen, und die Spannung zwischen dem ersten und vier-
45: ten Gebot für den Zwölfjährigen, der demnächst auf das Gesetz verpflichtet wird, löst sich vorläufig (V. 51).

46: Nach drei (!) Tagen wird Jesus im Tempel gefunden (»Auferstehungszahl«, symbolisiert Vollkommenheit und Vollendung). Die Gegenwart Gottes ist da, wo Menschen in seinem Namen beieinander sind.

47: Der Verlorengeglaubte hat »zu sich selbst gefunden« (Gottessohnschaft und Vollmacht).

5) Ein letztes Mal führt der *Weg nach Jerusalem.* In der Kraft des Heiligen Geistes kommt Jesus jetzt als Auferstandener zu den Seinen und spricht durch die Schriftauslegung Menschen an (Apg 1,8, Lk 24,32 u. 46–49). Damit soll »das ganze Haus Israel« zur Erkenntnis geführt, zur Suche nach einer Antwort und zur Umkehr bewegt werden (Apg 2,36–41; 7,51.54; 28,27). So beginnt die Gemeinde »mehr« zu werden (2,41) und Wirkungen des Geistes in ihren Lebensäußerungen zu zeigen und Gestalt anzunehmen: Von Wundern und Zeichen, Lebens- und Gütergemeinschaft (2,41–45), umrahmt mit einer Beschreibung der Gemeindegrundstruktur (2,42.46.47), ist die Rede.

Merkversartig (2,42) werden in je zwei Wortpaaren Verhalten (Apostellehre und Gemeinschaft) und besondere Tätigkeiten (Brotbrechen und Gebet) gleichsam als vier Grundpfeiler vor Augen gemalt, die der christlichen Gemeinde Stabilität verleihen. Das Modell eines Tisches bietet sich zur Erklärung und für eine Symbolhandlung an:

a) Die *»Lehre der Apostel«* meint dabei die von Lukas aufgeschriebenen Taten und Worte, Leiden, Tod und Auferstehung Jesu und das, was als Taten und Worte der Apostel in der Gemeinde weitergelebt wird.

b) Die *»Gemeinschaft«* mit Christus führt zur *»Gemeinschaft«* der Christen (z. B. 4,32), die bei aller Einmütigkeit (2,46) auch Konflikte zu lösen haben (z. B. 6,1–4).

c) Das *»Brotbrechen«* bezieht sich einerseits auf die Abendmahlsfeier (Apg 20,7 u. 11) und wird zum lebensschaffenden Erkennungssymbol (Lk 24,25; Apg 20,7 ff.; 27,35). Andererseits gehören Herren- und Sättigungsmahl noch zusammen und werden mit Lobpreis und als gemeinschaftsstiftendes Fest gefeiert (46b u. 47).

d) Das *»Gebet«,* mit dem sich die Christen der ersten Tage schon wie

Kinder an den Vater wandten (Lk 11,2–4), findet in Jesu Gebetsverhalten sein Vorbild (Lk 3,21; 6,12; 9,18.28; 22,41) und auf die Frage nach rechtem Beten eine Antwort (Lk 11,1). Die Jerusalemer Christen halten sich im übrigen an die drei täglichen Gebetszeiten im Tempel (Apg 3,1), der – wie schon durch Jesus (s. B/3) – seine Bedeutung als Gebetsstätte zurückerhält (Apg 2,47a; Lk 19,45).

Wie die Gottesdienste sind auch deren Wirkungen im Alltag, die »Wunder und Zeichen« (2,43) und die urchristliche Güter- und Lebensgemeinschaft (2,44.45) als Ausdruck der besonderen Nähe zu Jesus zu verstehen und idealtypisch (z. B. dreimaliges »alle«) gemeint.

## C. I   Übersicht über sich daraus ergebende katechetische, didaktische und liturgische Schritte

### C: I/1   ERZÄHLUNG zu Lukas 2,41–47: Jesus im Tempel

In der Stadt Nazaret lebt ein Junge. Er ist zwölf Jahre alt und heißt Jesus. Zusammen mit seinen Eltern und jüngeren Geschwistern wohnt er in einem kleinen Häuschen in Nazaret. Seine Eltern glauben an Gott.

Einmal im Jahr reisen Jesu Eltern nach Jerusalem. Das tun alle, die an Gott glauben. Jerusalem hat viel mehr Häuser als Nazaret. Jerusalem ist eine besondere Stadt. Dort steht ein großes Haus mit vielen Hallen. Menschen hören in diesem Haus von Gott, sie beten zu ihm.

In Jerusalem findet wieder ein großes Fest statt. Dieses Mal darf Jesus mitgehen. Er ist zwölf Jahre alt und fast erwachsen. Vater und Mutter packen das Nötigste zusammen. Früh am Morgen verläßt Jesus mit seinen Eltern das Haus. Viele Menschen sind schon auf den Beinen. In den Straßen von Nazaret treffen sie Nachbarn, Freunde und Verwandte. Alle machen sich auf den Weg nach Jerusalem. Mehrere Tage lang sind sie zu Fuß unterwegs.

Endlich sehen sie die Häuser von Jerusalem. Von allen Seiten strömen Menschen in die Stadt. Ein jedes weiß: Hier sind wir nicht allein – viele erleben: Gemeinsam sind wir mehr.

Menschen ziehen durch die Gassen. Sie begegnen sich in den Häusern. Sie loben Gott im Tempel. Dankbar erinnern sie sich: »Gott hat schon unseren Vätern und Müttern geholfen. Er war mit uns auf der Reise. Er wird uns auch nach Hause begleiten.«

Darüber spricht in der Tempelhalle eine Gruppe von erwachsenen Männern. Sie wollen mehr über Gott wissen. Jesus auch. Mit 12 Jahren geht er seine eigenen Wege. Am liebsten hält er sich im Tempel auf. Lange hört er zu. Er beteiligt sich am Gespräch. Er ist ganz dabei.

Inzwischen reisen die Leute aus Nazaret wieder ab. Jesus merkt es nicht. Er ist auf dem Heimweg nicht mit dabei. Das merken seine Eltern erst am Abend. Da vermissen sie ihn.

Zuerst suchen sie ihn unter den anderen Weggenossen. Sie finden ihn nicht. Dann bei den Verwandten. Da ist er auch nicht. Sie gehen noch einmal nach Jerusalem zurück. Drei Tage lang suchen sie umsonst. Zuletzt schauen sie auf dem Weg im Tempel vorbei.

Da entdecken sie Jesus. Im Gespräch hat er sich und die Eltern ganz vergessen. Er ist Gott nah. Hier ist er zu Hause.

### C. I/2 ERZÄHLUNG zu Apostelgeschichte 2,41–47

Wieder wandern viele Menschen nach Jerusalem zu einem Fest. Dort hören sie Geschichten von Jesus. Jesus sagte und tat, was Gott will. Seine Freunde erzählen weiter, was Jesus sagte und tat. Die Menschen sind beeindruckt – es ist, als ob Jesus selbst spricht.

Die Menschen wollen mehr von Jesus hören. Sie wollen von ihm lernen. Sie wollen tun, was Jesus tat. Sie bleiben beieinander. Sie fangen an, miteinander zu teilen. Oft essen sie in froher Runde an *einem* Tisch. Im Gebet sind sie mit Gott und untereinander verbunden. Viele sind von all dem tief beeindruckt.

Die neuen Freunde Jesu fangen auch an, miteinander zu teilen. Einer verkauft ein Grundstück. Mit dem Geld kann er Menschen in Not helfen. Sie erleben Freude und Leid gemeinsam. Keiner wird allein gelassen. Jeden Tag loben sie Gott. Jesus hat gesagt: Ihr werdet nicht allein sein. Das macht sie froh.

### C. I/3 GESCHICHTE vom Verlorengehen und Gefundenwerden

Heute darf Timo seine Mutter bei ihrem Einkauf in die Großstadt begleiten. Das ist ein richtiger Festtag: Zuerst das Zugfahren, dann die Fahrt mit der gelben Straßenbahn, die vielen Menschen in den Straßen und all die schönen Dinge, die es in den Kaufhäusern zu sehen gibt. Timo ist überglücklich. Er ist auch noch fröhlich, als sie schon viele Rolltreppen hinauf- und hinuntergefahren sind und er und Mutter immer mehr Päckchen und Tüten zu tragen haben.

»Nur noch in das Uhrengeschäft«, sagt Mutter zu Timo. »Dann haben wir es geschafft.« Timo ist es recht so.

Plötzlich entdeckt Timo ein Äffchen auf einem Leierkastenwagen. Er bleibt stehen. Das Äffchen turnt munter auf dem Leierkasten herum, dreht sich im Kreis, laust sich hinter den Ohren oder hüpft von einer Kante zur andern. Wie lustig der kleine Kerl ist. Zwischendurch hält er still und schaut sich die Leute an, die um den Wagen stehen. Was für kluge kleine Augen das Äffchen hat! Timo ist begeistert. Wie wohl das Äffchen heißt?

Der Leierkastenmann hat die Frage verstanden: »Flink-Flunk!« – »Flink-Flunk!« wiederholt Timo und lacht.

Mutter will weitergehen. »Nein, noch ein bißchen«, bettelt Timo. »Schau doch nur!« Eben klettert das Äffchen dem Mann auf die Schul-

ter und zupft ihn am Ohr. Aber die Mutter drängt. »Auf dem Rückweg siehst du das Äffchen wieder.« Doch Timo will nicht. Das Uhrengeschäft interessiert ihn nicht. Er will hier warten, bei dem Äffchen.

»Gut!« gibt Mutter schließlich nach, »aber nur, wenn du mir versprichst, auch wirklich hier zu bleiben und nur hier! Ich bin gleich zurück!«

Überglücklich winkt Timo der Mutter nach. Inzwischen hat der Leierkastenmann aufgehört, Musik zu machen, packt seine Sachen mitsamt dem Äffchen und geht in die große Kaufhausvorhalle. Timo hinterdrein.

Inzwischen hat Timos Mutter alles erledigt und ist unterwegs in die Richtung, wo vorher der Leierkastenwagen gestanden hat. Doch wo genau war das nur?! Sie müßte ihn doch längst sehen können. Timos Mutter bleibt stehen und sucht erschrocken mit ihren Augen den Platz vor ihr ab. Doch der Leierkasten ist nirgends zu sehen. Und auch nicht Timo! Aber das kann doch nicht sein! Sie war doch nur ganz kurz weggewesen! Aufgeregt läuft sie die Straße weiter. »Timo«, ruft sie »Timo.« Doch kein Timo ruft: »Hier bin ich!« Sie hört angestrengt. Wenn der Leierkastenmann doch nur spielen würde! Doch kein Ton ist zu hören. Was soll sie nur tun?

Da, auf einmal setzt die Muik wieder ein. Schnell hastet sie um die Ecke und wieder um die Ecke, hinein in die Kaufhausvorhalle . . .

Fragen an die Kinder: Wie endet die Geschichte wohl? Welche Vorwürfe wird Timo zu hören bekommen? Warum ist Timo dem Leierkastenmann nachgegangen?
Sinn und Auswertung dieser Geschichte: Timo ist so begeistert von dem, was er sieht, daß er seine Mutter vergißt. Sie muß Timo suchen. Wo und wann habt ihr um euch herum mal alles vergessen, weil es etwas so Tolles zu sehen gab?
Der zwölfjährige Jesus war auch einmal so begeistert, als er das erste Mal in Jerusalem mit seinen Eltern war. Die mußten ihn dann auch suchen.

*Marianne Ostrowski-Bofinger*

(Originaltitel: »Timo und das Äffchen«, erschienen in »Lerne und Lehre«, Aue-Verlag, Möckmühl 1986. Rechte bei der Autorin. Abdruck mit freundlicher Genehmigung.)

### C. I/4   GESCHICHTE vom Alleinsein und Gemeinsam-mehr-Sein am Essenstisch

Die kleine Linda besucht spontan eine Nachbarin und erlebt, wie sich etwas verändert. – Von der Einsamkeit zur Gemeinschaft, von der Traurigkeit und Langeweile zur Freude, vom Beobachten zum Besuchen.

Heute ist wieder so ein langweiliger Freitag. »Sprechstunde für Berufstätige«, wie Linda das verwünscht! Mutti muß als Sprechstundenhilfe bis zum Schluß in der Praxis bleiben. Da kann es wieder acht Uhr werden. Vati ist zur Messe nach Hannover. Das bedeutet: Alleinsein, Warten und sich die Zeit vertreiben. Linda steht auf dem Balkon und sieht auf die Straße. Es ist erst sechs Uhr, aber kein Kind spielt mehr vor

dem Haus. Nur wenige Autos fahren vorüber. Linda hinkelt einmal über den Balkon, sie benutzt die Platten als Hinkelfelder. Aber auch das wird schnell langweilig. Sie legt die Arme auf die Balkonbrüstung, faltet die Hände und legt das Kinn darauf. Mißmutig starrt sie ins Leere.»Freitagnachmittag ist doof! Sprechstunde für Berufstätige ist doof! Messe in Hannover ist doof! Alleinsein ist doof!« singt Linda zu einer gerade erfundenen Melodie vor sich hin.

Aus den Augenwinkeln nimmt sie unten eine Bewegung wahr. Sie kann gerade in Frau Bonkes Zimmer sehen. Frau Bonke scheint Besuch zu erwarten. Sie legt ein weißes Tischtuch auf den Tisch in der Eßecke. Für kurze Zeit verschwindet sie nun im Hintergrund des Zimmers und taucht dann wieder mit dem Geschirr auf.

Sorgfältig legt sie zwei Gedecke auf den Tisch. Linda sieht, wie sie nun die Servietten faltet und neben die Teller legt.

Zuerst hat Linda gelangweilt zugesehen. Nun ist sie plötzlich interessiert. Wer wird wohl Frau Bonkes Besuch sein? Sie bekommt doch sonst nie Besuch! Gerade setzt Frau Bonke einen Kerzenleuchter auf den Tisch und legt eine Schachtel Streichhölzer daneben. Kritisch überblickt sie dann noch einmal den festlich gedeckten Tisch. Sie setzt sich auf die Eckbank und wartet. Ganz plötzlich legt sie den Kopf auf den Tisch. Ihre Schultern beginnen zu zucken. Frau Bonke weint!

Verstört kaut Linda an ihren Nägeln. Warum weint Frau Bonke? Sie bekommt doch Besuch! Besuch zu bekommen ist doch schön.

Langsam läßt Linda das Balkongeländer los. Sie geht in die Wohnung. Das Bild, das sie für Mutti gemalt hat, liegt auf dem Telefontischchen. Sie nimmt es und öffnet zögernd die Tür zum Flur; doch dann rennt sie die Treppe hinunter nach draußen und hat auch schon bei Frau Bonke geschellt.

»Ich habe dir ein Bild gemalt«, stottert Linda, »hoffentlich gefällt es dir! Es ist ein Frühlingsbild. Das Oster-ABC heißt es: Anemonen, Begonien, Crocus. Wir haben es in der Schule gelernt.«

»Oh, es ist wunderschön!« sagt Frau Bonke, aber sie hat gar nicht hingesehen.»Komm doch herein, Linda, ich habe etwas Gutes gekocht. Mein Sohn wollte mich besuchen. Er hat aber abgesagt, weil er noch soviel Arbeit hat. Komm, Linda, dann essen wir eben auf, was ich für ihn gedacht hatte!«

Frau Bonke hat auf einmal ein ganz fröhliches Gesicht, man sieht kaum noch, daß sie gerade geweint hat. Linda geht mit ihr ins Zimmer. Sie ist auf einmal auch ganz froh.

»Aber komisch ist es doch!« denkt sie.»Wann hat der Sohn abgesagt? Frau Bonke hat kein Telefon, und an der Haustüre war auch niemand.«

Aber schnell hat Linda diese Frage vergessen.

Sie sitzen am Tisch; sie essen, sie erzählen, sie lachen.

»Du kannst jetzt jeden Freitag kommen, wenn deine Mutter lange Dienst hat«, sagt Frau Bonke, »ich koche uns dann immer etwas Gutes. Ja, willst du?«

»Ja«, lacht Linda, »und für nächsten Freitag male ich dir noch ein viel schöneres Bild!«    *Antonie Meyer*

(Originaltitel: »Alleinsein ist doof«; aus: Rolf Krenzer und Volker Fritz (Hrsg.), »100 einfache Texte zum Kirchenjahr«, Verlag Ernst Kaufmann, Lahr 1983)

## C. II  Entfaltung

| zu Lukas 2,41–47 | zu Apostelgeschichte 2,41–47 |
|---|---|
| 1.  Lied: »Du hast uns Herr gerufen«, LfJ 687 | 1.  Lied: »Der du uns lädtst an deinen Tisch« (siehe C III/4) |
| 2.  Psalmgebet (siehe C III/1) (Übertragung von Psalm 121) | 2.  Psalmgebet: »Bei dir Herr« (nach Ps 46; in LfJ S. 488 f.) |
| 3.  a) Erste Reiseerfahrungen oder Geschichte (siehe C I/3)<br>b) Biblische Geschichte (C I/1)<br>c) Nacherzählen oder Malen der biblischen Geschichte<br>d) Singen und Spielen der biblischen Geschichte (siehe dazu Lied: »Als Jesus mal 12 Jahre war«, Seite 62) | 3.  a) Biblische Geschichte (C I/2) + Rahmengeschichte (s. C I/4)<br>b) Spiellied (siehe C III/3 oder LfJ 689)<br>c) Symbolhandlung (Tischdecken mit Bibel, Stühlen, Brot, Gebetskerzen)<br>d) Feier am Tisch (Singen, Essen, Nacherzählen . . .) |
| 4.  Gebet als Reisesegen (C III/2) | 4.  (Tisch-)Gebet (LfJ Seite 469 f., Nr. 21/23) |
| 5.  Lied: »Wenn wir jetzt weitergehen«, LfJ 690 | 5.  Lied: »Der du uns lädtst an deinen Tisch« (siehe C III/4) |

∗ Die Punkte 3 a–d können in einem Gottesdienst beliebig zusammengestellt oder auch tageweise als Vertiefungseinheit einzeln in einem liturgischen Rahmen verwendet werden. Die Lieder sind austauschbar (siehe C III).

## C. III  Liturgische Elemente und weitere Lieder

*1. Psalmgebet (Übertragung zu Psalm 121)*

Alle:  *Hilfe bekomme ich von dem, der alles gemacht hat.*
*Die Menschen, den Himmel, die Erde und mich.*

Spr. 1:  Ich schaue an den Erwachsenen hinauf.
Ich blicke nach oben zum Himmel.
Ich sehe von weitem mein Zuhause.

Alle:  *Hilfe bekomme ich . . .*

Spr. 2: Bei ihm bin ich geborgen. Er wird mich nicht allein lassen.
Er vergißt mich nicht. Er sucht und findet mich.
Tag und Nacht ist er auf der Hut. Er hält mich in seiner Hand.

Alle: *Hilfe bekomme ich . . .*

Spr. 3: Gott behüte dich, mein Kind. Er bewahre dein Leben.
Er begleite dein Fortgehen und dein Heimkommen.
Jetzt und allezeit.

Alle: *Hilfe bekomme ich . . .*

Oder: »Gott behütet mich« – (in: Fröhlich Herz, Nr. 36, Seite 59/60)

*2. Gebet*

Manchmal habe ich Angst. Dann laufe ich schnell zu meinem Vater.
Manchmal bin ich alleine. Dann sehne ich mich nach meiner Mutter.
Manchmal verlauf ich mich. Dann suchen mich meine Eltern.
Wenn ich einmal keine Freunde habe, kenne ich Helfer.
Ich bin dann nicht alleine – gemeinsam sind wir mehr.
Wo ich gehe und wo ich stehe, ist Gott bei mir.

(Oder: LfJ, Seite 469, Nr. 15 oder 16)

*3. Lied zu Apostelgeschichte 2,42*
(Nach der Melodie: »Du hast uns, Herr, gerufen«, LfJ 687)

1.   : Ich kann, Gott, zu dir kommen – bei dir sind wir zu Haus :
     : Wir hören deine Worte tagein, tagaus :
2.   : Ich kann, Gott, bei dir bleiben – bei dir sind wir zu Haus :
     : Wir leben miteinander tagein, tagaus :
3.   : Ich kann, Gott, mit dir gehen – bei dir sind wir zu Haus :
     : Wir teilen uns die Brote tagein, tagaus :
4.   : Ich kann, Gott, in dir ruhen – bei dir sind wir zu Haus :
     : Wir beten auch gemeinsam tagein, tagaus :   *(Text: Dieter Mattern)*

*4. Kanon zu Apostelgeschichte 2,42*
(Nach der Melodie: »Der du den kleinen Vogel speisest«)

Der du uns lädst an deinen Tisch, Gott, wir sind nicht allein.
Wir bitten dich, Herr, segne uns und lehr uns dankbar sein.

*(Text: Dieter Mattern)*

*5. Weitere Lieder und Ideen zum Thema*

— Kanon »Einsam bist du klein«
   (Menschenskinderlieder, Nr. 11 oder Mal Gottes Regenbogen, Nr. 34)
— Kanon »Ausgang und Eingang« (LfJ 655)
— »Wir wollen miteinandergehen« (in: Rolf Krenzer/Volker Fritz, »100 einfa-
   che Texte zum Kirchenjahr«, Seite 53; Verlag Ernst Kaufmann). Siehe die
   Anweisungen dort. Geeignet als Prozessionslied um den Tisch.
— Idee einer Kinderpredigt für evtl. Familiengottesdienste (in: Gerhard Vicktor,
   »100 Tips«, Seite 53, Verlag Ernst Kaufmann)

 — Oder: Während der einzelnen Spiel-, Sing-, Erzähl- und Gebetseinheiten könnte eine Art Landkarte mit der Reiseroute und den Orten Nazaret und Jerusalem als Ausgangs- und Zielpunkte entstehen. Vorkopierte Bilder lassen sich anmalen und ausschneiden. Als Zeichen für das Wandbild (z. B. Landkarte) wäre ein schon vorbereitetes »Symbol« bzw. »Zeichen« verwendbar (z. B. Haus, Tempel, Pilgerhütte, Pilgerhut, Pilgerstab, Pilgerschritte bzw. Fußabdrücke, Packesel u. a.).

**Als Jesus mal 12 Jahre war**

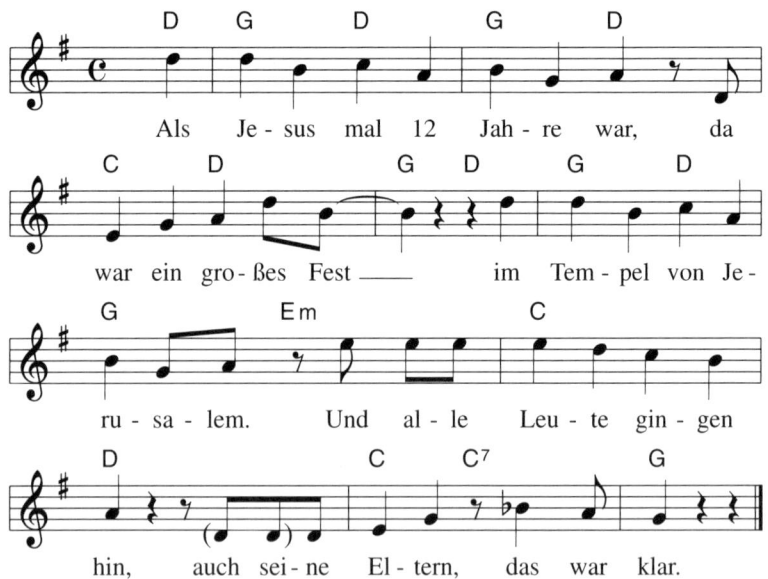

2. Sie packten viele Taschen voll,
   der Weg war ziemlich weit.
   Am frühen Morgen ging es los.
   Die Füße taten Jesus weh,
   doch einmal *reisen*, das war toll.

3. Das Fest im Tempel ging grad los,
   als Jesus dorthin kam.
   Die Menschen priesen alle Gott
   und freuten sich und beteten,
   das *Fest* war riesengroß.

4. Und als das Fest zu Ende war,
   zog Josef wieder heim,
   mit seiner Frau ging er ein Stück.
   Doch Jesus war nicht mit dabei,
   als *Josef* nach ihm sah.

5. Da wußten beide gar nichts mehr
   und kehrten wieder um.
   Im Tempel endlich sahn sie ihn,
   wie er dort mit den Weisen sprach,
   und *alle* staunten sehr.

6. Als Jesus mal 12 Jahre war,
   da war ein großes Fest
   Im Tempel von Jerusalem.
   Und alle Leute gingen hin,
   auch seine Eltern, das war klar.

Text: Sybille Fritsch; Musik: Bernd Schlaudt.
Rechte bei den Autoren

# Gottes Schöpfung – meine Welt
*Vom Staunen und Danken*

Texte: Liedvers »Geh aus mein Herz« (EKG/LfJ 371,1) und Matthäus 13,31–32

MARIANNE DEHLINGER

## I. Das Kind und die Schöpfung

*Zum Sehen anleiten*

Das kleine Kind hat ein großes Bedürfnis, seine Welt zu erforschen. Es ist immer auf der Suche, Neues zu entdecken und den Dingen auf den Grund zu gehen. Die Welt steckt voller Geheimnisse für das Kind. Es ist unentwegt damit beschäftigt, diese zu lüften und sie für sich erklärbar zu machen.

Diese Eigenschaft ist für uns die Chance, mit dem Kind »seine Welt« als Schöpfung Gottes zu erkunden, zu betrachten und gemeinsam zu bestaunen. Zum Teil kann dies mit guten Bilderbüchern eingeübt werden. Weitaus eindrucksvoller ist es aber, das Kind selbst entdecken zu lassen und zum Schauen der Vielfalt und Schönheit der Natur anzuleiten. Dabei wird das Kind erfahren und lernen, daß richtiges Sehen und Schauen wichtig ist. Die einzigartige Schönheit eines glitzernden Steins, ein kleines Schneckenhaus, eine Rosenknospe, ein Grashälmchen, ein kleiner Marienkäfer erschließt sich nur dem, der sich Zeit nimmt zum Schauen, Staunen, Verweilen und Sichfreuen. Das jüngere Kind hat sich diese Eigenschaften noch bewahrt – wir sollten dazu helfen, diese zu pflegen.

*Vom Staunen zum Danken*

Über das Staunen und Sichfreuen ist es naheliegend, mit den Kindern zu Dankliedern, Dank- und Lobgebeten zu finden.

Einige Gedanken aus der Schöpfungsgeschichte (1. Mose 1,1–2,4 sowie Verse aus den Psalmen 8 und 104) erzählen von der Größe und Herrlichkeit des Schöpfers. Das Gleichnis vom Senfkorn (Mt 13,31.32) lädt zum Staunen ein. Auch Lieder und Gebete können Antwort geben auf die Fragen des Kindes nach seinem »Wer bin ich« und dem Ursprung seiner Welt: »Wo ist Gott – wie sieht er aus?«, »Im blauen Himmel, wohnt da Gott?«, »Wohnt Gott bei den Sternen?«, »Wer war der erste Mensch?«, »Hat Gott auch Tiere lieb?« Dies sind Fragen, die Kinder häufig stellen.

Die Schöpfungsgeschichte gibt uns aber keine Auskunft über Eigenschaften oder den Aufenthaltsort Gottes. Sie erzählt uns, was Gott tut: Er »schafft«, »läßt wachsen und werden«, er »segnet«, zuerst die Pflanzen, die Tiere und dann die Menschen. Beim Segen sagt Gott: »Seid fruchtbar und mehret euch.« In diesem Segen steckt Kraft zum Werden und zur Bewahrung. Dieser Segen zeigt sich schon beim Wachsen eines jeden Kindes im Leib der Mutter, und er begleitet den Menschen bis zu seinem Lebensende.

Über das Staunen und Loben könnte Gott zur Mitte aller Zusammenhänge und Beziehungen werden. Es entsteht eine Beziehung zum Unsichtbaren. Das Kind spürt sich selbst eingebunden in ein Ganzes, in die Schöpfung. Es ahnt das geheimnisvolle Wirken und die Gegenwart Gottes in allem.

*Von den Gaben und Aufgaben*

Durch diese Einbindung des Kindes in die Schöpfung wächst Geborgenheit und Vertrauen. Das Wagnis des Lebens kann eingegangen werden, denn es ist einer da, trotz Not, Unrecht, Unglück und Tod. Es ist einer da, der mich begleitet und hindurchführt. Die Schöpfung ist dem Menschen als Gabe und Aufgabe gegeben. Diese Aussage kann auch dem Kind verständlich gemacht und ihm in kleinen Schritten übertragen werden: beim Gießen des Gartens, beim Säen und Pflanzen oder bei der Pflege eines Tieres. Da erfährt es, daß der Mensch die Schöpfung für sich nutzen darf, aber nicht ausnützen und verderben. Das Kind kann mit hineingenommen werden in die Verantwortung gegenüber der Natur. Es lernt: Ich muß etwas tun, damit sie nutzbar bleibt.

Was uns Menschen mit Gott und untereinander verbindet, ist das Geschenk unserer Sprache. Mit ihr können wir Verbindung zu Gott, unserem Schöpfer aufnehmen. Wir können ihn bitten, ihn loben und ihm danken. Er hört uns. Wenn wir darüber reden, lernt das Kind sich selbst und jeden Menschen als etwas Besonderes in »Gottes Schöpfung« zu sehen.

*

Im folgenden Gestaltungsvorschlag wird das aufgenommen, was das Kind schon in sich hat: die Freude am Entdecken, die Neugier beim Schauen. Im Betrachten, beim gemeinsamen Feiern und Singen und beim Gestalten sollen die Kinder zum Danken und Loben angeregt werden, aber auch zum sorgfältigen Umgang mit der Natur und Kreatur. Weiterführend könnte die Schöpfungsgeschichte erzählt und gestaltet werden.

## II. Gestaltungsvorschlag

1. EINHEIT:

**»Geh aus mein Herz und suche Freud«** (EKG/LfJ 371,1)
Ein Lied leitet zum Sehen und Staunen an

2. EINHEIT:

**»Staunen muß ich und mich wundern«**
Feiern und Loben mit dem »Entdecker-Staun-Tisch«

3. EINHEIT:

**Wir staunen – »es« wächst**
Was uns Jesus im Gleichnis vom Senfkorn erzählt (Matthäus 13,31–32)

(Schon zu Beginn der Einheiten entsteht ein »Entdecker-Staun-Tisch«, der zum Betrachten einlädt. Im Verlauf der weiteren Gottesdienste füllt sich der Tisch. Er ist sozusagen »optischer Begleiter«.)

## 1. EINHEIT
## »Geh aus mein Herz und suche Freud« (EKG/LfJ 371,1)
*Ein Lied leitet zum Sehen und Staunen an*

### A. Was mir zum Text wichtig ist

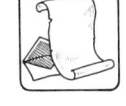

»Geh aus mein Herz« ist die Einladung des Liederdichters Paul Gerhardt. Er schickt sein Herz auf Reisen. Er entdeckt: Im Sommer ist die Welt ein großer blühender Garten.

Der Dichter freut sich an den Bäumen, den Narzissen und den Tulpen. Dabei ist er ganz und gar nicht mit einem leichten Schicksal gesegnet. Aus seiner Biographie geht hervor, daß genug Leid in sein Leben gelegt war (lange Berufslosigkeit; später bleibt von fünf Kindern nur eines am Leben). Aber er hat die Kraft, auch das Dunkle und Schwere anzunehmen und sich trotzdem (oder gerade deshalb) in sorgloser Freude an Gottes Schöpfung zu erfreuen.

*Literaturhinweis:* Paul Gerhardt, in LfJ, Seite 403; weiteres zu Dichtung oder Biographie in: Gerhard Rödding, »PAUL GERHARDT«, Gütersloher Verlagshaus, 1981.

● *Methodischer Hinweis:* Die Verse eins und zwei des Liedes möchte ich benützen, um die Kinder auf den Weg der »Freudensuche« zu schicken. Dazu schreibe ich die Verse auf ein Plakat – auch wenn die Kinder noch nicht lesen können. Denn der Dichter hat das Lied auch für Kinder geschrieben. Dann lese ich vor, was seine Dichtung ist.

### B. Lieder

Lied: »Geh aus mein Herz« (LfJ 371, 1 + 2)
Kanon: »Vom Aufgang der Sonne« (LfJ 676) als Bändertanz

### C. Vorbereitungen

1. Für den *Bändertanz*: pro Kind zwei gelbe Kreppbänder, ca. 5 cm breit, 50 cm lang.

2. für die *Herztasche*: pro Kind zwei gleiche Herzteile ca. 25 cm hoch aus starkem Tonpapier oder Plakatkarton ausschneiden, am Rand mit dem Locher oder der Lochzange Löcher vorstanzen, die Oberseite jedoch frei lassen (als Taschenöffnung). Bunte Wollfäden zum Umnähen und für Kordeln bereitlegen oder von den Kindern mitbringen lassen.

### D. Der Gottesdienst

*Einstieg* mit dem Kanon »Vom Aufgang der Sonne«. Die Kinder setzen sich dazu im Kreis in die Hocke und erhalten zwei gelbe Kreppbänder. Dann wird die Schrittfolge des Bändertanzes erklärt.

*Tanzform für den Kanon »Vom Aufgang der Sonne« (LfJ 676)*

| | |
|---|---|
| Vom Aufgang der Sonne | *Kinder erheben sich, halten die Hände mit den Bändern in die Höhe.* |
| bis zu ihrem Niedergang | *Kinder führen in gebückter Haltung die Bänder bis zum Boden.* |
| sei gelobet der Name des Herrn, sei gelobet der Name des Herrn. | *Kinder gehen, die Bänder auf Schulterhöhe haltend, auf der Kreisbahn. Kinder drehen die Richtung, gehen weiter auf der Kreisbahn. Bei den letzten Silben gehen sie wieder in die Hocke.* |

● *Gespräch:* Wir haben eben gesungen und gespielt »Vom Aufgang der Sonne«. Alles, was lebt, braucht die Sonne.
— Kinder erzählen: z. B. Pflanzen, Tiere und Menschen brauchen Sonne, die Wärme und das Licht.
— Für uns und für alles, was lebt, scheint die Sonne, darum loben wir Gott.
Kanon noch einmal singen.

● *Stuhlkreis um den Tisch: Stummer Impuls – Sehen und Staunen*
Im Kreis sind ausgelegt: Steine, Blumen, Gras, Rinde, Waldfrüchte, Schneckenhäuschen (leer).
— Kinder betrachten, betasten, benennen die mitgebrachten Dinge.
— Wo kann man so etwas finden? (Gespräch)
— Liedvers (Vorbereitet auf Plakat) »Geh aus mein Herz« (EKG 371,1), evtl. durch Symbole ausgestalten: Herz, Gärten . . .
— Vorsprechen, nachsprechen des Liedverses, Mädchen und Jungen im Wechsel und gemeinsam.

● *Erzählung: Wie ein Lied entstand*
Es war sicher ein schöner Sommertag. Paul Gerhardt ging spazieren. Auf seinem Spaziergang sah er sehr viel Schönes: Blumen in den Gärten, eine Hühnermutter mit ihren Küken, Vögel, die in den Bäumen sangen. Er ging an einem Bächlein vorbei, Bienen summten, Rehe und Hasen

sprangen auf den Wiesen. Als Paul Gerhardt nach Hause kam, da sagte er: Das war ein schöner Spaziergang. In Gedanken sehe ich noch lange die schönen Dinge vor mir, und mein Herz ist voll Fröhlichkeit über all das, was ich gesehen habe. Ich will Gott danke sagen, der all die schönen Dinge hat werden und wachsen lassen. Da nahm Paul Gerhardt Papier und Schreibfeder, er dichtete und schrieb diesen Liedvers. »Geh aus mein Herz . . .« (Liedvers wird vor und nachgesungen).

Dieser schöne Liedvers gilt auch uns. Er will uns sagen: Mach die Augen auf, wenn du spazierengehst. Freu dich an den schönen Dingen. Paul Gerhardt meint, wenn man hinausgeht in Gottes schöne Natur, braucht man die Augen und das Herz, beides soll sich freuen.

Nun möchte ich euch einladen, während der Woche einmal einen Spaziergang zu machen, schöne Dinge zu sehen, zu entdecken und auch etwas davon zum nächsten Kindergottesdienst mitzubringen. Ob Vater oder Mutter euch beim Entdeckerspaziergang begleiten? Dann bestaunen wir, was ihr gesehen und entdeckt habt. Darum basteln wir eine Tasche, in die ihr alles hineintun könnt (eine fertige Herztasche zeigen).

*Abschluß:* Liedvers singen »Geh aus mein Herz«.

● *Bastelarbeit »Herztasche«.* Die Kinder bekommen zwei gleiche Herztaschenteile. Der Faden wird von den Kindern durch die vorgestanzten Löcher gefädelt. Die Kordel zum Umhängen der Herztasche kann gemeinsam mit den Kindern gedreht werden. Herztasche umhängen, nochmals an die Aufgabe erinnern.

## 2. EINHEIT
## »Staunen muß ich und mich wundern«
*Feiern und Loben mit dem »Entdecker-Staun-Tisch«*

### A. Vorbemerkung

Dieser Gottesdienstvorschlag beinhaltet keinen biblischen Text. Ein kleiner Kinderreim (siehe D. Gottesdienst) begleitet die Kinder auf ihrem Weg des Staunens und sich Erfreuens. Kinder lieben Reime und kleine Verse, und sie freuen sich am Gleichklang der Verse. Sie wecken ihre Spielfreude, erweitern den Wortschatz, fördern die Sprache und das Denken. Ebenso dienen sie zur Anregung der Phantasie.

### B. Lieder

»Geh aus mein Herz« (EKG/LfJ 371,1 + 2)
»So viel Freude hast du, Gott« (LfJ 665,1)

### C. Vorbereitung

Sitzkreis, in der Mitte einen niederen Tisch, so daß er von allen Kindern gut eingesehen werden kann.

### D. Der Gottesdienst

● *Lied:* »Geh aus mein Herz« (EKG/LfJ 371,1 + 2)
● *Hinführung:* Die Kinder breiten auf dem Tisch aus, was sie in ihren Herztaschen gesammelt haben. (Einige Naturgegenstände für die Kinder bereitlegen, die nichts haben oder neu zur Gruppe kommen.)
Der/die Mitarbeiter/in sagt folgenden Reim:

> *»Staunen muß ich und mich wundern*
> *über vieles in der Welt.*
> *Ist es doch so oft ganz anders*
> *als ich es mir vorgestellt.«*

● *Erarbeitung:* »So viel Schönes liegt hier ausgebreitet, was uns zum Staunen bringt. Ihr habt es entdeckt und hier ausgebreitet.«
(Jedes Kind erzählt nun von seinen »Schätzen«. Dazwischen wird der Reim »Staunen muß ich« gesprochen.)
»Diese vielen verschiedenen Dinge wollen uns sagen, daß alles ein Geschenk Gottes ist. Er hat uns lieb – uns, die Menschen, die kleinen und die großen. Ein Zeichen seiner Liebe sind all die schönen Dinge, die wir hier ausgebreitet haben. Wir danken Gott dafür mit einem Loblied.«
● *Abschluß:* Lied »So viel Freude hast du, Gott« (LfJ 665,1)
Wir lernen den Vers. Alles, was auf dem Tisch ausgebreitet ist, wird im Loblied aufgenommen: z. B. bunte Blumen, Schneckenhäuschen, Vogelfedern, schönes Gras.

### 3. EINHEIT

## Wir staunen – »es« wächst
*Was uns Jesus im Gleichnis vom Senfkorn erzählt (Mt 13,31–32)*

### A. Was mir zum Text wichtig ist

Im Gleichnis vom Senfkorn vergleicht Jesus das Himmelreich mit einem winzigen Samen, der ausgestreut wird. Im Samen steckt die große Zukunft, das Himmelreich, das mit Jesu Wirken schon sichtbar geworden ist. Aus dem kleinen Samen wird der große Strauch, der Reich-Gottes-Baum. Gottes Reich ist wie der große Baum mit seinen schattenspendenden Blättern, in dessen Zweigen die Vögel wohnen. Es wächst aus einem kleinen Samen Großes hervor. Die kleinen Mühen haben Erfolg.

Auch wir Mitarbeiter/innen vertrauen mit unserem Wirken im Kindergottesdienst darauf, daß der »ausgestreute Same« wächst. Das Kind ist noch klein, es bewegt sich in einer Welt von kleinen Dingen. Es erfährt, wie wertvoll diese sind, und es erfährt, was daraus erwächst.

### B. Lieder
Kanon »Vom Aufgang der Sonne« (LfJ 676)
Lied: »Alles muß klein beginnen« – nur der Refrain (Menschenskinderlieder, Nr. 155)

## C. Vorbereitung

Benötigt werden Pappe oder festes Packpapier. Darauf aufgemalt oder aufgeklebt ein großer Strauch mit grünen Blättern. Außerdem zum Malen der Vögel: Wachsfarben, Papier, Schere, Klebstoff.

## D. Der Gottesdienst

● *Einstig:* Kanon »Vom Aufgang der Sonne«, singen mit Bewegungen und Bändern.

● *Hinführung:* Fingerspiel

| | |
|---|---|
| Ich hab ein Beet im Garten fein. | *mit Händen Beet zeigen* |
| Hack es fleißig über. | *Hackbewegungen zeigen* |
| Streue kleine Körner drein, | *linke Hand Schale, rechte* |
| decke Erde drüber. | *streut Samen aus.* |
| Geht die runde Sonne auf, | *Hände zeigen Kreis* |
| scheint in Gottes Namen. | *Hände gekreuzt über dem Kopf* |
| Regentröpfchen fallen drauf, | *alle Finger bewegen sich nach* |
| weichen auf den Samen. | *unten* |
| Da erwacht das Körnlein klein | *linke Hand halb offen, zwei* |
| streckt die Wurzeln runter | *Finger der rechten Hand schie-* |
| reckt das Köpfchen in die Höh, | *ben sich langsam durch* |
| schaut hervor ganz munter. | *geöffnete Hände über dem Kopf* |
| Immer höher wächst es nun, | *gekreuzt* |
| Sonnenstrahlen glühen, | |
| bis die Knospen eines Tages | *geschlossene Hände öffnen sich zur* |
| wundervoll erblühen. | *Blüte* |

● *Erzählung:* **Kleinstes Korn – größte Kraft**
*(Dazu ein Senfkorn in die Hand nehmen)*

Hier in meiner Hand liegt ein Samenkorn. Auch Jesus hatte einmal so ein kleines Samenkorn in seiner Hand. Seine Jünger saßen bei ihm und noch andere Menschen, die Jesus lieb hatte. Frauen, Männer und auch Kinder waren dabei. Jesus öffnete seine Hand, jeder konnte es sehen: ein kleines Samenkorn, ein Senfkorn. Verwundert sahen sie auf ihn und auf seine Hand mit dem winzigen Samenkorn. Alle wußten es: Das Samenkorn, auf seiner Hand ist das allerkleinste Samenkorn, das es gibt.

Die Menschen um Jesus schüttelten den Kopf. Sie schauten sich verwundert an und dachten: Du bist aber bescheiden, Jesus. Alle Samen, die wir in die Erde säen, sind viel größer. Ja, das Weizenkorn oder ein Gerstenkorn ist dreimal so groß.

Da hörte man ein Kind fragen: »Warum, Jesus, nimmst du gerade das kleinste Samenkorn in die Hand?« Jesus sah das Kind freundlich an. Er rief es zu sich. Jesus legte dem Kind das Samenkorn in die Hand und sagte: »Das Samenkorn, wenn es in die Erde gelegt wird, bleibt dort einige Zeit still liegen. Doch dann stößt es mit seiner ganzen Kraft die Erde auf. Ein kleines Pflänzlein wächst und wird größer. Der Regen kommt,

und die Sonne scheint. Das Pflänzlein wird ein großer Strauch. Der Strauch wächst, er bekommt viele dicke, starke Zweige und große Blätter. Wenn die Sonne heiß vom Himmel scheint, kann man sich unter den Strauch setzen. Seine großen festen Zweige geben einen kühlen Schatten. Auch die bunten Vögel, die oben am Himmel fliegen, können ihn sehen, den schönen großen Strauch mit seinen starken Zweigen und großen Blättern. Sie freuen sich, der Strauch gefällt den Vögeln. Sie kommen und setzen sich in die Zweige. Dort singen sie fröhlich, zwitschern und loben den Schöpfer. In die Zweige bauen sie ihre Nester.«

Ganz still waren alle geworden, sie staunten. Alle kannten die großen Senfkornsträucher und wußten, daß in ihren Zweigen die Vögel singen.

Jesus schwieg eine Weile, dann aber sah er die Jünger, seine Freunde, Frauen, die Männer und auch die Kinder an und sagte: »Seht, wie mit dem kleinen Samenkorn, so ist es mit dem, was Gott tut. Ihr glaubt, Gott nur in den großen Dingen zu sehen. Manche gehen auf einen hohen Berg. Sie denken, der Berg ist so wichtig, so groß, da muß man etwas von Gott sehen und spüren. Ich möchte euch aber sagen: Gott können wir in ganz kleinen Sachen sehen und spüren. Wenn ihr gut zuhört und die Augen aufmacht, dann könnt ihr das alles sehen. Das sage ich euch, darum bin ich zu euch gekommen.«

Ob das Kind das winzige Samenkorn in seiner Hand mit nach Hause nahm und in die Erde legte? Ich glaube es schon.

● *Lied:* »Alles muß klein beginnen« – nur der Refrain (Menschenskinderlieder, Nr. 155)

● *Vertiefung:* Wir malen mit Wachsfarben bunte Vögel, schneiden sie aus und kleben sie in den Strauch.

● *Gebet:* Jesus, wir freuen uns, wenn wir an das kleine Samenkorn denken. Wir staunen, was wächst, wenn Gott die Kraft dazu gibt. Es ist schön, wenn die Vögel in den Zweigen der Bäume sitzen und zwitschern. Du schenkst uns Freude. Wir danken dir.

### III. Weitere liturgische Elemente zum Thema

*Lieder:*
Ich singe dir mit Herz und Mund (EKG/LfJ 230, 1, 2, 8, 13)
Weißt du wieviel Sternlein stehen (LfJ 661,1–3)
Warst du schon einmal im Dunkeln allein (111 Kinderlieder zur Bibel, Nr. 15)
Du hast uns deine Welt geschenkt (Mal Gottes Regenbogen, Nr. 28)
Alles, was Odem hat (LfJ 673)

*Psalmen und Gebete:*
Wunderbare Welt (nach Psalm 8) – (in: Sagt Gott, wie wunderbar, S. 19)
Lob des Schöpfers (nach Psalm 104) – (in: Sagt Gott, wie wunderbar, S. 61)
Gott, ich staune (in: Detlev Block, Gut, daß du da bist. Gebete für Kinder, S. 18)
Gott hat die Welt so schön gemacht (in: Er gebe uns ein fröhlich Herz, S. 106)
Du hast alles gemacht (in: Er gebe uns ein fröhlich Herz, S. 105)

# II.

# Der begleitende Gott

# Sich ängstigen – Angst überwinden

Text: Die Stillung des Sturmes (Markus 4,35–41)

UTE BIEDENBACH

## Zum Thema: Angst im Leben der Kinder

Vertrauen ist der Urgrund des Lebens von Anfang an. Wo kein Vertrauen ist, macht sich Angst, Sorge und Mißtrauen breit. Diese Erfahrungen machen auch schon Kinder. – Kinder und ihre Verhaltensweisen kennt man erst richtig, wenn man ihre Ängste kennt. Dabei sind alle Angstinhalte gleich wichtig, seien sie auch noch so trivial.

Die Angst im Leben beginnt bereits mit der Urangst des Säuglings, der Todesangst ums Überleben und der Angst vor Verlassenheit. Im Heranwachsen erleben die Kinder dann vieles, was angst machen kann. Manche Ängste werden durch eigenes Erleben, andere durch Erziehung oder besondere Umstände ausgelöst. Zu den Kleinkinderängsten vor Trennung, Dunkelheit, Tod und allem Neuen kommen in der Altersstufe der Fünf- bis Siebenjährigen mit der Erweiterung der Lebenswelt neue Ängste hinzu. Kindergarten und Schule bringen Angst vor neuen Orten und fremden Menschen, Einsamkeit in einer Gruppe, Heimweh, Sorgen um die Familie und Verlorenheit hervor. Wasser und Gewitter, wilde Tiere und Räuber sowie zunehmend Autos erschrecken die Kinder.

Inmitten dieser Ängste ist es für die Kinder wichtig zu erfahren, daß Liebe, Vertrauen und Geborgenheit diese lebensbedrohenden Ängste überwinden können. Kinder sind weniger imstande als Erwachsene, mit bedrohlichen Dingen fertig zu werden, da ihnen dazu die Macht fehlt und sie vielfach von anderen abhängig sind. Deshalb gilt es, ihr Vertrauen zu fördern und sie spüren zu lassen, daß sie geliebt und beschützt sind. Dies kann weder durch Strafe noch durch übertriebene Fürsorge geschehen. Statt dessen brauchen Kinder Hilfen und positive Beispiele, wie andere mit ihrer Angst fertig werden. Dazu gehört unser Verständnis für ihre Ängste, genaues Zuhören und sensibles Betrachten ihrer Bilder. Im Gespräch miteinander können wir die Ängste teilen und so oft ein wenig helfen, Angst abzubauen.

Im Kindergottesdienst ist es unser Anliegen, den Kindern die Hilfe und das Vertrauen mitzuteilen, von denen wir als Christen in der Gemeinde und der Nachfolge Jesu leben. Die Kinder sollen erfahren, daß schon viele Menschen auf Gottes Hilfe vertraut haben und es immer wieder tun. Dazu wollen wir sie ermutigen inmitten aller Ängste unserer Welt. In den biblischen Geschichten erleben die Kinder Menschen, die sich in ihren Ängsten an Gott wenden und daraufhin die Nähe und Hilfe Gottes erfahren. Aus solchem Miterleben kann bei den Kindern eigenes Vertrauen entstehen, und sie können ermutigt werden, auch in ihren Kinderängsten Zuflucht und Hilfe bei Gott zu suchen. Das ist das beste Mittel gegen die Angst, das wir ihnen mit auf den Weg geben können.

## Zum Text: Lebensangst und Lebensrettung

Die Erzählung von der Sturmstillung ist eine Geschichte von Angst, Vertrauen und Nachfolge. Sie greift das alte antike Weltbild von der Natur als selbständiger Größe, in der Mächte und Gewalten die Natur beherrschen, auf. In der jüdischen Vorstellung bedrohen drei Chaosmächte ständig die gute Schöpfung Gottes: Wasser, Wüste, Nacht (nachzulesen u. a. in den Schöpfungsgeschichten und den Psalmen des AT). Im Neuen Testament wird von der Überwindung dieser Kräfte durch Gott berichtet. Jesus stillt mit der Kraft Gottes den Seesturm, er widersteht dem Versucher in der Wüste und durchleidet die Nacht im Garten Gethsemane.

In der Sturmstillungsgeschichte erfahren die Jünger, daß Jesus in Gemeinschaft mit Gott den lebensbedrohenden Elementen Einhalt gebieten kann. Kinder haben oft direkteren Zugang zu diesen Naturerlebnissen, denn für sie ist die Natur belebt und oft auch gefährlich. So können sie sowohl die Angst als auch die Erleichterung der Jünger gut verstehen.

Vertrauen zu Gott heißt, sich auf ihn verlassen, mit ihm rechnen, auch wenn er ganz anders handelt, als wir oft erwarten. Wie oft erleben vor allem Kinder, daß Vertrauen in Menschen enttäuscht wird. Da ist es gut, glauben zu können, daß das Vertrauen zu Gott nicht so enttäuscht wird. Allerdings können wir es auch nicht als sicheren Besitz festhalten oder einfordern. Darin liegt die Schwierigkeit, aber auch die Hoffnung. Vertrauen zu Gott will immer wieder neu erlebt und empfangen werden. Vertrauen nimmt Angst nicht weg, aber es nimmt ihr die Spitze. *In unserer Geschichte liegt die Rettung eben nicht erst am Ufer, sondern mitten im Sturm.* Darin wird deutlich, daß das Gegenteil von Angst im Neuen Testament nicht die Freiheit von jeder Sorge ist, sondern die Geborgenheit in Gott mitten in der Angst. Das können wir den Kindern als Lebenshilfe vermitteln – ihre Ängste können wir ihnen nicht wegblasen.

Wie andere biblische Geschichten wurde auch die Erzählung von der Sturmstillung über eine historische Begebenheit hinaus zu einer symbolischen, zeitlosen Glaubensgeschichte für die Christengemeinde. Die Geschichten von Jesus handeln von wirklichen Menschen und von einem menschgewordenen Gott. Das Besondere an Jesus ist das, was er für seine Mitmenschen gesagt und getan hat und was auch heute noch geschieht, wenn wir auf seine Worte und Taten hin uns bewegen lassen zu neuem Tun und Denken für andere. Dazu gehört auch, Worte und Taten gegen die Angst zu finden, für uns, für andere und für die Kinder.

## Einzelbetrachtung zu Markus 4,35–41

V. 35: *Ort und Zeit:* Am See Genezareth, wahrscheinlich in der Nähe von Kapernaum. In dieser Gegend in Galiläa beginnt bei Markus das Wirken Jesu. Dort berief er seine Jünger, predigte und heilte (vgl. vorausgegangene Kapitel). Am Abend eines solchen Tages in aller Öffentlichkeit zieht Jesus sich mit seinen Jüngern zurück und fährt ans andere Ufer des Sees (siehe Mk 5,1).
*Überfahrt:* Die Initiative zur Überfahrt geht von Jesus aus. Er übernimmt die Verantwortung für das Folgende.

V. 36: *Boot:* Benutzt wurde ein übliches Fischerboot mit Segel und Rudern. Später wurde das Boot zum Symbol für die Gemeinde (vgl. das Lied »Ein Schiff, das sich Gemeinde nennt«), die Jünger zum Beispiel für die Gemeindeglieder.

V. 37: *Sturm:* Plötzlich auftretende Stürme über dem See werden durch Fallwinde vom Gebirge im Osten her ausgelöst.

V. 38: *Schlaf Jesu:* Der innere Kontrast wird äußerlich sichtbar. Die Souveränität und Sicherheit Jesu steht im Gegensatz zur Aufregung und Angst der Jünger.

V. 39: *Schweigewort Jesu:* Gott will den ganzen Menschen aus physischer und psychischer Not retten. Die Sorge um Leib und Seele gehört zusammen.

V. 40: *Wort an die Jünger:* Jesus reagiert nicht auf den Tadel der Jünger (V. 38), sondern bricht mit einem vollmächtigen Wort die Gefahr. Die nachfolgende Doppelfrage an die Jünger hebt das geschehene Wunder nicht auf, sondern gibt ihm die richtige Richtung. Glaube ist erst wirklich erfahrbar auf dem Weg, wenn er gegangen wird, nicht im voraus.

V. 41: *Verwunderung:* Die Jünger beginnen, staunend die alle Mächte überschreitende Gegenwart und Kraft Gottes zu erleben.

## ERZÄHLUNG: **Die Stillung des Sturmes** (Mk 4,35–41)

Es ist Abend, langsam wird es dunkel. Am Ufer des See Genezareth stehen einige Menschen beieinander. Sie sind müde von einem langen Tag. Es sind Jesus und seine zwölf Freunde, die Jünger. Den ganzen Tag waren sie unterwegs. Jesus hat von Gott erzählt und wie Gottes Liebe die Welt verändert. Viele Menschen haben ihm zugehört. Manche hoffen, daß auch sie etwas von dieser Liebe in ihrem Leben spüren.

Für heute ist es genug. Jesus dreht sich um und sagt zu seinen Jüngern: »Laßt uns hinüberfahren über den See. Am anderen Ufer können wir Ruhe finden. Holt ein Fischerboot, ihr kennt euch ja hier aus.«

Petrus und Jakobus, zwei der Jünger, gehen los. Ja, sie kennen sich aus, schließlich sind sie ja bis vor kurzem Fischer auf dem See gewesen.

Deshalb wissen sie, wo sie ein Boot leihen können. »Wir bringen Jesus jetzt erst einmal an einen ruhigen Ort. Ruhe hat er dringend nötig!« Petrus sagt dies mit lauter Stimme zu Jakobus. »Ja, aber wir brauchen auch Ruhe, ich bin müde« entgegnet Jakobus. »Hoffentlich kommt nicht plötzlich ein Gewitter. Es ist schon Abend, und da kann es gefährlich werden!« Petrus denkt nach. Er ist ein erfahrener Fischer und kennt die Gefahren. »Jesus hat es gesagt, also fahren wir.«

Jesus und die Jünger steigen in das Boot ein. Sie legen vom Ufer ab und hissen die Segel. Jesus legt sich hinten im Boot auf ein Kissen und schläft.

Da – plötzlich entdeckt ein Jünger dunkle Wolken am Himmel. Sie ziehen rasch vom Gebirge her über den See. »O weh, das gibt sicher einen Sturm«, ruft er den anderen zu, »schnell die Segel einholen!« Bald spüren sie, wie der Wind stärker wird. Der glatte See wirft auf einmal Wellen. Sie werden immer höher, Schaumkronen tanzen darauf. Das Schiff fängt an zu schwanken, die ersten Wellen schwappen über Deck. »Hilfe, wir ertrinken!« schreit einer und fängt an wie wild Wasser aus dem Boot zu schöpfen. Aber umsonst. Alles rudern und schöpfen hilft nichts. Mit eigener Kraft können sie sich nicht helfen. Jetzt macht sich Angst breit. Immer mehr Wasser schwappt ins Boot. In ihrer Angst stürzen sie nach hinten und wecken Jesus. »Herr, hilf, wir ertrinken!« »Jesus, hilf uns!« »Jesus, wir haben Angst!« – so schreien sie laut durcheinander. »Wie kannst du so ruhig schlafen in diesem Sturm?« ruft Jakobus entsetzt.

Da sieht Jesus sie an und steht auf. Und dann spricht er zu dem Wind und den Wellen wie zu einem Menschen: »Seid still!« Und der Wind und die Wellen werden ganz still.

Auch die Jünger werden ganz still. Und dann sagt Jesus zu ihnen: »Warum habt ihr Angst? Ich bin doch da! Ich habe euch doch erzählt, daß Gottes Liebe die Welt verändert. Gott hat mich zu euch geschickt, damit ihr diese Liebe spüren könnt.« Die Jünger staunen. Einer versucht zu sagen, was sie denken. Es ist Jakobus: »Ja, Jesus, du hast uns das schon oft erzählt. Aber heute haben wir es selbst erlebt. Sogar der Wind und die Wellen tun, was du sagst. Wenn wir bei dir, Jesus, bleiben, brauchen wir keine Angst mehr zu haben. Du kannst unsere Angst wegnehmen. Darüber bin ich sehr froh.«

Ruhig fahren sie weiter und kommen sicher am anderen Ufer an.

## Vorschläge für 5 Einheiten

### 1. EINHEIT: **Wovor ich Angst habe**
*Gespräch und Malen*

Alle Menschen haben manchmal Angst. Es tut gut, wenn ich meine Angst benennen und mitteilen kann. Miteinander können wir der Angst eher begegnen.

Als Einstieg und zur Ermutigung erzählen, »wovor ich einmal Angst hatte«. Anschließend die Kinder, jeweils auf ein Blatt, malen lassen: »Wovor ich Angst habe.«

▶ *Material:* Malpapier, Farbstifte

## 2. EINHEIT: **Wie gehe ich mit der Angst um?**
*Anti-Angst-Bilder*

Angst benennen allein reicht nicht aus, ich muß auch mit ihr umgehen und weiterleben. Dazu können mir andere helfen, ich bin nicht allein. Die gemalten Angstbilder betrachten und darüber reden (interessant: Auf vielen Bildern dieser Altersstufe tauchen Dunkelheit, Wasser, wilde Tiere auf).

Was können wir gegen diese konkreten Ängste tun? Im Gespräch Antworten finden und sie in kleinen Anti-Angst-Bildern ausdrücken. Dazu kleine farbige Zettel mit Menschen oder Symbolen bemalen (z. B. Zaun gegen wilde Tiere, Licht gegen Dunkelheit) und auf einer passenden Ecke auf das Angstbild heften.

Im *Vertrauensspiel* erleben die Kinder dann Angst und Vertrauen:
1. Stufe: Ein Kind bekommt die Augen verbunden und wird von einem vorher benannten Kind an der Hand vorsichtig durch den Raum geführt. (Beobachtung: Kind hat keine Angst, weil es anderes Kind kennt und deshalb Vertrauen hat.)

▶ *Material:* Angstbilder von der 1. Einheit, kleine farbige Zettel, Farbstifte, Büroklammern, Tuch zum Augenverbinden.

## 3. EINHEIT: **Wo ist meine Angst aufgehoben?**
*Spiele wider die Angst*

Nicht immer finden wir Gegenmittel gegen unsere Ängste. Aber auch wenn unsere Ängste zu groß werden oder kein Mensch uns helfen kann, müssen wir nicht hilf-los sein.

Fortsetzung des Vertrauensspiels von der 2. Einheit:
1. Stufe: wiederholen.
2. Stufe: Ein Kind bekommt die Augen verbunden und wird von einem vorher nicht benannten Kind an der Hand vorsichtig durch den Raum geführt. (Beobachtung: Kind ist etwas unsicher, hat aber doch Vertrauen, da das andere Kind aus dem bekannten Kreis stammt.)
3. Stufe: Ein Kind bekommt die Augen verbunden und wird von einem vorher benannten Kind mit Worten (rechts, links, geradeaus etc.) vorsichtig durch den Raum geleitet. (Beobachtung: Spiel wird schwieriger, weil es nicht hand-greiflich ist.)

Das Spiel abschließen mit der Frage: »Würdet ihr euch auch von einer fremden Person führen lassen?« (Bei uns war die Antwort ein lautes und energisches Nein!)

Anschließend die Angstbilder von der 1./2. Einheit auf ein großes Blatt kleben und durch das Malen eines Schiffsrumpfes drumherum zusammenfassen (s. Skizze am Schluß). Schiffsmast dazu malen. So sind alle Ängste zusammen aufgehoben in dem Schiff.

▶ *Material:* Tuch zum Augenverbinden, Angstbilder von der 1./2 Einheit, großes leeres Plakat, Farbstifte, Klebstoff.

### 4. EINHEIT: Jesus kann Angst aufheben

Auch die Menschen um Jesus hatten Angst. Aber sie haben erlebt, wie Gott Jesus die Kraft gibt, von Angst zu befreien. Indem die Kinder mit ihren Bildern und den Figuren quasi »im Schiff sitzen«, fällt die Identifikation mit den Jüngern und deren Erleben leicht.

Zu Beginn die Angstbilder im Schiff noch einmal betrachten. Jedes Kind darf sein Bild noch einmal zeigen.

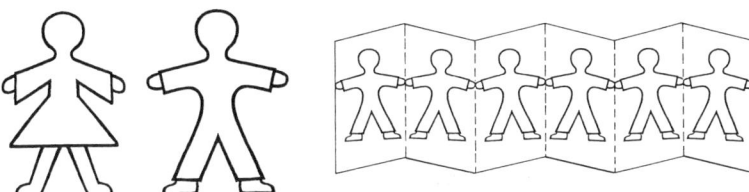

Danach dreizehn kleine Papierfiguren (einfach herzustellen durch Faltkette) austeilen. Das sind Jesus und seine Freunde, die Jünger. Gemeinsam überlegen: »Welche Ängste hatten sie wohl?«

Die Geschichte von der Sturmstillung erzählen und dabei folgende Aktivitäten an den passenden Stellen einbauen:

— Jesus und Jünger besteigen das Schiff (Figuren aufkleben)
— Segel werden aufgezogen (malen oder ausschneiden/aufkleben)
— Geborgenheit nach der Sturmstillung: Grafik »Kind an der Hand« an den Mast kleben.

▶ *Material:* Schiff mit Angstbildern, Papier, Farbstifte, Klebstoff, Schere, Grafik »Kind an der Hand« von Hans-Georg Anniès (als Faltkarte mit Text erhältlich beim Verlag Junge Gemeinde, Postfach 10 03 55, 7022 Leinfelden-Echterdingen).

### 5. EINHEIT: Gott begleitet uns in unseren Ängsten

Wie die Jünger können auch wir erleben, daß Gott uns hilft, wenn wir Angst haben. Dadurch verschwinden unsere Ängste nicht, aber sie sind gut aufgehoben, und wir können mit ihnen leben.

Wiederholung der Geschichte zusammen mit den Kindern. Selbstgemachte Geräusche (mit Papier rascheln, laut pusten, über leeren Flaschenhals blasen etc.) und Bewegungen (schwanken, rudern, Segel einholen etc.) beleben die Geschichte.

Danach bekommt jedes Kind sein Angstbild zurück. Es wird zusammengefaltet und in eine Anniès-Karte (s. 4. Einheit) eingelegt. In die Karte wird der Name des Kindes geschrieben. So bekommt jedes Kind das gleiche Anti-Angst-Bild mit und ist so mit den anderen Kindern und der biblischen Geschichte verbunden.

► *Material:* Schiff mit Angstbildern, Papier, leere Flasche, Faltkarten »Kind an der Hand« (s. 4. Einheit), Farbstifte.

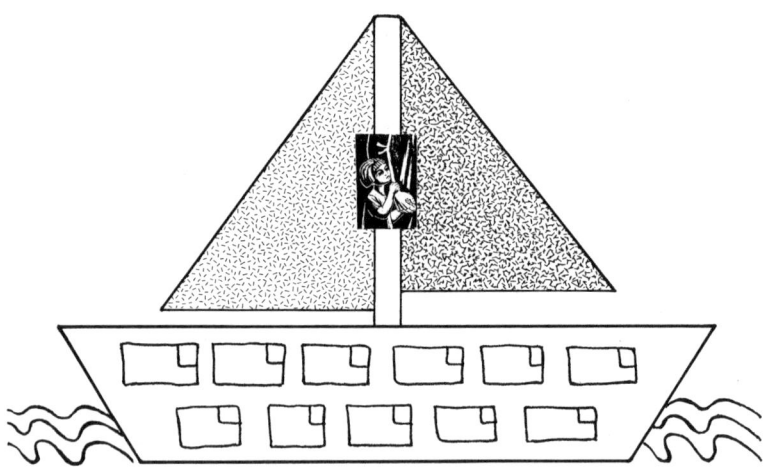

**Liturgische Elemente für alle Sonntage**

Bei einem so schwierigen Thema ist eine Atmosphäre der Geborgenheit und des Vertrauens sehr wichtig. Dazu zählen auch vertraute Lieder und Elemente, die in jeder Gruppe verschieden sind. Vielleicht eine gute Gelegenheit, einmal verstärkt auf Kinderwünsche einzugehen. Bei uns hat sich bewährt:

*Lieder:*
— »Das wünsch ich sehr« (in: Menschenskinderlieder, Nr. 5 und Mal Gottes Regenbogen, Nr. 16). Dieses Lied eignet sich für alle Einheiten.
— »Ein kleiner Spatz zur Erde fällt« (LfJ 646)
— »Meinem Gott gehört die Welt« (LfJ 663)

*Psalmen:*
— Psalm 23 (LfJ, Seite 436)
oder die Übertragungen von Psalm 23 in »Sagt Gott, wie wunderbar«, Seite 22 ff. (Verlag Junge Gemeinde)
— »Geborgen ist mein Leben in Gott« (moderner Psalm, abgedruckt in der Faltkarte »Kind an der Hand« sowie in »Er gebe uns ein fröhlich Herz«, Seite 64. Siehe Material 4. Einheit).

# Schwach sein – stark sein

Text: Die Verleugnung des Petrus (Matthäus 26,69–75)

REGINE MISCHKE

## 1. Erfahrungen der Kinder in Blick auf »Starksein« und »Schwachsein«

Kinder leiden oft daran, daß sie nicht so gut sind wie andere. Sie erleben, daß sie nicht alles gleich gut können. Dabei messen sie sich mit Gleichaltrigen. Körperliche Auseinandersetzungen spielen eine große Rolle, wenn es darum geht, die Stärkeren und die Schwächeren in einer Gruppe zu bestimmen. Es ist wichtig, daß Kinder sich gegenseitig »abtasten«, Kräfte messen und ihren eigenen Platz in einer Gruppe finden. Aber auch im Blick auf Fähigkeiten wie Malen, Basteln, Turnen, Musizieren, sprachliches Ausdrucksvermögen usw. erleben Kinder sich als stark oder schwach. Sichtbare Stärken und Schwächen werden zu wichtigen Kriterien für die Auswahl von Spielgefährten und bekommen somit eine besondere Bedeutung. An sich selbst erfahren Kinder, daß sie den Anforderungen anderer nicht genügen oder ihren eigenen Ansprüchen nicht entsprechen. Wer als »Schwächling« abgestempelt wird, hat es schwer. Auch die Erfahrung, feige zu sein, ist den Kindern bekannt. Sie leiden darunter. Sie haben, wie die Erwachsenen, nicht gern ein »schwaches Bild« von sich selbst. Sich stark, mutig und heldenhaft behaupten zu können, schafft mehr Anerkennung. Auch bei Erwachsenen erfahren Kinder den Kampf um Ansehen, Anerkennung, Erfolg und Macht.

Kinder erleben, wie schwankend Gefühle, Einstellungen und Einsichten oft sind. Freundschaften zerbrechen oder werden enttäuscht. Freunde werden im Stich gelassen. Mut und Vertrauen liegen manchmal dicht beieinander mit Verzagen und Versagen.

## 2.a Botschaft

Meine Schwächen und Stärken sind nicht ein für allemal festgeschrieben. Sie können sich verändern. Ich entwickle mich, wachse an meinen Aufgaben. Es ist wichtig, daß ich mich als Mensch annehmen lerne, mit meinen Stärken und Schwächen. Ich kann dabei neue Entdeckungen machen, die mich wachsen lassen.

Es ist gut, daß ich dabei nicht allein bin, sondern Menschen um mich habe, die mich gut kennen und so annehmen, wie ich bin. Es ist gut, mich dabei von Gott gehalten und begleitet zu wissen. Es ist gut, die Zeichen zu

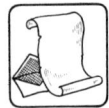

erkennen, die mir auf meinem Weg helfen können (z. B. der »Hahn« in der Geschichte von der Verleugnung des Petrus). In den widersprüchlichen Erfahrungen zwischen Starksein und Schwachsein steht Petrus den Kindern nahe. Seine Geschichte kann sie ermutigen, sich selbst und andere als Menschen anzunehmen, deren Glaube einmal stark und groß und einmal schwach und klein ist. Die Geschichte von Petrus bewahrt vor übermenschlichen Forderungen an sich selbst und an andere (vgl. Text-/Themenplan 1989–92, S. 46). Die tröstende Botschaft lautet: Diesem Christus, der auch die Schwachen und Versager nicht fallenläßt, kann ich vertrauen. Von seiner Vergebung kann ich leben. Er begleitet mich, auch wenn ich feige und schwach bin.

## 2.b Gedanken zum Text (Mt 26,69–75)

In allen Evangelien ähneln sich die Einzelabschnitte der Passionsgeschichte. Sie sind aber unterschiedlich geordnet und von den Evangelisten verschieden bearbeitet worden. So bekommt jede Passionsgeschichte eigene Akzente.

Alle vier Evangelien berichten von der Verleugnung Jesu durch Petrus. Darin wird die tiefste Schattenseite des Petrus dargestellt.

Matthäus folgt weitgehend der Vorlage des Markus. Er will vor allem herausstellen, daß sich in Jesu freiwilligem Verzicht auf Macht und Gewalt die Vollmacht und Hoheit des Christus zeigt. Als Kern des Evangeliums erfahren wir, »daß Jesu Vollmacht in seiner Ohnmacht, sein Tun in seinem Leiden, seine Hoheit in seiner Niedrigkeit, seine Herrschaft in seinem dienenden Gehorsam zur Vollendung kommt. Gott will das Heil aus dem Leiden und der Ohnmacht hervorbringen – nicht mit Glanz und Gloria« (Ev. Kinderkirche 1/85, S. 77).

In heillose Verwirrung gerät Petrus angesichts dessen, was sich vor den Augen der Jünger als die Wahrheit über Jesus zeigt. Ausgerechnet der Jünger, der an Jesus am dichtesten »dran« ist, erlebt, wie er gerade in Augenblicken begeisterter Nähe in eine ungeheure Distanz zu seinem Herrn und Freund gerät. Petrus will das Leiden Jesu nicht akzeptieren, er reagiert menschlich und scheitert letztendlich an seinen eigenen Versprechungen. Er ist hin- und hergerissen, hängt an Jesus und kann ihn gleichzeitig nicht verstehen, verläßt ihn und folgt ihm doch.

Im Text distanziert sich Petrus auch äußerlich von Jesus, als er nach der ersten Verleugnung (Vers 70) in den Vorhof hinausgeht. Die Distanzierung steigert sich auch in den Äußerungen von Petrus: Die erste Magd bekommt eine sehr allgemeine nichtssagende Antwort (Vers 70). Die zweite Antwort (Vers 72) weist auf einen noch deutlicheren Abstand zu Jesus hin, Petrus redet von »dem Menschen«. Petrus verstrickt sich mehr und mehr in eine Lüge, er schwört und verflucht sich, um seine Aussage zu bekräftigen (Vers 74).

Das Krähen des Hahnes ist der Wendepunkt. Schlagartig wird Petrus bewußt, was er getan hat, und die Distanz zu Jesus wird schmerzvolle Nähe: Jesus kennt ihn und hat recht in dem, was er ihm angekündigt hat. Das Weinen löst die ungeheure Spannung auf. Petrus bleibt mit seiner Erkenntnis allein.

Am Ende dieser Geschichte steht zunächst nichts Tröstliches. Es ist gut zu wissen, daß Jesus nach seiner Auferstehung Petrus vergeben und ihn in besonderer Weise beauftragt hat.

Als Ausblick und Weiterführung ist daher die Geschichte der erneuten Beauftragung des Petrus möglich (Joh 21,15–17).

## 2.c Erzählvorschlag: Petrus ist nicht stark (Mt 26,69–75)

*Einstieg:* Jedes Kind bekommt einen kleinen Stein in die Hand und behält ihn während der Erzählung. – »Probiert mal, wie hart er ist. Könnt ihr ihn zerbrechen oder zerdrücken?«

*Erzählung:* Der Name von Petrus bedeutet Fels. Petrus dachte auch, daß man sich immer ganz felsenfest auf ihn verlassen könnte. So stark wie ein Fels wollte Petrus sein und ganz fest zu Jesus halten. Das hat er ihm auch versprochen: »Ich laß dich nie allein«, hat er gerufen. Und Jesus hat ganz ernst geantwortet: »Doch, Petrus. Bevor der Hahn am Morgen kräht, wirst du mich dreimal verleugnen. Du wirst behaupten, daß du mich nicht einmal kennst.« – »Nein«, schrie Petrus damals, »das tue ich nie!«

In der Nacht ist Jesus von Soldaten gefangengenommen worden. Sie haben ihn in der Dunkelheit weggeführt. Petrus und die anderen Freunde sind alle vor Angst weggerannt.

Aber Petrus will doch bei Jesus bleiben und ihm helfen. Er schleicht leise zurück und sieht, wie die Männer Jesus gerade in den Palast des Hohenpriesters führen. Sein Herz klopft laut vor Angst. Schnell geht er durch den Vorhof in den inneren Hof des Palastes hinein. Es riecht nach Rauch und verkohltem Holz. Petrus will sehen, wie es weitergeht mit Jesus. Er will ihn begleiten. Aber Jesus ist drinnen beim Hohenpriester. Petrus wartet. Er setzt sich ans Feuer im Innenhof, wo auch mehrere Männer sitzen. Sind da nicht auch die dabei, die Jesus gefangengenommen haben? Petrus zieht seinen Mantel ein wenig höher ins Gesicht. Es ist eine kalte Nacht. Er reibt sich die Hände. Er kann es nicht begreifen, was mit Jesus passiert ist. Ganz in Gedanken ist er versunken und merkt nicht, daß ihn jemand beobachtet.

Da schaut er hoch. Neben ihm am Feuer steht eine Frau und sieht ihn an. Es ist eine Magd des Hohenpriesters. Petrus wird ganz unbehaglich zumute. »Was will denn die?« denkt er. Da spricht sie ihn an: »Heh, du, du warst doch auch mit diesem Jesus unterwegs!« Petrus zuckt zusammen. Hoffentlich hat sie es nicht bemerkt. Die anderen schauen interessiert zu. Jetzt muß er antworten. »Ich weiß gar nicht, was du von mir willst. Ich verstehe nicht, wovon du redest.« Die Frau geht wieder weg. Vorsichtig steht Petrus auf. »Lieber hier weg, es wird mir zu ungemütlich«, denkt er. Seine Beine sind noch ganz schwer. Er geht langsam in den Vorhof. Da sind mehr Leute. Vielleicht fällt er hier nicht so auf. Aber plötzlich zeigt eine andere Frau, auch eine Magd, mit dem Finger auf ihn. Sie sagt laut, so daß es alle hören können: »Schaut her, der da war doch auch mit Jesus aus Nazaret zusammen.« Petrus hält den Atem an. »Gleich kommen sie und nehmen mich auch gefangen«, denkt er. Sein Herz klopft bis zum Hals. Schnell geht er einen Schritt zurück ins Dunkle, damit niemand merkt, wie erschrocken er ist. Er antwortet: »Nein, ich gehöre nicht dazu. Ich schwöre, ich kenne diesen Menschen gar nicht.« Die Magd geht weg. Petrus atmet auf.

Am liebsten würde er jetzt aus dem Tor schleichen. Aber er fühlt sich beobachtet. Er zittert, ihm ist kalt. Da kommen schon wieder Leute auf ihn zu. Sie sagen: »Natürlich gehörst du zu diesem Jesus. Man hört es doch an deiner Sprache, daß du auch aus Galiläa bist. Du redest wie die Menschen aus diesem Land.« Da stampft Petrus mit dem Fuß auf den Boden auf und schreit: »Nein, Gott soll mich strafen, wenn ich lüge. Ehrlich, ich kenne den Mann überhaupt nicht, von dem ihr redet.«

Im selben Moment kräht ein Hahn. Petrus steht wie versteinert da. Jetzt fällt ihm wieder ein, was Jesus zu ihm gesagt hatte: »Bevor der Hahn kräht, behauptest du dreimal, daß du mich nicht kennst.« Damals hatte er diese Worte nicht verstanden. »Ich werde dich nie verraten«, hatte er gerufen. »Ich bleibe bei dir.« Jetzt stimmt es also doch. Petrus schlägt die Hände vors Gesicht. In seinem Hals spürt er einen Kloß. Schnell geht er hinaus durchs Tor. Nur weg von diesem Ort. Er kann vor lauter Tränen nichts sehen. Petrus weint.

### 3. Themenreihe

Mein Vorschlag für eine Reihe im Kindergottesdienst erstreckt sich über 6 Einheiten. Denkbar wäre auch ein Abschluß mit einem Familiengottesdienst. Entsprechend müßte dann die 6. Einheit darauf ausgerichtet werden. Der Vorschlag ist eine Auswahl aus vielen Ideen zum Thema, die ich am Schluß zusätzlich aufliste. Manche Elemente könnten ausgetauscht oder verändert werden. Es ist gut, wenn sich der Vorbereitungskreis sorgfältig überlegt, was für die eigene Kindergruppe samt Rahmenbedingungen am ehesten in Frage kommt.

Der liturgische Rahmen soll für alle 6 Einheiten weitgehend gleich gestaltet werden. Das schafft Vertrautheit und Sicherheit und gibt den Kindern das Gefühl: Hier kenne ich mich aus. Ausschlaggebend für die Liedauswahl ist der wiederkehrende Refrain mit eingängiger Melodie und verständlichem Text.

## 3.a Liturgischer Rahmen

● *Eingangswort*
Gott lädt uns ein,
deshalb feiern wir diesen Gottesdienst in seinem Namen
und freuen uns, daß er bei uns ist.
(aus: Er gebe uns ein fröhlich Herz, S. 38)

● *Begrüßung* und einführende Worte
3. Einheit: Bezug zum Kindermutmachlied: Wann/wo braucht man Mut? Kinder nennen Beispiele.
4. Einheit: Hinweis auf die Bastelarbeit »Hahn«.
6. Einheit: Hinweis auf den fertigen Hahn (als Zeichen zum »Aufwachen«) und auf die Papiermenschen mit den Bildern.

● *Lied:* »Kindermutmachlied/Wenn einer sagt . . .« (in: Mal Gottes Regenbogen, Nr. 95) Beim Refrain können die Kinder gleich mitsingen und mitklatschen.

● *Psalm:* »Geborgen ist mein Leben in Gott« (in: Fröhlich Herz, S. 64)

● *Gebet:*
Lieber Gott, wir freuen uns, wenn uns etwas gelingt.
Manchmal trauen wir uns auch mehr zu, als wir können.
Du kennst uns gut.
Dir können wir es sagen, wenn wir ängstlich und traurig sind.
Danke, daß du uns verstehst.
Hilf uns, daß wir auch zu anderen ehrlich sein können.
Laß uns spüren, daß du uns immer lieb hast. Amen.

● *Bewegungslied* vom Stark- und Schwachsein (siehe nächste Seite)
Mit einigen erläuternden Worten und diesem Lied werden die Kinder auf das Thema der folgenden Einheiten eingestimmt.

● *Verkündigungsteil* mit Erzählen, Spielen, Basteln . . .
(siehe einzelne Einheiten)

● *Lied:* »Das wünsch ich sehr« (Kanon) – (in: Mal Gottes Regenbogen, Nr. 16)

● *Spiellied:* »Was macht der Hahn?« (siehe Seite 88)
Dem Lied liegt zwar die Verleugnungsszene nach Lukas zugrunde, wo Petrus nach dem Krähen des Hahnes Blickkontakt mit Jesus hat (5. Strophe), doch das Ende (»doch er verzieh, was Petrus hat getan«) bezieht sich auf den Fortgang der Petrusgeschichte. Den Kindern kann dies kurz deutlich gemacht werden. Das Lied eignet sich in seiner Einfachheit gut zum Spielen und hat einen Refrain, den die Kinder nach kurzer Zeit mitsingen können.
*Vorgehen:*
1. Einheit: Statt Spiellied eines der neuen Lieder wiederholen oder Lied nach freier Wahl.
2. Einheit: Lied lernen, nur 1. Strophe
3.–5. Einheit: alle Strophen
6. Einheit: Spiellied oder Lied nach Wahl der Kinder.

**Bewegungslied vom Stark- und Schwachsein**

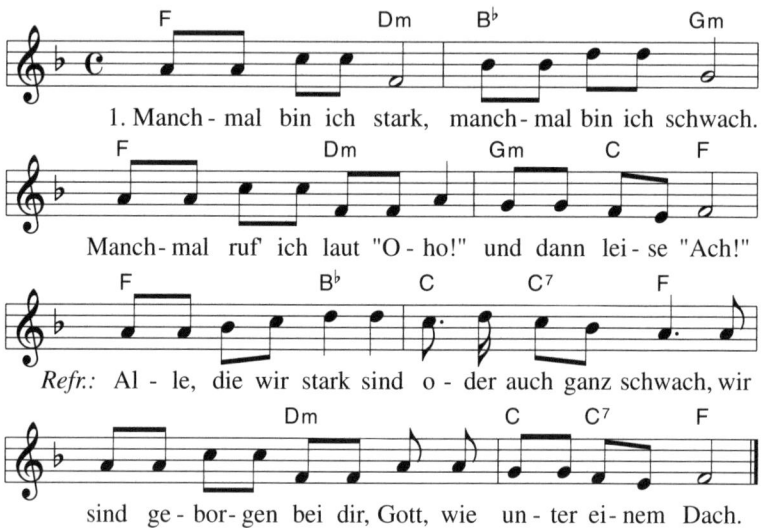

1. Manchmal bin ich stark, manchmal bin ich schwach.
   Manchmal ruf' ich laut »Oho!« und dann leise »Ach!«
   *Refrain:* Alle, die wir stark sind oder auch ganz schwach,
           wir sind geborgen bei dir, Gott,
           wie unter einem Dach.

2. Manchmal möcht' ich weinen, weil mir nichts gelang.
   Manchmal bin ich gut gelaunt und mir ist nicht bang.
   *Refrain:* Alle, die wir stark sind oder auch ganz schwach,
           wir sind geborgen bei dir, Gott,
           wie unter einem Dach.

Alle stehen im Kreis, zunächst ohne Anfassen.

Wir singen und machen die entsprechenden Bewegungen für »stark«: sich groß machen, Arme hochrecken, »Muskeln« zeigen; »schwach«: Schultern hängen lassen, Kopf senken, in die Knie gehen; »Oho« und »Ach« ausrufen, ebenso »weinen« und »gut gelaunt sein« in der 2. Strophe pantomimisch darstellen.

Beim Refrain fassen sich alle an den Händen und bewegen sie bei der Zeile »stark« gemeinsam nach oben, bei der Zeile »schwach« nach unten (gebeugte Haltung), bei »geborgen« gehen alle einen Schritt Richtung Mitte, bei »unter einem Dach« führen alle die Arme nach schräg oben, so daß man sich in der Mitte ein Dach vorstellen kann.

Text und Melodie: Regine Mischke. Rechte bei der Autorin.

- *Gebet:* 2. und 4. Strophe von dem Lied »Halte zu mir, guter Gott« (s. u.)
  (sowie in: Mal Gottes Regenbogen, Nr. 47, mit anderer Melodie)
- *Vaterunser*
- *Segen:* a) Lied »Halte zu mir, guter Gott«, 1. Strophe
  b) Im Kreis stehend gesprochen:
  »Der Friede Gottes sei allezeit mit uns und mit allen Menschen.«
  (aus: Er gebe uns ein fröhlich Herz, Nr. 113/Seite 117)
- *Lied:* »Von guten Mächten wunderbar geborgen« (LfJ 700)
- *Verabschiedung*

### Halte zu mir, guter Gott

2. Du bist jederzeit bei mir. Wo ich geh' und steh'
   spür ich, wenn ich leise bin, Dich in meiner Näh'
   Halte zu mir, guter Gott, heut' den ganzen Tag.
   Halt' die Hände über mich, was auch kommen mag.

3. Gibt es Ärger oder Streit und noch mehr Verdruß,
   weiß ich doch, Du bist nicht weit, wenn ich weinen muß.
   Halte zu mir, guter Gott, heut' den ganzen Tag.
   Halt' die Hände über mich, was auch kommen mag.

4. Meine Freude, meinen Dank, alles sag' ich Dir.
   Du hältst zu mir, guter Gott, spür' ich tief in mir.
   Halte zu mir, guter Gott, heut' den ganzen Tag.
   Halt' die Hände über mich, was auch kommen mag.

Text: Rolf Krenzer;
Melodie: Paul G. Walter
Aus: MC und Liedheft
»Gott, du bist ja bei mir«
© Strube Verlag GmbH,
München

## 3.b Ablauf der einzelnen Einheiten

### 1. EINHEIT: Körperübungen zum Thema »Schwach sein – stark sein«

Bei den Übungen sollte behutsam vorgegangen werden. Nur wer will darf mitmachen, niemand soll dazu gezwungen werden. Den Kindern entsprechend kann auch nur eine Übung ausgewählt werden. Es ist darauf zu achten, daß die bereits festgelegten Rollen der Kinder nicht einfach bestätigt werden. Die Kinder sollten nach Möglichkeit jeweils einmal die Erfahrung »stark« und »schwach« machen.

*»Hahnenkampf«:* Zwei Kinder stehen sich gegenüber, verschränken die Arme vor der Brust, stehen auf einem Bein und versuchen, sich durch Stoßen gegen die Arme aus dem Gleichgewicht zu bringen. Ziel: Möglichst lange stehen bleiben und den zweiten Fuß nicht auf die Erde setzen müssen.

*»Kraftprobe«:* Zwei etwa gleich große Kinder sitzen sich am Tisch gegenüber, stellen beide den rechten (Variante: linken) Ellenbogen auf den Tisch und halten sich gegenseitig mit der rechten Hand fest (linke Hand auf dem Rücken). Auf »Los« muß jede/r mit aller Kraft versuchen, den Unterarm des/der anderen auf den Tisch zu drücken.

*»Mutprobe«* (oder »Vertrauensprobe«): Ein Kind steht mit dem Rücken vor einem Erwachsenen. Es schließt die Augen, macht sich steif wie ein Brett und läßt sich rückwärts fallen. Der Erwachsene fängt das Kind auf.

*»Tauziehen«:* Zwei Gruppen stehen sich gegenüber. Welche ist stärker? Ziel der Übung: Die Kinder erleben, wie es ist, in einer Situation stark oder schwach zu sein.

● *Gespräch:* Wie war das beim Schwachsein bzw. beim Starksein?

### 2. EINHEIT: Außerbiblische Geschichte – Bilderbuchbetrachtung

»Ich bin ein großer Hase« (von Friedel Schmidt, Gerstenberg-Verlag). Zum Inhalt: Der kleine Hase Löffel und sein großer Bruder Mümmel haben unterschiedliche Stärken und Schwächen, sie streiten und vertragen sich. Sie entdecken, daß sie sich mit ihren Fähigkeiten auch ergänzen können, und stellen fest: Wir beide passen gut zusammen.

Dieses pfiffige Bilderbuch enthält große deutliche Bilder und wenig Text. Ich möchte es als Einstieg für das Gespräch über die Stärken und Schwächen der Kinder zeigen.

● *Gespräch:* Was kann ich gut? Was kann ich nicht so gut? Was möchte ich besser können? Was kann ich heute, das ich früher nicht konnte?

● *Malen:* Die Kinder malen ein Bild mit zwei Teilen (Papier in der Mitte mit einem Strich abteilen). Linke Seite: Das kann ich gut. Rechte Seite: Das kann ich nicht gut.

### 3. EINHEIT: Biblische Erzählung und basteln

● *Gespräch:* Als ich einmal im Stich gelassen worden bin ... Als ich einmal jemand im Stich gelassen habe, feige war ... Wie fühle ich mich, wenn mich jemand im Stich läßt? Wie fühle ich mich, wenn ich feige war? Was mache ich dann? Zu wem gehe ich? Wer hilft mir?

● *Erzählung:* Verleugnung des Petrus (s. Erzählvorschlag Seite 81).

● *Basteln:* Gemeinschaftsarbeit Hahn.

Der Umriß eines Hahns wurde bereits auf ein großes Papier/Karton gezeichnet und ausgeschnitten. Die Kinder kleben bunte Papierschnipsel oder Seidenpapierkügelchen darauf. (Es sollte möglichst viel vorbereitet sein, da die Bastelaktion nur kurz dauern soll.) Der Hahn wird im Raum aufgehängt und begleitet uns durch die Reihe. Bei der nächsten Einheit kleben die Kinder daran weiter (bis zur 5. Einheit).

### 4. EINHEIT: Körperübungen

● *Rückblick:* Wie ging es Petrus, als der Hahn gekräht hat? Könnt ihr euch vorstellen, wie er weggegangen ist? (vormachen lassen)

● *Körperhaltungen ausprobieren:* Wir wollen einmal ohne Worte spielen, wie die Personen in der Geschichte ausgesehen haben. Ein Kind macht einen Vorschlag, und alle anderen probieren gleichzeitig.

— Wie geht einer, der stark und mutig ist?
— Wie bewegt sich einer, der den Mund zu voll nimmt?
— Wie geht einer, der Angst hat?
— Wie steht einer da, der Angst hat?
— Wie geht eine, die jemand erkannt hat, sich aber noch nicht ganz sicher ist?
— Wie steht eine da, die zu jemand sagt: »Du bist doch eine von denen!«?
— Wie steht einer, der erschrickt?
— Wie geht einer, der traurig ist?

Es geht darum, daß sich die Kinder in die Personen einfühlen und die Situation nachempfinden.

● *Rollenspiel/Pantomime:* Die Geschichte wird noch einmal so erzählt, daß die Kinder mit verteilten Rollen dazu spielen können.

● *Basteln:* Hahn kleben.

### 5. EINHEIT: Spiellied und Aktion

● *Spiellied:* Was macht der Hahn?« Das Lied singen und spielen und mit Instrumenten untermalen (Rasseln, Triangel, Klanghölzer etc.). Beim Refrain spielen alle mit. Bitte beachten: Kinder können meist nur eines zur selben Zeit, also entweder singen oder spielen oder mit Musikinstrumenten spielen, also aufteilen.

**Was macht der Hahn?**

Text und Melodie: Wolfgang Longardt. Aus: »Spielbuch Religion 2«, Verlag Ernst Kaufmann, Lahr

● *Aktion:* Anknüpfen an die Erfahrung »stark – schwach«. Wir schauen die Bilder von der 2. Einheit zu Stärken und Schwächen an. Jedes Kind klebt sein Bild auf den Bauch eines vorbereiteten Papiermenschen (gezeichneter und ausgeschnittener Umriß), die in einer Reihe aufgehängt werden.

Ziel: In mir ist beides, das Schwache und das Starke, das Feige und das Mutige, das, was ich gut kann, und das, was ich nicht gut kann. Ich kann mich annehmen, wie ich bin.

● *Basteln:* Hahn kleben: Jetzt sollte er fertig werden.

### 6. EINHEIT: **Bildbetrachtung und weitere Erzählung**

● *Bildbetrachtung:* Faltkarte »Verleugnung des Petrus« von Hans-Georg Anniès (erhältlich bei: Verlag Junge Gemeinde, Postfach 10 03 55, 7022 Leinfelden-Echterdingen).

Jedes Kind bekommt eine Karte zum Mitnehmen und Anschauen. Was fällt euch auf? Was erkennt ihr wieder?

Das helle Licht von Jesus erreicht auch Petrus. Petrus kann wieder froh werden. Er hat Grund zur Hoffnung.

*Erzählung:* Wie ging es weiter mit Petrus und Jesus? Ein geeigneter Erzählvorschlag zu Joh 21,15–17 von Eberhard Dieterich in: Da erregte sich die ganze Stadt, Verlag Junge Gemeinde, S. 71 ff.

● *Hahngebäck als Erinnerung:* Gebackene Ausstecher in Hahn- oder Kükenform für den Gottesdienst vorbereiten. Gebäck mit den Kindern essen oder mit nach Hause geben.

Alternative: Alle Kinder bekommen zum Mitnehmen kleine Hähne aus Pappe zum Umhängen ausgeteilt, die sie zu Hause anmalen können (Werkanleitung: Seite 179 im Materialteil).

## 4. Weitere Ideen und Vorschläge

*Lieder:*
Laß uns in deinem Namen, Herr (LfJ 695)
Ich rede, wenn ich schweigen sollte (LfJ 694)
Tina kann gut Springen (in: Wolfgang Longardt, Du bist unter uns. Kinder singen und fragen, Gütersloher Verlagshaus)
Sagt, wie man Christ gefangennahm, (in: 111 Kinderlieder zur Bibel, Verlage Kaufmann/Christophorus)
Petrus, du warst schlecht beraten (in: Weit ist der Weg nach Emmaus, Verlag Junge Gemeinde)

*Psalmen:*
... aber du (Fröhlich Herz, Nr. 40)
Du kennst mich (Fröhlich Herz, Nr. 37)
Gott behütet mich (Fröhlich Herz, Nr. 36)

*Gebete:*
Manchmal froh und manchmal traurig (Fröhlich Herz, Nr. 69)
Die Not der anderen (Fröhlich Herz, Nr. 74)

*Außerbiblische Geschichte:*
Ursula Burkhard, »Der tapfere Hase« (in: Rolf Krenzer [Hrsg.], Ich wünsch' dir einen guten Tag, S. 183, Lahn-Verlag)

*Aktion:*
Eine Mauer aus Kartons oder »Backsteinen« aus Papier bauen. Darauf werden zuvor Bilder zum Thema »Im Stich lassen« gemalt (nach Gerhard Vicktor, 100 Tips, S. 75).

Sowohl das Thema »Schwach sein – stark sein« als auch die Petrusgeschichte eignen sich gut zum Verklanglichen mit (selbstgebauten) Instrumenten. Die Geschichte mit Klängen und Geräuschen (prasselndes Feuer, näherkommende Schritte, Herzklopfen . . .) nachzuempfinden ist eine mögliche Alternative oder Ergänzung zum Rollenspiel oder Spiellied (zum Verklanglichen siehe den Beitrag auf S. 164).

### *Literatur*

Wolfgang Longardt, »Spielbuch Religion«, Verlag Ernst Kaufmann
Gerhard Vicktor, »100 Tips – Bausteine für einen kreativen Kindergottesdienst«, Verlag Ernst Kaufmann
Rolf Krenzer (Hrsg.), »Ich wünsch' dir einen guten Tag«, Lahn-Verlag

# Vertrauen, weil das Leben ein Geschenk ist

Text: Psalm 23

ROTRAUT UND THOMAS KNODEL

## Vorüberlegungen

Mit diesem Psalm kommen wir den Kindern ganz nahe. Vom Vertrauen ist die Rede. Vertrauen haben läßt Leben gelingen. Davon erzählt dieser Psalm. Obwohl es für die Kinder heute selten möglich ist, eine Schafherde und ihren Hirten zu erleben, sprechen die Bilder, die ein Hirte mit der Herde auslösen, tiefe Schichten in uns an.

Nicht umsonst ist an vielen Stellen in der Bibel von dem Hirten und seinen Schafen die Rede. Die Bibel setzt Gott und den Hirten in einen Vergleich. Da wird dann ganz konkret deutlich, was mit dieser Beziehung von Gott zu den Menschen gemeint ist und wie wir es nachvollziehen können:

— Gott ist da.
— Gott sorgt für mich.
— Gott behütet mich.
— Gott kümmert sich um mich,
  auch wenn etwas schlimm und traurig ist.
— Gott will, daß ich lebe.
— Gott will, daß mein Leben gelingt.

Der Psalm 23 läßt verschiedene Ansätze zu. Wenn die Kinder größer sind, ist die Identifikation mit dem Hirten als einem, der verantwortungsvolle Aufgaben hat, interessant. Dann ist auch die Übertragung möglich. Wo bin ich Hirte (Mitarbeiter/in) für andere?

## Bilder, die den Kindern vertraut werden

Die nachfolgenden Ausführungen für die Kleinen haben den Blickwinkel mehr aus der Sicht des Schafes, das sich in der Herde geborgen fühlen darf. Es darf über den Hirten, der die Herde gut führt, staunen und ihn liebgewinnen.

Verschiedene Bilder kommen in unserem Psalm vor: Hirte, grüne Aue, frisches Wasser, finsteres Tal usw. Die Bilder stehen für Situationen, die jeder immer wieder in seinem Leben erfahren kann. Wie wir jedoch mit diesen Erfahrungen umgehen können und wie unser Leben trotz des »tiefen Tales« Geborgenheit erfährt, können wir in dieser Einheit mit den Kinder spielerisch nachspüren.

Nun kommen in dem Text auch Begriffe vor, die den Kindern nicht sehr geläufig sind. Hier sollten wir aufmerksam sein, daß wir mit den Kindern die »gleiche Sprache« sprechen.

Eine Übertragung an gegebener Stelle könnte sein: mangeln = fehlen, Aue = Wiese, erquicket mein Seele = Gott macht mich als ganzen Menschen fröhlich (oder = Gott macht mein Herz fröhlich).

Da sich im zweiten Teil des Psalmes (Verse 5 u. 6) Begriffe häufen, die für Kinder dieser Altersstufe schwer verständlich sind, beschränken wir uns auf die Verse 1–4 in den Ausführungen (Anmerkung: Als Lernstoff ist Psalm 23,1–4 im Bildungsplan für die Grundschule in Baden-Württemberg im Fach Ev. Religion für Klasse 1, also für die 6- bis 7jährigen Kinder vorgeschrieben, die Verse 5 u. 6 sind Lernstoff in den Klassen 5 und 6). Manche Kinder haben deshalb möglicherweise den Psalm schon gehört.

## Struktur der Einheiten

1. EINHEIT:
**Der Schäfer/Hirte und seine Arbeit**
— Erfahrungen und Erlebnisse der Kinder
— Gestalten: Schafherde und Hirte

2. EINHEIT:
**Der Text: Psalm 23, Verse 1–4**
— Kennenlernen des Psalmes
— Erarbeiten eines Bewegungsablaufs
— Freude und Leid anhand des Psalmtextes gegenüberstellen

3. EINHEIT:
**Was gut tut – was nicht gut tut**
— Spüren, tasten von »gut« und »nicht gut«
— Sandkastenlandschaft erstellen

4. EINHEIT:
**Zusammenfassung**
und Übertragung anhand einer Beispielgeschichte

5. EINHEIT:
**Wir feiern den Psalm**
mit Singen, Tanzen und Bewegen.

## Musikalische Elemente zu den 5 Einheiten

Die folgenden Lieder und Kanons zu Psalm 23 können nach Bedarf und Möglichkeiten in die einzelnen Einheiten eingebaut werden.

1. Kanon »Der Herr ist mein Hirte« (in: Neue Lieder II/Württ., Nr. 722)
Der Text hält sich eng an den Wortlaut des Psalms.

2. Lied »Der Herr ist mein Hirte, Halleluja« (in: Klaus Meyer zu Uptrup, »Tag mit Gott«, Verlag J. F. Steinkopf)
   Da der Text vom Psalmtext abweicht, kann das Kinder dieser Altersstufe irritieren, daher empfiehlt sich nur die erste Strophe; eine andere Möglichkeit wäre, daß die Mitarbeiter den Textteil singen, die Kinder mit Rhythmusinstrumenten begleiten und nur jeweils bei »Halleluja« kräftig einstimmen.
   Dieses Lied auf Band gesungen oder als MC-Vorlage gibt viele Möglichkeiten zum freien Bewegen und Tanzen.

3. Lied »Ein guter Hirte ist mein Gott« (in: »Singt und spielt mit 1«, Nr. 41, Verlag Ernst Kaufmann und Kösel-Verlag)
   Auch hier ist der Text recht umfangreich und muß u. U. vorgesungen werden. Bei der Wiederholungszeile am Schluß können die Kinder einsetzen. Es eignen sich Rhythmusinstrumente oder auch Kieselsteine, um den Rhythmus zu verstärken.

4. Kanon »Der Herr ist mein Hirte« mit Glockenspiel und Xylophonbegleitung (in: »Singt mit«, Nr. 42)

5. Lied »Halte zu mir, guter Gott«, (siehe S. 85 sowie in »Mal Gottes Regenbogen«, Nr. 47, mit einer anderen Melodie)

6. Lied »Gott hat die ganze Welt« (in: »Fahrtenliederbuch«, S. 147, Schriftenniederlage des Evang. Jugendwerks in Württemberg)
   Das Lied kann auf Psalm 23 angewandt werden, z. B. »Gott hat die großen Mutterschafe/die winzig kleinen Lämmer/die alten und die jungen lieb«.

7. »Wer behütet mich« (in: »Sagt Gott, wie wunderbar«, Nr. 72)

8. Auf die Melodie »Alle meine Entchen« lassen sich leicht kleine Verse dichten wie die folgenden:

   Alle meine Schäfchen |: fressen gerne Gras, :|
   denn der gute Hirte hat für alle was.

   Der Herr ist mein Hirte |: hier und überall :|
   führt mich auf die Weide und auch in den Stall.

   Jesus ist mein Hirte |: er versorgt mich gut :|
   wo ich geh, da bin ich stets in seiner Hut.            *(Text: Knodel)*

   Natürlich kann man auch die Kinder selbst weitere Texte erfinden lassen.

1. EINHEIT
# Hirte und Herde und deren Bedeutung in der Welt der Kinder

Als Einführung in das Thema Hirte-Herde-Schafe sollte zunächst an die Erlebnis- und Erfahrungswelt der Kinder angeknüpft werden. Nur in wenigen Orten kann man noch einem Schäfer bei der Arbeit zusehen. Doch ist das Bild einer Schafherde nahezu allen Kindern vertraut und spricht sie an. Ein Bild aus einem Bilderbuch oder ein Dia, das den Kindern kommentarlos gezeigt wird, läßt sie ihre Erfahrungen und Gefühle erzählen (vgl. R. Schindler: »Das verlorene Schaf«, Verlag Ernst Kaufmann, oder verschiedene Weihnachtsbücher).

Die Kinder werden sicher über angenehme Eindrücke berichten. Ein Gesprächspunkt könnten dabei auch speziell die kleinen Lämmer sein, die sehr fürsorglich in die ganze Herde eingefügt werden. Hier finden sich die Kleinen unbewußt wieder. Ganz bestimmt werden auch bereits die Hilfsmittel des Schäfers angesprochen, wobei der Leiter oder die Leiterin schon Elemente des Psalms verstärken kann (Stab, Stecken, Gras, gutes Futter).

Sicher kommt auch schon die Aufgabe, der Beruf des Hirten in das Blickfeld. »Ihr wißt sicher, was so ein Hirte alles zu tun hat. Ein Schäfer hat vielerlei Arbeit.« Hier kann der/die Mitarbeiter/in informieren (vgl. dazu »Der Jugendfreund« Nr. 16/14. April 1991 und die entsprechenden Seiten im Mitarbeiterheft »Ev. Kinderkirche«, 1/1991).

Nach dieser Gesprächsphase werden die verschiedenen Informationen und Erlebnisse vertieft und festgehalten. Hierzu gibt es verschiedene Möglichkeiten:

— Die Kinder malen eine Schafherde mit allem, was dazugehört (Buntstifte oder Wachsmalfarben oder Fingerfarben). Durch die Einzelbilder können die Kinder individuelle Erfahrungen wiedergeben.
— Jedes Kind malt ein Schaf, schneidet es aus und klebt es auf eine »große grüne Wiese« (Tonpapier). So erfährt sich das Kind als ein Teil einer großen Gemeinschaft; einige Kinder (die größeren) gestalten den Hirten und den Hund.
— Das Schaf kann auch als Schablone vorliegen, ausgeschnitten und mit Rohwolle beklebt werden, was ein plastisches Herdenbild gibt.
— Die Kinder gestalten ein Szene am Fenster (geknülltes weißes Seidenpapier als Schafe, grünes Seidenpapier als Gras). Dies wird mit Tapetenkleister an das Fenster des jeweiligen Raumes geklebt. (Nicht vergessen, daß auch schwarze Schafe ihren Platz in der Herde haben!) Diese Technik eignet sich auch zum Gestalten auf einem großen Bogen Papier.
— Aus dem Handabdruck jedes einzelnen Kindes entsteht ein Schaf, das unverwechselbar vom jeweiligen Kind geprägt ist; durch Wolle/Watte, Rohwolle entsteht ein Schaf mit vier Beinen, das ausgeschnitten oder schon gleich direkt auf das Plakat gedruckt wird.

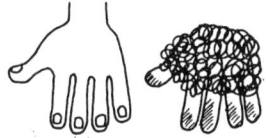

Sicher gibt es noch viele gestalterische Möglichkeiten, die Aufgabe eines Schäfers/Hirten und das, was dieses Bild für die Kinder an Inhalt und Botschaft mitbringt, festzuhalten. Am Ende dieser Einheit sollten die Kinder eine Vorstellung von der Arbeit eines Hirten haben.

## 2. EINHEIT

### Einführung des Textes (Verse 1– 4)

Als Einstiegsbetrachtung eignet sich das bei der ersten Einheit entstandene Plakat. Durch einen kurzen Rückgriff wird der Hirte wieder in den Blickpunkt der Kinder gerückt. Mitarbeiter/in:»Ihr habt letztes Mal von Schafen und vom Hirten erzählt, heute lernen wir dazu ein Gebet.«

Als visuelle Hilfe zum Erlernen des Psalmes eignen sich vorbereitete Symbole, die das Vorsprechen unterstützen und beim Nachsprechen die Reihenfolge festlegen können: Hirte – grüne Wiese – frisches Wasser – Herz (als Zeichen für Seele) – Straße – enges Tal – Stecken usw. Durch Vor- und Nachsprechen wird der Wortlaut des Psalms geübt. Möglichkeiten zum Memorieren sind auch das Gehen, das Bewegen zum Psalm, wobei die Kinder selbst Bewegungen zum Sprechrhythmus erarbeiten können, Beispiel:

Vers 1: Gehen in Kreisrichtung.

Vers 2: auf allen vieren krabbeln und dann Wasser trinken aus der Hand.

Vers 3: aufstehen und Kraft schöpfen mit den Armen aus dem Himmel (Arme geöffnet nach oben), dann zu zweit gehen (»er führet mich auf rechter Straße«).

Vers 4: wandern/sich fürchten; dann zum Kreis fassen und gemeinsam gehen als Zeichen des Festhaltens.

Dabei kann der/die Mitarbeiter/in mehrmals den Text sprechen, die Kinder bewegen sich frei und erarbeiten dann daraus eine gemeinsame »Sache«. Leise ruhige Musik (evtl. schon eine Melodie, die später erlernt werden soll), kann die Konzentration stärken und den Bewegungsdrang etwas dämpfen.

Nun soll der Psalm in zwei Lebensbezüge aufgeteilt werden. Die Kinder erhalten Farbstifte, die sie nach fröhlichen und traurigen Farben ordnen sollen (jedes Kind trifft eine eigene Wahl). Die fröhlichen Farben sollen nun den Psalmteilen (Bildern) zugeordnet werden, ebenso die traurigen. Die Kinder malen mit ihren Farbstiften fröhliche und traurige kleine Flächen (z. B. fröhlich für »frisches Wasser«; traurig für »finsteres Tal«).

*Gespräch:* »Sicher habt ihr auch schon einmal erlebt, daß alles so fröhlich war wie die hellen bunten Farben auf der einen Seite eures Blattes und so traurig wie die traurigen Farben auf der anderen Blatthälfte!« Im Gespräch nennen die Kinder einige Erlebnisse, wobei sie bereits das Ganze des Lebens wiedergeben: Das Leben hat Trauriges und Fröhliches.

Auch eine Spielmöglichkeit ergibt sich. Die Kinder »weiden« als Schafe, der/die Mitarbeiter/in schildert fröhliche und traurige Situationen, und die »Schafe« bewegen sich entsprechend pantomimisch im

Raum (z. B. ein kleines Schaf hat seine Mutter verloren und wiedergefunden; ein Schaf findet saftiges Gras; ein Schaf bleibt im Gestrüpp hängen usw.). Zum Schluß kommen alle zum »Hirten« und sind froh, daß dieser gut aufpaßte.

Die Einheit wird abgeschlossen mit der Wiederholung des Psalms, dazu die Bewegungen und ein einfaches Lied.

## 3. EINHEIT
### »Gut« und »nicht gut« mit allen Sinnen erfassen

In der 3. Einheit sollen die Bilder aus den Psalmversen vertieft werden, so daß mit allen Sinnen erfahren werden kann, was gut tut und was weh tut. Es soll erlebt werden, wie der Hirte seine Schafe leiten und führen will, daß sie einen guten Weg gehen.

*Naturerfahrung:*

Als Anfangselement wäre die erarbeitete Darstellung des Psalms möglich (pantomimisch, sprechen oder nach den Elementen des Psalms sich bewegen). Je nach Jahreszeit sollen nun die verschiedenen Bilder des Psalms unterschiedlich erarbeitet werden. Wir denken, daß eine Grunderfahrung im Sommer das Gehen mit bloßen Füßen auf feuchter Wiese sein könnte; dazu als Gegensatz das Bewegen mit nackten Füßen auf Asphalt/Schotter oder ausgetrocknetem Grasboden.

Sollte dies möglich sein, könnte als Vorgabe des/der Mitarbeiter/in stehen: »Wir wollen spüren, wie es den Schafen geht, wenn sie mit ihrem Schäfer durch das Land wandern. Am besten, ihr schließt die Augen und ich führe euch. Paßt genau auf, daß ihr nachher sagen könnt, was eure Füße gespürt bzw. »gesehen« haben. Der/die Mitarbeiter/in führt nun die Kinder in einer langen Schlange durch die verschiedenen »Gegenden«. Denkbar wäre dazu auch eine begleitende Melodie. Ist die Wanderung der Schafherde zu Ende, setzen wir uns im Kreis und erzählen, was unsere Füße »gesehen« bzw. gespürt und bemerkt habe. In jedem Fall sollten auf diesem Weg auch Gestrüpp, Zweige und Steine liegen (Stacheln sind natürlich zu gefährlich).

Nach der Besprechung und dem Austausch, wie die Kinder sich als Schafe gefühlt haben, gehen wir den Weg mit *offenen* Augen, mit und ohne Schäfer noch einmal bzw. mehrmals. Die Kinder sollen hier erleben, welchen Gefahren auch Schafe ausgesetzt sind. Sie werden diese Erfahrungen – wenn auch unbewußt – den traurigen und fröhlichen Zeilen des Psalms zuordnen können. Auf diese Weise vertieft sich bei den Kindern der Gedanke der guten und der schlechten Führung durch den Hirten (Jesus soll ihnen als vertrauenswürdiger Hirte bekannt gemacht werden). Anschließend könnten diese Erfahrungen in einem Sandkastenmodell, das wir später noch ausführen, vertieft und festgehalten werden.

*Im Raum entdecken:*

Sicherlich ist nur in wenigen Gemeinden eine solche naturnahe Arbeit möglich, daher bringt ein zweiter Vorschlag die Natur sozusagen in den Gemeinderaum: In einer großen Kiste sind verschiedene Dinge verborgen, die man durch eine Öffnung mit den Händen tasten kann. Bei mehreren Kindern können es auch verschiedene Schuhschachteln sein. Die Kinder gehen wortlos von Schachtel zu Schachtel, tasten, und spüren und gehen dann weiter. So kann man z. B. feuchtes Gras, ausgetrocknetes Gras, Gestrüpp, Steine, frisches Wasser, sandiges Wasser, Schotter, feuchte Erde, trockene Erde tasten und kann sich so gut vorstellen, was einem Schaf alles begegnet. Denkbar wäre auch, mit verbundene Augen diese Materialien (z. B. auf einer Plastikdecke ausgebreitet) mit bloßen Füßen zu spüren. Doch haben die Kinder in dieser Altersgruppe zuweilen Ängste, die man dann auch nur freiwillig als »finsteres Tal« erleben lassen sollte. Der/die Mitarbeiter/in kann die Kinder durch die Tastlabyrinthe oder die Spuren auf dem Boden führen als gute/r oder schlechte/r Hirt/in.

Nach einem Gespräch über diese grundlegenden Sinneserfahrungen gestalten wir in einer großen Kiste die Landschaft des Psalms 23 nach (zur Herstellung siehe Seite 181). Die erfahrenen Materialien werden in das Sandkastenmodell eingefügt sowie Felsen, Quelle, Bäche, Straßen, gutes und trockenes Weideland eingebracht. Die Kinder erleben dabei sehr deutlich, wo es den Schafen gutgeht und wo nicht. Schließlich werden noch Hirte und Herde eingesetzt (z. B. Holzspieltiere oder vorhandenes Plastikmaterial oder aus Karton ausgeschnittene und mit Wolle beklebte Schafe oder weiße Kieselsteine, auf die die Namen der Kinder geschrieben werden). Dieses Sandkastenmodell sollte den Kindern auch über diese Einheit hinaus zum freien Spiel zur Verfügung stehen.

Mit einem Bewegungslied (siehe musikalischer Teil) wird diese Einheit abgeschlossen.

## 4. EINHEIT

### Dieses Gebet kann mich begleiten (Zusammenfassung)

Nach dieser ausführlichen Erarbeitung des 23. Psalms soll am Ende der Einheiten der ganze Psalm als Gebets- und Glaubenshilfe stehen.

Die Kinder haben bereits erfahren, daß sie als »Schafe« einer Herde gesehen werden. Um noch einmal die Bedeutung des Psalms für das einzelne Kind als Trost, als Gebet und als vertraute Zusage erlebbar zu machen, empfehlen wir eine Erzählung, die entweder vorgelesen oder anhand von Bildern erzählt wird. Es gibt eine große Anzahl Erzählungen, die auf den 23. Psalm übertragen werden können. So könnte das Gleichnis vom verlorenen Schaf (Lk 15,3–7) erzählt werden (siehe Entwurf Seite 99 ff.).

Auch aus der direkten Welt des Hirten stammt die Geschichte von Hermann Koch »Mein Hirte«, abgedruckt in »Der Jugendfreund«, Nr. 16/1991. Hier wird der Psalm als Gebet erlebt. Diese Geschichte sollte den Kindern frei erzählt werden. Da die Geschichte große Betroffenheit auslöst, sollte der/die Erzähler/in schon beim Sprechen entsprechend behutsam einführen oder in der Ausschmückung eingrenzen. Ein Gespräch, das die »dunklen Seiten« des Lebens aufgreift, und das Malen der Geschichte schließt die Einheit ab.

Einige hilfreiche Geschichten finden sich in dem Vorlesebuch »Erzähl mir vom Glauben«, z. B. Nr. 41 (Verlag Ernst Kaufmann/Gütersloher Verlagshaus). Hier könnte mit den Kindern über das Beten nachgedacht werden.

Der Gedanke, »Menschen können zu mir sein wie der gute Hirte zu seinen Schafen«, kann hier vertieft werden. Die Kinder erzählen dabei Erlebnisse, wie sie andere (Mutter, Vater, Großeltern, Freunde) erlebt haben. Diese Szenen lassen sich auch nachspielen. (Weitere Hinweise auf Hirtengeschichten, z. B. aus Weihnachtsbüchern, siehe am Schluß des Artikels.)

## 5. EINHEIT
### Wir feiern den Psalm mit Singen, Tanzen und Bewegen

*Den Raum schmücken:*

Damit die Gruppe der Kleineren nicht losgelöst von den anderen Gruppen innerhalb der Kinderkirche zu sehen ist, kann am Schluß dieser Einheiten die *ganze* »Kinderkirchherde« (gebastelte Schafe) an einem Gymnastikreifen aufgehängt werden – so wie in der Herde große Schafe und Lämmer zusammen sind. Als »Hirtenfigur« könnten Bilder der Mitarbeiter/innen mit eingehängt werden. In der Mitte des Rings wird Jesus als der gute Hirte eingebracht, wobei dies durch ein Symbol (z. B. Kreuz/Licht) dargestellt werden könnte.

*Sprechen:*

Der Psalm läßt sich mit der ganzen Gruppe sprechen, wobei die Größeren den Psalm frei sprechen und die Kleineren die erarbeiteten Bewegungsabläufe jeweils dazwischen einbringen.

Als »Mitnehmsel« für zu Hause bekommt jedes Kind ein ausgeschnittenes Schaf (aus Karton oder festem Papier), auf das die Mitarbeiter/innen Verse des Psalms schreiben. Die Kinder werden diese Worte zu Hause immer wieder vorlesen und beten.

*Singen:*

Eine Liedauswahl der bereits bekannten Lieder treffen (siehe Vorschläge »Musikalische Elemente«, Seite 91 f.).

*Tanzen:*
Entweder nach einer Musik (Kassette, Schallplatte) eine Tanzform erarbeiten oder das kleine Liedchen »Alle meine Schäfchen« ausgestalten (Text/Verse und Melodie siehe Seite 92):

| | |
|---|---|
| Alle meine Schäf-chen<br>1  2  3  4 | *Auf der Kreislinie im Takt gehen*<br>*(4 Schritte)* |
| fressen gerne Gras, | *5 × klatschen (pro Silbe einmal)*<br>*im Stehen* |
| fressen gerne Gras, | *Drehung mit Blick zur Kreismitte*<br>*5 × klatschen* |
| denn der gute Hirte<br>1  2  3  (4) | *Hände fassen, zur Kreismitte gehen*<br>*(3 Schritte und 1 Anstellschritt)* |
| hat für alle was.<br>1  2  3  (4) | *aus der Kreismitte rückwärts*<br>*(3 Schritte und 1 Anstellschritt)* |

### *Den Psalm in Bewegungen gestalten:*

| | |
|---|---|
| 1. Der Herr ist mein Hirte,<br>mir wird nicht mangeln. | *Im Kreis gehen.* |
| 2. Er weidet mich auf einer grünen<br>Aue und führet mich zum frischen<br>Wasser. | *Auf allen vieren krabbeln,*<br>*sich im Kreis lagern,*<br>*aus der Hand schlürfen.* |
| 3. Er erquicket meine Seele.<br>Er führet mich auf rechter Straße<br>um seines Namens willen. | *Sich aufrichten, Arme strecken,*<br>*Hand in Hand weitergehen.* |
| 4. Und ob ich schon wanderte<br>im finstern Tal,<br>fürchte ich kein Unglück;<br>denn du bist bei mir,<br>dein Stecken und Stab<br>trösten mich. | *Geduckt gehen = sich fürchten,*<br>*sich am Nachbarn festhalten,*<br>*nahe beieinanderstehen (im Kreis),*<br>*dem Nachbarn die Hand auf die*<br>*Schulter legen.* |

Zum Abschluß Liedvers oder Kanon singen, dann erst den Kreis auflösen.
Weitere Ideen zu festlicher Gestaltung finden sich im Entwurf »Verloren – gefunden«, siehe Seite 99 ff.

### *Literatur*

»Erzähl mir vom Glauben – Katechismus für Kinder«, Verlag Ernst Kaufmann/Gütersloher Verlagshaus
Karl Foitzik, Friedrich Johannsen, Ilse Jüntschke, »Vorlesebuch – Erzähl mir vom Glauben«, Verlag Ernst Kaufmann/Gütersloher Verlagshaus
Hermann Koch, »Eine seltsame Schneegeschichte«, in: »Der Jugendfreund«, Nr. 16/14. April 1991
*Bilderbücher:*
Regine Schindler, »Das verlorene Schaf«, aus der Reihe: »Religion für kleine Leute«, Verlag Ernst Kaufmann
Max Bolliger/Stepan Zavrel, »Das Hirtenlied«, bohem press
Gerda Marie Scheidl, Marcus Pfister, »Die vier Lichter des Hirten Simon«, Nord-Süd Verlag

# Verloren – gefunden
*Von der Freude übers Wiederfinden*

Text: Das wiedergefundene Schaf (Lukas 15,3–7)

WALTRAUD HÖRSCH *in Zusammenarbeit mit Renate Brender*

## 1. Mögliche Erfahrungen der Kinder im Blick auf dieses Thema

Das Erlebnis, etwas zu verlieren, was mir liebgeworden ist, stellt eine ganz elementare menschliche Erfahrung dar. Man könnte es sogar als eine Art Urerfahrung bezeichnen, die bereits mit der Geburt beginnt. Durch die Geburt verliert das Kind den wohligen geborgenen Raum im Mutterleib und dadurch alle bisherigen Sicherheiten.

Vom ersten Lebenstag an ist es darauf angewiesen, daß es durch Zärtlichkeit und Nähe, durch Zugewandtheit und Gesättigtwerden, durch Gestik und Mimik, Liebe und Geborgenheit erfährt und damit das findet, was es zum Leben braucht. Dieses »Wiederfinden« der ursprünglichen Geborgenheit wird in unseren menschlichen Beziehungen immer nur bruchstückhaft bleiben können.

Zu dieser Erfahrung gesellen sich im Laufe der Kindheit andere Erlebnisse, an denen das Kind spürt, wie traurig und schmerzvoll es ist, Liebgewordenes zu verlieren. Andererseits erfährt es aber auch, wieviel Glück und Freude sich ausbreiten, wenn das Verlorene wiedergefunden wird:

| | |
|---|---|
| Im Gedränge des Kaufhauses sehe ich plötzlich die Mutter nicht mehr. Ich bin allein unter den vielen fremden Menschen. | Plötzlich steht Mutter wieder vor mir. Sie nimmt mich fest in den Arm. Alles ist gut! |
| Ein langer, schöner Tag geht zu Ende. Ich liege im Bett und möchte meinen Teddy in den Arm nehmen. Er ist verschwunden! Alle suchen ihn, doch er ist nirgends zu finden. Ich weine und kann lange nicht einschlafen. | Der Teddy ist da! Als ich am Morgen aufwache, sitzt er auf meiner Bettdecke. Vater hat ihn im Garten gefunden. Er lag hinter dem Beerenstrauch. |
| Ich habe mich mit Uwe gestritten. Zwei Tage ist er nicht mehr zum Spielen gekommen. Ich bin traurig und langweile mich. | Wir haben uns wieder versöhnt. Heute mittag treffen wir uns zum Schwimmen. |
| Ich war sehr ungehorsam. Jetzt fühle ich mich schlecht und verstecke mich in meinem Zimmer. | Mutter sucht mich und spricht mit mir. Ich entschuldige mich. Der Kloß in meinem Hals ist weg. |

## 2. Welche »Botschaft« macht den biblischen Text erfahrbar?

Eine einfache, aber wichtige Tatsache im Umgang mit Verlorenem ist die, daß ich nur das suche, was mir wichtig und lieb ist. Diese »Erkenntnis« ist der Schlüssel zu der zentralen Botschaft des Gleichnisses vom verlorenen Schaf. Das Wesentliche an dieser Geschichte ist nicht das Verlieren und Finden, sondern die große Liebe und Freude des Hirten. Das eine verlorene Schaf ist ihm so wichtig und lieb, daß er alles dafür einsetzt, es wiederzufinden.

Jesus kommentiert in diesem Gleichnis das, was er lebt. Sein Bild, das er vom Hirten aufzeichnet, drückt zutiefst aus, was Vertrauen und Geborgenheit meint. Es ist das totale Angenommensein ohne Vorbehalte.

Dieses Bild spricht Kinder ganz unmittelbar an und wird von ihnen intuitiv aufgenommen. Sie erfahren dadurch:

*So ist Gott. Jeder ist ihm wichtig. Jeden hat er lieb. Er kümmert sich auch um mich und sorgt für mich. Auch in unheimlichen und ausweglosen Situationen läßt er mich nicht allein. Ich kann ihm vertrauen.*

Diese Botschaft von der grenzenlosen Liebe Gottes, die jedem gilt, ist Antwort auf die Verlusterfahrungen des Lebens. Sie ist Begleitung, Tröstung und Ermutigung in umfassendem Sinn.

## 3. Arbeitsplan
*Vorschlag für eine Erarbeitung des Themas in sechs Schritten*

1. EINHEIT
— Einstimmung auf das Thema mit der Fingerpuppe »Tim«
— Gespräch über die eigenen Erfahrungen der Kinder

2. EINHEIT
— Biblische Erzählung »Das wiedergefundene Schaf« nach Lukas 15,3–7 mit Natur-Holz-Bauklötzen

3. EINHEIT
— Einführung des Liedes »Ein Mann hat 100 Schafe«, ein Lied zum Singen und Spielen

4. EINHEIT
— Bilderbuchbetrachtung »Das verlorene Schaf«
— Suchspiel mit dem Wollschaf

5. EINHEIT
— Basteln einer Schafmarionette
— Schafmarionetten-Tanz

6. EINHEIT
— »Freut euch mit mir«
Wir feiern ein Freudenfest

## Liturgische Elemente zum Thema

*Poster:* »Der gute Hirte«, Lahrer Drucke Nr. 10, Verlag Ernst Kaufmann. Zur Einstimmung und Begleitung durch die Einheiten aufhängen.

*Lieder:* »Der Gottesdienst soll fröhlich sein« (LfJ 688a)
»Der Herr ist mein Hirte, halleluja« (LfJ 626a)
»Ein Mann hat hundert Schafe« (siehe Seite 104)
»Ich hab von einem Mann gehört« (9 × 11 Kinderlieder, Nr. 36)
»Führt der Hirt die Schafe aus« (9 × 11 Kinderlieder, Nr. 38)
»Führe mich, o Herr, und leite« (LfJ 345, Vers 5)

*Gebet:* »Wie der Hirte sucht sein Tier« (aus: R. Schindler, »Das verlorene Schaf«, Verlag Ernst Kaufmann)

*Psalmen:* Psalm 23,1–4
»Bei dir, Herr, bin ich zuhause« (aus: »Fröhlich Herz«, S. 73)
Psalmgebet aus unseren Tagen (aus: »Fröhlich Herz«, S. 76) mit Zwischenruf »Getragen, getragen« (aus: »Liederbuch z. Umhängen«, S. 27)

## Liturgievorschlag

— Begrüßung
— Lied »Der Gottesdienst soll fröhlich sein« (V. 1. 2. 5)
— Kerze entzünden, dazu Psalm 23,1–4 sprechen
— Lied »Der Herr ist mein Hirte« (V. 1–4)
(Das »Halleluja« wird von den Kindern mit Rhythmusinstrumenten unterstrichen)
— Thematische Einheiten
— Gebet »Wie der Hirte sucht sein Tier«
— Liedruf »Getragen, getragen« mit Psalmgebet
— Segenskreis:
Lied: »Der Herr segne dich« (LfJ 690a, V. 1)

## 1. EINHEIT
# Einstimmung auf das Thema mit der Fingerpuppe »Tim«
Gespräch über eigene Erfahrungen

*Didaktisch-methodische Hinweise*

Tim erzählt den Kindern sein Erlebnis vom Verlieren und Wiederfinden. Als inhaltliche Anregung könnten die Beispiele unter »Mögliche Erfahrungen der Kinder« dienen oder die Geschichte »Jan ist weg« aus dem Vorlesebuch »Erzähl mir vom Glauben« (Verlag Ernst Kaufmann, S. 106). Im anschließenden Gespräch holt Tim die Kinder bei ihren eigenen Erfahrungen ab. *(Zur Herstellung der Fingerpuppe siehe Seite 33)*

## 2. EINHEIT
# Biblische Erzählung »Das wiedergefundene Schaf«
## (nach Lukas 15,3–7)
Spielerisches Erzählen mit Natur-Holz-Bauklötzen

## Ori – oder »Das wiedergefundene Schaf«
*(Didaktisch-methodische Hinweise siehe dazu den Beitrag »Ich bin ich«, Seite 30ff.)*

| Erzählung: | Darstellung: |
|---|---|

Jesus erzählt eine Geschichte.
Er erzählt von einem Mann.
Dieser Mann ist Schäfer.
Früher nannte man die Schäfer »Hirten«.
Dieser Hirte heißt Jonathan.

*Hirte zeigen*

Jonathan hat 100 Schafe.
Er kennt sie alle gut. Jedem Schaf hat
Jonathan einen Namen gegeben. Wenn er
sie ruft, hören sie auf ihn. Die Schafe
kennen die Stimme von Jonathan.

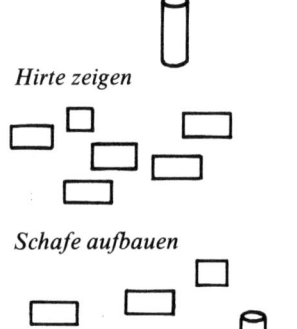

*Schafe aufbauen*

Tagsüber ist Jonathan mit seinen Schafen
unterwegs. Wenn er einen guten Futterplatz
sieht, läßt er seine Schafe darauf weiden.
Jonathan paßt gut auf seine Schafe auf.

*Hirte wandert mit Schafen*

Am Abend geht er mit seiner Herde zum
Pferch. Hier können die Schafe ausruhen.
Wenn alle Tiere im Pferch sind, zählt
Jonathan sie: 1, 2, 3 . . .100«.
Alle Schafe sind da. Jonathan ist froh. Er
zündet ein Feuer an. An dem Feuer kann er
sich in der Nacht wärmen. Es ist aber auch
ein Schutz gegen wilde Tiere, die sich
manchmal an die Herde heranschleichen,
um ein Schaf zu holen.
Jonathan legt sich neben das Feuer.
Seinen Stock und seine Steinschleuder hält
er fest in der Hand.
Wenn es nötig ist, wird er damit die
gefährlichen Tiere verjagen.
Am nächsten Morgen machen sich alle
wieder auf den Weg. Ein anstrengender Tag
liegt vor ihnen. Jonathan wandert mit seiner
Herde auf die Berge. Dort wachsen saftige
Kräuter, die die Schafe gerne fressen.

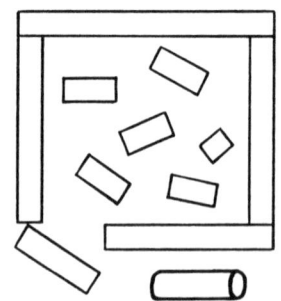

*Pferch aufbauen*
*Schafe gehen hinein*
*Hirte legt sich hin*

*Hirte wandert mit*
*den Schafen*

Müde kommen sie zurück. Jonathan läßt
seine Tiere in den Pferch trotten.
Er reibt sich die Augen und beginnt zu

zählen: »1, 2, 3 . . . 99«. Jonathan erschrickt.
Er zählt noch einmal: »1, 2, 3 . . ., aber
wieder sind es nur 99 Schafe. Ein Schaf
fehlt. Es ist das kleine Schaf mit den grauen
Beinchen. »Ori« hat Jonathan es genannt.
»Ori, Ori!« ruft Jonathan laut. Aber Ori
bleibt verschwunden.
»Ich muß sofort gehen und Ori suchen,
bevor es dunkel wird«, denkt Jonathan.

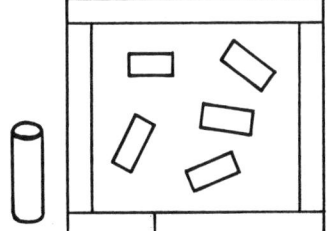 

*Schafe gehen in den Pferch*
*Kleines Schaf wird in der Hand*
*des Erzählers versteckt*

Jonathan macht ein Feuer, damit kein
wildes Tier kommt. Dann eilt er so schnell er
kann den Weg zurück. Er steigt über steile
Felsen, über Gestrüpp und Dornen. Der
Weg ist weit.
Immer wieder ruft er laut den Namen seines
Schafes: »Ori, Ori!«

*Hirte sucht Schaf*

Endlich entdeckt Jonathan das Schaf in
einem dichten, dornigen Busch. Es stram-
pelt und windet sich, aber es kommt alleine
nicht los. Jonathan biegt die Äste und
Dornen auseinander und befreit sein Schaf.
Er nimmt es auf den Arm und streichelt es.
Er freut sich sehr, daß er es wiedergefunden
hat. Den ganzen Weg zurück trägt er es auf
seinen Schultern.
Spät am Abend kommen sie zum Pferch.
Ori schläft. Vorsichtig legt Jonathan Ori zu
den anderen Schafen.
Er selbst setzt sich ans Feuer und ist froh.

*Hirte findet sein Schaf, trägt es*
*zurück*

»Morgen gehe ich mit meinen Schafen ins
Dorf«, denkt Jonathan.
»Ich werde alle meine Freunde zu mir rufen
und ihnen von meiner Freude erzählen. Wir
werden ein Fest zusammen feiern!
Alle sollen sich mit mir freuen, weil ich mein
Schaf, das verloren war, wieder-
gefunden habe.«

*Hirte legt Schaf in den Pferch*

Jesus erzählt diese Geschichte. Sie steht in
der Bibel. Jesus wollte den Menschen
etwas Wichtiges sagen:
So wie sich der Hirte über das wiedergefundene Schaf freut, so freut sich Gott
über jeden, der wieder bei ihm ist.

### 3. EINHEIT
## Spiellied »Ein Mann hat hundert Schafe«

*Didaktisch-methodische Hinweise*

Dieses Lied eignet sich besonders gut als Spiellied. Die Melodie ist einfach, und der Inhalt der Verse läßt sich von den Kindern im Rollenspiel darstellen. So prägt sich der Text im spielerischen Wiederholen gut ein.

| **Liedtext:** | **Rollenspiel:** |
|---|---|
| Ein Mann hat hundert Schafe. | *Hirte (Helfer) wandert mit den* |
| Hört zu, was ihm passiert: | *Schafen (ein Teil der Kinder) umher,* |
| Ein Schaf hat sich verlaufen, | *ein Schaf versteckt sich im Raum* |
| ein Schaf hat sich verirrt. | |
| | |
| Er sucht es auf den Bergen. | *Hirte läßt die Schafe zurück und* |
| Er sucht es überall. | *sucht das eine Schaf,* |
| Als er es endlich findet, | *er findet es und trägt es zu* |
| trägt er's zurück zum Stall. | *den andern Schafen* |
| | |
| Dann ruft er seine Freunde: | *Hirte winkt den Freunden,* |
| Kommt, freut euch doch mit mir! | *(anderer Teil der Kinder)* |
| Ich hab mein Schaf gefunden! | *alle hüpfen klatschend* |
| Mein Schaf ist wieder hier! | *um die Schafe* |

**Ein Mann hat hundert Schafe**

Text: Rolf Krenzer, Gertrud Lorenz; Melodie: Gertrud Lorenz
Aus: R. Krenzer, »Regenbogen bunt und schön«
Verlag Ernst Kaufmann, Lahr, und Kösel-Verlag, München

## 4. EINHEIT
## Bilderbuchbetrachtung »Das verlorene Schaf«

(von Regine Schindler, aus der Reihe »Religion für kleine Leute«, Verlag Ernst Kaufmann, Lahr)

*Methodischer Hinweis*

Beim gemeinsamen Betrachten und Erzählen ist es sinnvoll, die Geschichte von der 2. Einheit zugrunde zu legen.

● *Suchspiel mit dem Wollschaf*
Ein Kind versteckt bei sich oder im Raum ein gestricktes Wollschaf. Der »Hirte«, der vor der Tür wartet, kommt und sucht es.

## 5. EINHEIT
## Basteln einer Schafmarionette und Tanz
*(Methodischer Hinweis siehe Seite 104)*

**Tanz mit der Schafmarionette zu dem Lied »Ein Mann hat 100 Schafe«**

| Lied: | Methodische Hinweise: |
|---|---|
| Ein Mann hat 100 Schafe. Hört zu, was ihm passiert: | *Kinder gehen in Kreisrichtung hintereinander nach rechts, Schafe laufen innen mit, (rechte Hand führt sie)* |
| Ein Schaf hat sich verlaufen, ein Schaf hat sich verirrt. | *Kinder bleiben stehen, Schafe laufen vor dem Kind nach außen (Schaf wechselt von der rechten zu linken Hand)* |
| Er sucht es auf den Bergen. Er sucht es überall. | *Kinder führen die rechte Hand über die Augen und schauen suchend umher* |
| Als er es endlich findet, | *Kinder »finden« ihr Schaf und heben es behutsam hoch (Schaf »sitzt« in der rechten Hand)* |
| trägt er's zurück zum Stall. | *Kinder drehen sich mit kleinen Schritten nach rechts (Blick zur Kreismitte) und lassen das Schaf wieder vorsichtig auf den Boden gleiten (linke Hand hält es)* |
| Dann ruft er seine Freunde: | *Rechte Hand winkt die »Freunde« herbei,* |
| Kommt, freut euch doch mit mir! | *rechte Hand klatscht auf den Oberschenkel* |
| Ich hab mein Schaf gefunden! Mein Schaf ist wieder hier! | *Kinder hüpfen mit dem Schaf um sich selber (nach rechts)* |

### 6. EINHEIT
### »Freut euch mit mir« – Wir feiern ein Freudenfest

*Methodische Hinweise*

Vorbereitung:
— Großen Zweig in eine Vase stellen, daran die Schafmarionetten auf-
   hängen.
— Saft im Krug bereitstellen, Kekse in ein Geschirrtuch knoten.
— Kinder bringen Stöcke fürs »Lagerfeuer« (Pantomime) und evtl.
   Spielschafe mit.
— »Lagerfeuer« in der Mitte des Zimmers aufbauen, ringsum Teelich-
   ter, Tonbecher und Blumen stellen.
— Der Helfer verkleidet sich als »Hirte«, die Kinder als »Freunde«.
   (Zum Verkleiden können alte Hüte und Tücher dienen.)

*Möglicher Ablauf:*

— »Freunde« warten vor der Tür, »Hirte« kommt und lädt sie ein, alle
   setzen sich ums Lagerfeuer.
— Kerzen entzünden, dazu Psalm 23,1–4 sprechen.
— Lied »Heut ist ein Tag, an dem ich singen (lachen, klatschen, flöten,
   stampfen, hüpfen, tanzen) kann« (in: »Mal Gottes Regenbogen«,
   Nr. 48)
— »Hirte« erzählt von seiner großen Freude über sein wiedergefunde-
   nes Schaf.
— Gebet »Wie der Hirte sucht sein Tier«.
— »Festessen«
   »Hirte« gießt Saft ein, packt sein Bündel mit den Keksen aus und
   reicht es seinen »Freunden«.
— Tanz mit der Schafmarionette »Ein Mann hat 100 Schafe«
— Segenskreis »Der Herr segne dich und behüte dich . . .«
   (Die Kinder nehmen ihre Schafmarionette mit nach Hause)

*Literatur:*

   Karl Foitzik, Friedrich Johannsen, Ilse Jüntschke, »Vorlesebuch – Erzähl mir vom Glauben«,
Verlag Ernst Kaufmann/Gütersloher Verlagshaus
   Bilderbuch: Regine Schindler, »Das verlorene Schaf«, aus der Reihe »Religion für kleine
Leute«, Verlag Ernst Kaufmann

# Traurig sein – getröstet werden
*Abschied – Alleinsein – Wiedersehen*

Text: Die Passionsgeschichte (Lk 22,14–20; 24,13–15 und Joh 20,19)

Martin Hinderer / Rose Saiger / Silke Waibel

## I. Zum Thema

»Traurig sein« liegt schon ganz früh im Erlebnishorizont eines Kindes. Kinder machen die Erfahrung, daß die behütete, heile Welt eben doch nicht so heil und behütet ist, als daß nichts von außen eindringen könnte. Sie machen die Erfahrung, daß der geliebte Hamster oder die Großmutter stirbt, daß ein Freund wegzieht oder gar die eigene Familie umzieht. Als Eltern kann man seine Kinder vor solchen Trennungen nicht bewahren. Sie sind Bestandteil des Lebens, auch schon eines jungen Menschen. Natürlich erkennt ein Kind noch nicht die Tragweite eines solchen Ereignisses. Aber im Erleben ist es doch ganz unmittelbar davon betroffen, und zwar in seiner ganzen Radikalität: Warum kommt die Großmutter nicht mehr? Wo ist sie? Warum sind wir weggezogen und konnten nicht einfach bleiben? Warum, warum?

Die Frage nach dem »Warum« ist immer auch Ausdruck der Trauer und kann nicht ausgespart werden. Kinder können sich sehr lange und intensiv mit einer Frage auseinandersetzen. Sie müssen die Tragweite erst noch auskundschaften. Dazu brauchen sie Zeit. Wir müssen ihnen die Zeit geben, um den »Abschied« bewußt zu machen, immer wieder, vielleicht in Form eines Rituals, das wir ihnen mit auf den Weg geben.

Aber was tröstet denn die Kinder? Wichtig ist, daß man die Fragen der Kinder ernst nimmt, ihnen zuhört, was sie »eigentlich« fragen wollen. Ihre »eigentliche« Frage will ja erst herausgehört werden, denn sie muß nicht identisch sein mit den Fragen von uns Erwachsenen. Kinder brauchen Zeit, um ihre eigenen (!) Antworten zu finden. Dazu können ihnen aber Geschichten verhelfen, in denen sie ihr Erlebnis spiegeln können; Geschichten, in denen die Tragweite eines Geschehens bewußt wird. Geschichten, die aufzeigen, wie es weiter-gehen kann, daß eine Sache nicht zu Ende ist.

Eine dieser Geschichten in der Bibel ist die Passionsgeschichte. Die Jünger erleben das Sterben Jesu, seinen Weggang als eine Tragödie. Sie sind traurig, fassungslos, als das Passamahl plötzlich zum Abschiedsmahl wird. Die Tragweite dieses Geschehens begreifen auch sie nicht. Jesus hinterläßt ihnen ein Zeichen in Brot und Wein. Aber die Deuteworte Jesu werden ihnen erst im nachhinein verständlich, als der Auferstandene wieder mit ihnen feiert (Emmausgeschichte). Da erinnern sie sich. Da erst können sie das Abendmahl richtig deuten. Da erst werden sie getröstet. Sie erkennen, daß sie gar nicht allein sind: in der Tischgemeinschaft, im Austeilen von Brot und Wein ist Jesus mitten unter ihnen. So begleitet er sie. Um einen Begleiter zu wissen, das könnte auch für die Kinder ein Trost sein!

## II. Zur Passionsgeschichte

Wie aber deutet man die Passionsgeschichte für Kinder, damit ihr eigenes Erleben in der Geschichte widergespiegelt wird? Kann man dazu die Passionsgeschichte erzählen? Im Vorbereitungskreis waren wir der Meinung, daß man es kann, allerdings nur mit Einschränkungen: Einschränkungen, die die Passionsgeschichte nicht verändern, aber dem Erlebnishorizont der Kinder entsprechen. Dies aber heißt für uns eine Passionsgeschichte ohne Kreuzigungsszene. Eine Passionsgeschichte, die den Tod Jesu nicht verschweigt, aber die Art des Todes. Denn der »Tod am Kreuz« bedarf einer Deutung, der aber für unser Thema der Trauer von den Kindern so nicht verstanden wird und ganz neue, andere Fragen aufwirft.

So sind wir auf eine »Trilogie« der Passionsgeschichte gekommen, die von der Erlebniswelt des Kindes ausgeht:

1. ABSCHIED (Abendmahl);
2. ALLEINSEIN (Jesus ist tot);
3. WIEDERSEHEN (Emmausgeschichte).

## III. Zur Gestaltung

Wir haben diese »Trilogie« auf vier Einheiten verteilt. Die Einstimmung ins Thema »Abschied – traurig sein« ist eine eigene Einheit ohne biblische Erzählung. Der »rote Faden« durch alle Entwürfe ist die Liturgie mit einem Gebet und Lied:

*Psalmgebet(e):* »Herr, deine Güte« (in: Fröhlich Herz, Nr. 49)
»Geborgen ist mein Leben« (Fröhlich Herz, Nr. 39)
»Aber du« (Fröhlich Herz, Nr. 40)

*Lieder:* »Herr, bleibe bei uns«, Kanon (Menschenskinderlieder, Nr. 15)
»Das wünsch ich sehr«, Kanon (Menschenskinderlieder, Nr. 5)
»Wenn wir jetzt weitergehen« (LfJ 690)
»Sind zwei, sind drei«, Tanzlied (Mal Gottes Regenbogen, Nr. 88)

*Bilder:* Bilder zur Abendmahlsgeschichte (Lk 22,14–20) sowie zum Alleinsein der Jünger/innen in Jerusalem (Joh 20,19) aus dem »Bibelbilderbuch«, Band 5, Seiten 42–50 und 72–73, Deutsche Bibelgesellschaft.

ÜBERBLICK:
**Traurig sein – getröstet werden** (Die Passionsgeschichte)
Lk 22, 14–20; 24, 13–35 und Joh 20, 19

| Abschied (Abend) | | Alleinsein (Nacht) | Wiedersehen (Tag) |
|---|---|---|---|
| Gefühl: erschrecken, schweigen<br>Ort: Tisch | | Gefühl: traurig<br>Ort: Haus | Gefühl: fröhlich, tanzen<br>Ort: Weg |
| *Einstieg:*<br>Dialog mit einer<br>Handpuppe,<br>Handlung:<br>Umzug – Abschied | *Einstieg:*<br>Abschied (Rück-<br>erinnerung) | *Einstieg:*<br>Stimmungsbild<br>(Alleinsein,<br>weinen, traurig) | *Einstieg:*<br>Aufbau einer Wegge-<br>schichte mit Tüchern<br>und Naturmaterial (von<br>Jerusalem nach Em-<br>maus) |
| *Gestaltung:*<br>Gestalten von<br>einfachen Puppen<br>für jedes Kind | *Erzählung:*<br>Abendmahl<br>(Lk 22, 14–20)<br>Bibelbilderbuch<br>(Kees de Kort) | *Erzählung:*<br>Alleinsein<br>(Jesus ist tot)<br>Joh. 20, 19<br>Bibelbilderbuch<br>(Kees de Kort) | *Erzählung:*<br>Wiedersehen<br>(Emmausgeschichte<br>Lk 24, 13–35) |
| *Vertiefung:*<br>Kinder spielen mit<br>eigenen Puppen<br>die Abschiedsszene | *Vertiefung:*<br>Fladenbrot und<br>Saft austeilen | *Vertiefung:*<br>Rhythmik mit Instru-<br>menten, sich einzeln da-<br>zu bewegen (dumpf,<br>langsam . . .) | *Vertiefung:*<br>Tanzlied:<br>Sind zwei, sind drei |
| *Liturgie:*<br>Lied: z. B.<br>Herr, bleibe bei uns<br>(siehe III)<br>Psalmgebet: (siehe III) | *Liturgie:*<br>Lied:<br>Herr, bleibe bei uns<br>Psalmgebet:<br>(siehe III) | *Liturgie:*<br>Lied:<br>Herr, bleibe bei uns<br>Psalmgebet: (siehe III) | *Liturgie:*<br>Lied:<br>Herr, bleibe bei uns<br>Psalmgebet: (siehe III) |

# VI. Zu den einzelnen Einheiten

### 1. EINHEIT
## »Abschied« (Dialog mit Handpuppen)

### Umzug – oder Abschiednehmen

*Detaillierte Anregungen zum Handpuppenspiel und zur Anfertigung von Fi-*
*guren siehe Buch »Puppenspiele«, Verlag Junge Gemeinde (Frühjahr 1993).*

SPIELVERLAUF:

Handpuppe Max begrüßt: »Hallo Kinder – guten Tag!«
*Die Kinder grüßen zurück und nennen Max mit Namen.*
Max: »Habt ihr auch einen Freund?« *(Kinder antworten)*
»Wie heißt sie/er?«
*(Kinder antworten)*

 Max: »Mein Freund heißt Florian. Mit dem kann ich spielen, Rollschuh fahren, Bilderbuch anschauen, streiten, raufen, reden, erzählen. Erzählt ihr mir mal, was ihr mit euren Freunden macht?«
*(Kinder erzählen)*
Max: »Ja, es ist prima, einen Freund zu haben, dann kann man viel gemeinsam machen.«
*(Kinder erzählen lassen)*
Max: »Ja, es ist prima. Mein Freund ist einfach für mich da. Tschüs – ich gehe jetzt Florian besuchen – ich freue mich schon den ganzen Morgen drauf.«
*(Nun verschwindet die Figur hinter dem Rücken der/des Mitarbeiters/in.)*

Mit den Kindern wird gesungen: »Wenn einer sagt, ich mag dich«
(in: Mal Gottes Regenbogen, Nr. 95 oder Menschenskinderlieder, Nr. 100)

Dann kommt Max wieder, heulend. Er versteckt sich im Arm des Spielers, weint und schluchzt.
*(Es könnte sein, daß die Kinder nicht mit Max ins Gespräch kommen – dann muß es der Spieler machen.)*
Mitarbeiter/in: »Max, wein' dich erst mal aus und beruhige dich. Dann erzählst du uns, was passiert ist.«
Wenn sich Max beruhigt hat, erzählt er: »Kinder, stellt euch mal vor, mein Freund, der Florian, ist umgezogen. Er wohnt jetzt in Hamburg, weil sein Vater dort eine Arbeitsstelle gefunden hat. Jetzt ist er einfach weg. Nie mehr kann ich hier mit ihm spielen. Ich bin jetzt ganz allein. Ich habe keinen Freund mehr.«
Max ist traurig.
Mitarbeiter/in: »Wie können wir dem Max denn helfen und ihn trösten?«
*(Die Kinder dazu Vorschläge machen lassen, z. B.: »Vielleicht kannst du ihn besuchen.« »Wir sind doch deine Freunde und spielen mit dir.« »Du kannst ihm doch ein Bild malen.« »Telefoniere doch mal mit ihm.« »Lade ihn ein, dich zu besuchen.«)*
Max (läßt sich trösten): »Das sind gute Ideen. Vielleicht werde *ich* ihn mal besuchen. Jetzt gehe ich nach Hause und male meinem Freund ein Bild. Tschüs, Kinder, auf Wiedersehen!«
*(Max geht wieder, nachdem er sich von den Kindern verabschiedet hat.)*

*Wie Max wiederkommen könnte:*

Beim darauffolgenden Kindergottesdienst könnte Max die Kinder nochmals besuchen, vielleicht sogar mit dem Bild, das er für den Freund gemalt hat. Alle könnten weiterüberlegen, was hilfreich ist, um den Abschied und das Traurigsein zu überwinden.

2. EINHEIT

*Einstieg:* Rückerinnerung an die Geschichte der Handpuppe Max.

## Erzählung: Abendmahl (Lukas 22,14–20)

*A. Zum Text*

Das alljährlich gefeierte Passafest ist für die Juden von großer Bedeutung: Ist es doch das Fest der Befreiung aus Ägypten, dessen man sich erinnert. In konkreten Symbolen wird das Geschehen vergegenwärtigt: mit Brot, ohne Sauerteig gebacken, das an den schnellen Aufbruch in Ägypten erinnert; mit bitteren Kräuter und einem Topf Salzwasser, das bittere Leben der Knechtschaft und die vergossenen Tränen schmeckend; mit braunem Mus aus Äpfeln, Nüssen und Zimt, für die gebrannten Ziegel aus Lehm; mit dem Passalamm, das geopfert wird, als Zeichen der Erlösung und mit Wein als Zeichen des Freudenfestes. Gefeiert wird der Gott Israels, der sein Volk aus der Gefangenschaft errettet hat.

Dieses Mahl feiert Jesus mit seinen Jüngern (V.15). Aber dieses Erinnerungsfest an die großen Taten Gottes wird unversehens zum Abschiedsfest (V.16–18). Jesus bleibt nicht in der Rückerinnerung an das vergangene Geschehen stehen, er legt die Deuteworte nun auf sich selbst aus: »Das ist mein Leib, der für euch gegeben wird (V.19) . . . dieser Kelch ist der neue Bund in meinem Blut, das für euch vergossen wird« (V. 20). Jesus stiftet einen neuen Bund und knüpft damit an die Verheißung des Propheten Jeremia an (Jer 31,31–34). Aber für diesen neuen Bund läßt Jesus sein Leben. Seine Passion, sein Leiden steht unmittelbar bevor. Er geht und stirbt, aber er hinterläßt ein konkretes Zeichen für die »Hinterbliebenen«: In der Tischgemeinschaft von Brot und Wein will er selbst gegenwärtig sein. Er war »Brot« für die, die nach Liebe hungerten, und »Wein« für die, die nach Hoffnung dürsteten, und er hat Tischgemeinschaft gepflegt mit denen, die ausgeschlossen waren.

So will er auch unter ihnen bleiben: »Das tut zu meinem Gedächtnis.« Erst nach dem Tod und der Auferstehung Jesu erkennen die Jünger die wirkliche Bedeutung dieser Zeichen. Daran erkennen sie den Auferstandenen als gegenwärtig. Da spannt sich der Bogen zur Emmausgeschichte.

*(Hinweis: Weiteres Material zu diesem Text findet sich in »Evang. Kinderkirche«, Heft 1/87, S. 76–78 und Heft 1/88, S. 71–72.)*

*B. Zur Erzählung*

Wie erzählen wir diese Geschichte den Kindern? Wie deuten wir die Worte Jesu? Vom Erleben der Kinder her gesehen, gibt es zwei ganz elementare Ebenen. Zum einen ist es eine *Abschiedsgeschichte.* Und Abschiedsgeschichten kommen auch im Leben der Kinder vor, liegen in ihrem Erfahrungsbereich. Und zum andern ist es eine *Gemeinschaftsge-*

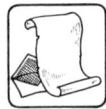

*schichte.* Die Tischgemeinschaft, die die Jünger mit Jesus pflegen, läßt etwas von deren freundschaftlicher Nähe zu Jesus spüren. Jeder weiß, wie wichtig Essen und Trinken für Kinder sind. Aber nicht nur für Kinder: Essen, Trinken und Gemeinschaft ist ein Urbedürfnis des Menschen. Im Abendmahl, im Teilen von Brot und Wein, fällt dieses sichtbar zusammen. Wo dies nicht geschieht, da wird das Abendmahl mißbraucht (vgl. 1. Kor 11,17–27).

Auf die Deutung der Abendmahlsworte als Zeichen der Hoffnung auf das endgültige Mahl im Reich Gottes und als Zeichen der Vergebung der Sünden, wird für Kinder dieser Altersstufe bewußt verzichtet. Es ist eine Deutung, die ein hohes Maß an Abstraktion voraussetzt. Die Verratsgeschichte des Judas wird ebenfalls nicht erzählt, sprengt sie doch sonst den Rahmen der Gesamterzählung.

### C. Zur Gestaltung

Die Geschichte wird anhand der Zeichnungen von Kees de Kort im Bibelbilderbuch (Bd. 5, S. 42 ff.) erzählt. Die Geschichte endet damit, daß Jesus und die Jünger singen (S. 50). Hier könnte eines der angegebenen Lieder (s. III) gesungen werden. Im Anschluß daran würde es sich nahelegen, den Kreis der Kinderkirchkinder ebenfalls als Tischgemeinschaft zu betrachten und (Fladen-)Brot und (Trauben-)Saft auszuteilen. Jedes Kind kann dem rechten/linken Nachbarn ein Stück abbrechen und weiterreichen; so wird die Geschichte konkret nachvollzogen.

## Erzählung: Der Abschied Jesu (Lukas 22,14–20)

### A. Hinführung

Der Einstieg könnte ein Stimmungsbild sein, ein Bild, das z. B. ein Kind zeigt, das traurig ist oder allein. Mit den Kindern könnte man dann ins Gespräch kommen, warum das Kind traurig oder allein ist. Dies wäre eine Einstimmung auf das Traurigsein der Jünger darüber, daß Jesus von ihnen weggeht.

Wer kein geeignetes Bild parat hat, wird sicher in den Medienzentralen Material genug finden.

### B. Impulse zur Bildbetrachtung

Die Kinder schauen das Bild an und äußern spontan, was sie sehen und empfinden (Einsamkeit, Trauer . . .).

Sie versuchen selbst, die Situation des Bildes nachzuspielen und darzustellen:
— Wie bewegt man sich, wenn man traurig ist?
— Wie verhält man sich, wenn man Angst hat?
— Wie setzt man sich hin?
Wenn der Kindergruppe Orffsche Instrumente zur Verfügung ste-

hen, lassen sich auch damit die Stimmungen und Gefühle ausdrücken. Es können natürlich auch selbstgebastelte Rasseln oder Kartons verwendet werden.

Im Gespräch überlegen die Kinder:
— Welche Instrumente passen am besten zu dieser Situation?
— Wie muß die Musik klingen?
Jedes Kind soll die Möglichkeit erhalten, das selbst auszuprobieren.

Nachdem die Kinder das Alleinsein und die Trauer auf verschiedene Arten dargestellt haben, wird nun gemeinsam nach Hilfen zur Überwindung der Gefühle gesucht.
»Was tut ihr denn, wenn ihr euch einsam und allein fühlt? Was hilft euch da?«

Die Kinder berichten von ihren eigenen Erfahrungen:
— Man spricht mit anderen, die genauso fühlen wie ich;
— man tut sich mit anderen zusammen.
Die im Bild dargestellte Situation ist jetzt von den Kindern motorisch, akustisch und verbal nachempfunden worden.

Nun folgt die Erzählung.

*C. Erzählung:* **Abschied Jesu von seinen Jüngern**
(Bilder aus: »Bibelbilderbuch«, Band 5, Seite 42 ff. Die Geschichte wird eng an den Bildern entlang erzählt.)

BILD 1 (S. 42):
In Jerusalem wird ein großes Fest gefeiert. Ein Dankfest, an dem die Menschen Gott danken, daß er sie bewahrt hat und noch immer beschützt. Auch Jesus feiert mit seinen Jüngern. Zu seinen Jüngern sagt er: »Geht zum Bäcker und holt frisches Brot und zum Metzger und holt Fleisch. Vergeßt das Getränk nicht.« Jeder geht und besorgt etwas: Der eine Brot, das er auf dem Kopf trägt (nicht wie wir im Einkaufskorb), der andere Fleisch. Und der dritte besorgt Getränke (in Tonkrügen).

BILD 2 (S. 44/45):
Die anderen haben den Raum festlich geschmückt und den Tisch gedeckt. Und dann ist alles fertig. Jesus setzt sich mit seinen Jüngern an den Tisch. Alle sind fröhlich. Jesus sitzt bei ihnen. Voller Erwartung sehen sie Jesus an, daß er das Festmahl eröffnet. Es sind immer die gleichen Worte, mit denen das Fest beginnt.
Jesus bricht das Brot in mehrere Teile: Er teilt es aus. »Nehmt und eßt«, sagt er. Jeder bekommt ein Brotstück von Jesus gereicht. »So wie ich Brot austeile, so habe ich immer alles mit euch geteilt. So teilt auch ihr alles miteinander. Wenn ihr zusammenkommt, dann teilt das Brot miteinander und denkt an mich.« Jeder nimmt das Stück Brot und ißt es.

BILD 3 (S. 46):

Dann nimmt er einen großen Becher voll Wein und sagt: »Trinket alle daraus! So wie wir alle aus einem Becher trinken, so gehören wir alle zusammen. Niemand soll ausgeschlossen werden.« Alle trinken und geben den Becher an den Nachbarn weiter. Es wird ganz still. »Und wenn ihr zusammenkommt«, sagt Jesus, »dann trinkt aus einem Becher und denkt an mich.«

BILD 4 (S. 48/49):

Aber das sind ganz andere Worte als sonst, wenn sie das Dankfest feierten! Alle schauen Jesus verwundert an. Da sagt Petrus: »Aber Jesus, was sagst du immer: Wenn ihr zusammenkommt, dann denkt an mich. Du bist doch immer bei uns, oder?« »Willst du uns etwa verlassen?«, fragt Johannes ganz aufgeregt.

»Ja«, sagt Jesus. »Ich werde euch verlassen. Das ist die letzte Mahlzeit, die ich mit euch esse. Bald werde ich nicht mehr bei euch sein.« »Willst du verreisen?«, fragt Andreas.

Alle schauen Jesus fragend an. »Nein«, sagt Jesus, »ich werde nicht verreisen, sondern meine Feinde werden mich verhaften.« »Dann werden wir dich eben wieder befreien!« ruft Petrus dazwischen. »Nein«, sagt Jesus mit leiser Stimme, »sie werden mich verhaften und töten!« Da wird es ganz still im Raum. Erschreckt schauen die Jünger Jesus an. Das verstehen sie nicht. »Sie nehmen dich gefangen und töten dich?« fragt einer ganz ungläubig. »Ja«, sagt Jesus, »so ist es.«

Da werden die Jünger ganz traurig. Die ganze Freude ist weg. Sie sind gar nicht mehr fröhlich. Jetzt ist aus dem Dankesfest plötzlich ein Abschiedsfest geworden. Einer der Jünger muß sogar weinen: »Aber Jesus«, sagt er, »dann sind wir ganz allein ohne dich. Was sollen wir dann bloß machen?«

»Nein«, sagt Petrus, »das werden wir nicht zulassen, daß sie dich gefangennehmen, wir geben dich nicht her!«

»Wenn ich nicht mehr da bin«, sagt Jesus, »dann bleibt zusammen. Teilt miteinander das Brot und trinkt zusammen aus dem Becher und denkt an mich. Dann werde ich mitten unter euch sein.«

»Und was wird aus uns, Jesus? Ohne dich sind wir verloren«, sagt Johannes traurig. »Habt doch keine Angst, ich bin immer bei euch, auch wenn ihr mich nicht sehen könnt!« sagt Jesus.

BILD 5 (S. 50):

Draußen ist es ganz dunkel geworden. So dunkel wie in ihren Herzen, die voller Angst und Trauer sind.

Da sagt Jesus: »Laßt uns doch ein Lied miteinander singen, so wie wir es immer miteinander gesungen haben. Wir wollen Gott bitten, daß er immer bei uns bleibt: ›Herr, bleibe bei uns, denn es will Abend werden und der Tag hat sich geneiget.‹«

## 3. EINHEIT: **Alleinsein**

### A. Zum Text

Die Evangelisten erzählen uns erstaunlich wenig darüber, was die Jünger (vor allem die Männer!) nach dem Tode Jesu machten. Lukas berichtet nur von den Frauen (Lk 23, 55 f.): »Sie kehrten aber um und bereiteten wohlriechende Öle und Salben. Und den Sabbat über ruhten sie nach dem Gesetz.«
Wo ruhten sie aus? Waren die Männer auch dabei? Allenfalls aus der Auferstehungsgeschichte kann man Rückschlüsse ziehen. Vgl. Lk 24,9–11: »Sie verkündigten dies alles den Elfen und allen übrigen.« Ihre Gemütslage schildert Markus »... und verkündete es denen, die mit ihm gewesen waren und Leid trugen und weinten« (Mk 16,10). Johannes erzählt, daß sie in großer Angst zusammensaßen »... als die Jünger versammelt und die Türen verschlossen waren aus Furcht vor den Juden« (Joh 20,19).

Immerhin lassen diese Texte darauf schließen, daß die Jünger (und Jüngerinnen und viele andere) sich wohl gemeinsam in ein Haus zurückgezogen hatten. Sie hatten sich »eingemauert«, Türen und Fenster fest verriegelt. Es war nur ein äußeres Bild dafür, wie es in ihnen ausgesehen haben mag. Sie waren zusammen, aber doch jeder allein mit seiner Angst. Der Traum vom Anbruch des Reiches Gottes in Jerusalem war geplatzt. Jesus hatte sie allein, im Stich gelassen. Er war tot, und damit war alles aus.

### B. Zur Erzählung

Auch Kinder kennen das Gefühl des Alleingelassenwerdens. Selbst dann, wenn sie unter vielen anderen Kindern (oder Erwachsenen) sind, kann dieses Gefühl da sein. Die Trennung von Vertrautem, Liebgewordenem, Bekanntem, kann Angst und Furcht auslösen. Wenn der Bezugspunkt oder die Bezugsperson fehlt, fühlen sich Kinder verständlicherweise schnell allein gelassen.

Aber das Alleinsein hat ja auch einen doppelten Aspekt: Es ist ja nicht nur das passive Alleingelassenwerden, das Angst auslöst, sondern es kann ja auch umgekehrt ein positives Gefühl auslösen, *daß ich allein sein kann!* Im Alleinsein erfährt das Kind die Trennung von der Mutter, von den Freunden etc., aber es erfährt auch etwas von seiner beginnenden Ich-Stabilität. Ich kann auch allein sein! Das aber ist oftmals ein langer Weg und bedarf der Hilfe von »außen«. (Zwei der Jünger mußten zuerst nach Emmaus gehen, und erst als Jesus ihnen in Brot und Wein begegnet, können sie sich allein auf den Heimweg machen.)

Zunächst aber bleibt am Ende dieser Geschichte die Frage: Warum ist Jesus weg, wo ist er? Was wird aus uns? Fragen, die die Kinder ganz gut verstehen, weil das auch ihre Fragen und Ängste sind.

### C. Zur Gestaltung

Zur Erzählung der Geschichte des Alleinseins kommt im Bibelbilderbuch nur ein Bild in Frage (Bd. 5, S. 72/73). Dieses Bild drückt die Stimmung der Jünger/innen ganz gut aus. Nach der Geschichte soll das Gefühl des Alleingelassenseins mit Instrumenten dargestellt werden. Auf die Frage, was könnte jetzt in dieser Situation helfen, könnte u. a. an das gemeinsame Lied erinnert werden, das schon bei der vorhergehenden Einheit gesungen wurde (z. B. »Herr, bleibe bei uns«).

*Erzählung:* **Alleinsein (Jesus ist tot)**
*(Bibelbilderbuch, Bd. 5, S. 72 f.)*

BILD (S. 72/73 – Es wird nur ein Bild angeschaut):
Die Jünger/innen sind ganz traurig. Jesus ist nicht mehr bei ihnen. Soldaten haben ihn verhaftet. Am Ende haben sie ihn sogar getötet. (Hier u. U. Rückerinnerung an die Abendmahlsgeschichte.) Er hatte selbst davon gesprochen. Männer haben ihn in ein Grab gebracht. Ein schwerer Stein wurde davor gelegt. Alles ist aus. Die Jünger sind ganz allein.

Sie gehen nach Hause, in das Haus von Jakobus. Sie haben Angst. »Wer weiß«, sagt Petrus, »wenn sie Jesus verhaftet haben, verhaften sie vielleicht auch uns. Schließlich sind wir seine Jünger!« »Ja«, sagt Andreas, »man kann ja nie wissen. Wir verriegeln besser die Türen. Dann kann niemand herein!« Zusammen verriegeln Petrus und Andreas die Türen. »Und geh nach oben und schließ auch die Fensterläden!« ruft er Magdalena zu, »dann denkt jeder, wir sind nicht zu Hause.«

Ganz dunkel wird es im Haus. So dunkel wie in ihren Herzen.

»Nun ist alles aus«, sagt Johannes und muß dabei weinen, »und ich habe gedacht, Jesus ist der neue König, der alle Menschen befreit.« »Weißt du noch«, meint Jakobus, »wie fröhlich wir waren, als wir vor ein paar Tagen mit Jesus in Jerusalem eingezogen sind. Viele Menschen haben ihm zugejubelt. Jetzt beginnt eine neue Zeit, habe ich gedacht.« »Und jetzt ist eben alles aus und vorbei!« sagt Andreas traurig. »Ich kann es noch gar nicht glauben«, meint Magdalena, »dabei hat doch Jesus so vielen Menschen geholfen: Kranke hat er gesund gemacht, den blinden Bartimäus geheilt und sogar bei Zächäus, dem Zöllner ist er eingekehrt und hat zusammen mit ihm gegessen, obwohl ihn niemand mochte.« »Aber das hat viele Leute geärgert«, sagt Petrus, »daß Jesus auch die Menschen lieb hatte, die sonst keiner mochte.«

»Und was nützt uns das jetzt?« fragt Magdalena, »was wird jetzt aus uns? Ich fühl mich so allein ohne Jesus!« »Aber, Magdalena«, sagt Maria und legt tröstend den Arm um sie, »wir sind doch auch noch da. Und denk doch, was Jesus gesagt hat: »Ich bin bei euch alle Tage, auch wenn ihr mich nicht seht! Du bist doch nicht allein!« »Und wie soll er denn jetzt bei mir sein, wo er doch tot ist?« fragt sie wieder.

»Wenn ich an ihn denke, dann ist es fast so, als wäre er ganz nahe bei mir«, sagt Maria, »und wenn wir ganz fest zusammenhalten, dann sind wir nicht mehr allein.«

»Aber tot ist tot«, sagt Petrus, »es hat doch alles keinen Zweck. Ich gehe wieder zurück in meine Heimat. Was soll ich noch in Jerusalem? Ich war vorher Fischer, und jetzt werde ich eben wieder Fische fangen!«

»Nein«, entgegnete ihm Johannes, »Jesus hat doch gesagt, wir sollen zusammenbleiben! Laßt uns zusammen etwas essen.«

»Ich bin viel zu traurig, um etwas essen zu können«, meint Magdalena. »Erinnert euch doch, was Jesus sagte«, wendet Johannes ein, »wenn wir das Brot zusammen teilen in seinem Namen, dann will er uns ganz nahe sein!«

Sie setzen sich zu Tisch und teilen miteinander das Brot. Da wird es den Frauen und Männern schon viel leichter.

»Laßt uns das Lied singen, das wir auch mit Jesus gesungen haben«, meint Magdalena. Und dann singen sie: »Herr bleibe bei uns.«

## 4. EINHEIT: **Wiedersehen** (Emmaus: Lukas 24,13–35)

### *A. Zum Text*

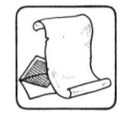

Die Emmausgeschichte ist ein »Nachklapp« zur Auferstehungsgeschichte. Eigentlich endet Lukas mit Kap. 24,11: ». . . die Frauen kehrten vom Grabe zurück und verkündigten alles den Elfen und allen übrigen, . . . denen kamen diese Worte vor wie leeres Gerede, und sie glaubten's ihnen nicht.« So aber konnte die Auferstehungsgeschichte nicht enden. Es »mußten« noch Geschichten folgen, die vergewisserten, daß Jesus auferstanden ist und lebt! Dazu erzählt Lukas die Emmausgeschichte (vgl. analog dazu Johannes die Thomasgeschichte, Joh 20,24–29).

Die beiden Männer, von denen hier die Rede ist, gehörten wohl zu den in Vers 11 erwähnten Männern, denen die Botschaft der Frauen »wie leeres Gerede« vorkam. Sie machen sich auf den Weg nach Emmaus, ca. zwölf Kilometer von Jerusalem entfernt. Einer, Kleopas, wird namentlich genannt. Alles ist für sie zu Ende. Wie sollen sie noch Hoffnung haben? Christus, der auferstandene Jesus, öffnet ihnen die Augen dafür, daß es noch andere Möglichkeiten gibt als diejenigen, die der äußeren Erfahrung angehören. In Brot und Wein, in der Tischgemeinschaft erkennen sie ihn wieder. Nicht an seiner Gestalt, wie er mit ihnen gewandert ist, sondern wie er ihr Zusammensein gestaltet erkennen sie ihn! Jetzt erkennen sie: Sie sind gar nicht »allein«, sie sind in Begleitung. Wo Brot und Wein geteilt und Tischgemeinschaft gepflegt wird, da ist er, der auferstandene Christus, da. Getrost können sie sich »allein« auf den Weg nach Jerusalem machen.

*Hinweis: Weiteres Material zu diesem Text findet sich in »Evang. Kinderkirche«, Heft 2/87, S. 130 ff.)*

### B. Zur Erzählung

Auch Kinder fragen nach dem Warum und Wo. Aber wie die »Nachklappgeschichte« der Evangelisten, die nicht dabei stehen bleiben, sondern sich der Auferstehung vergewissern wollen, so bleibt auch ein Kind nicht stehen. Es fragt immer wieder, es will sich vergewissern, ob mit dem Tod alles aus ist, was nach dem Umzug kommt etc.

Die Emmausgeschichte erzählt von einer Begegnung gegen alle sonstige Erfahrungen. Jesus ist nicht tot, sondern auferstanden und begleitet noch immer Menschen (»ich bin bei euch, bis ans Ende der Welt«).

Wo geteilt und Gemeinschaft gehalten wird, da ist er mitten unter uns. Dies ist für Kinder sicher ein nicht erklärbarer Vorgang. Aber daß auch sie einen (unsichtbaren) Begleiter haben, der sie nie verläßt, schenkt ihnen Vertrauen in die Zukunft. Erfahrbar wird dies in der Gemeinschaft.

### C. Zur Gestaltung
Die Geschichte wird als Weg-Geschichte aufgebaut.

**Eine Weg-Geschichte** (Lukas 24,13 ff.)

*Material:*
— Große Tischplatte, Fensterbank oder entsprechenden Platz auf dem Boden.
— Verschiedenfarbige große Stoffreste (z. B. grün = Wiese, grau/braun = Berge; Felder; blau = Fluß/See; sandfarben = Sand, Wüste).
— Naturmaterial wie Zapfen, Äste, Moos, Zweige, Wurzeln, Rinde, Steine, Kies (als Markierungen wie Bäume, Felsen, Wege, Straßen).
— Bauklötze für den Aufbau von Jerusalem und Emmaus oder Schachteln (mit Gips überzogen), ergibt auch Häuser (sollte aber vorab von Mitarbeiter/Innen hergestellt werden).
— Tischfiguren, einfach hergestellt aus großen Holzkegeln (erhältlich im Baugeschäft). Diese werden angezogen. Stoffresten = Kleider, Woll- oder Fellreste = Haare. Die Gesichter werden mit Filzstiften oder Holzfarben aufgemalt. Es sollten mindestens drei Figuren gestaltet werden. (Jesus und die zwei Jünger, weitere Figuren stehen für die Jünger in Jerusalem).

*Möglicher Aufbau des Weges*

Die Tischplatte wird mit den verschiedenfarbigen Tüchern abgedeckt. Dies ist der Untergrund. An einem Tischende wird dann die Stadt Jerusalem aufgebaut (z. B. mit Bauklötzen), am anderen Ende das Dorf Emmaus. Nun wird die Landschaft dazwischen gestaltet: mit kleinen Steinen werden die Felsen gelegt, dazwischen die Tuchstücke erkennbar als Berge. Aus Zweigen, Zapfen, Ästen werden Sträucher und Bäume gesteckt, aus Moos Wiesen gelegt. Der Phantasie von Mitarbeiter/Innen und Kindern ist keine Grenze gesetzt. U. U. empfiehlt es sich, vorab einige Bilder aus einem Bibellexikon oder Bildband anzuschauen, um etwas über die Landschaft und Hausanordnung in Israel zu wissen.

Abschließend werden die Figuren aus Holzkegeln gestaltet.

*Überlegungen zur Weg-Geschichte*

Die Ostergeschichte wird so durch das gemeinsame Aufbauen und Herstellen der Figuren den Kindern nahe gebracht. Oft wird beim Erzählen nur der »Kopf« angesprochen, und vieles geht verloren. Durch den Aufbau der Weg-Geschichte er-*leben* und be-*greifen* die Kinder die Geschichte. Durch eigenes Tun, durch anschließendes Spielen, durchs *Wiederholen* wird sie verarbeitet. Es dürfen mehrere Durchgänge gespielt werden – evtl. durch andere Kinder. Vielleicht trauen sich stillere Kinder erst nach dem Zuschauen und kommen auch zu einem Erlebnis.

Zuerst erzählt die Mitarbeiterin/der Mitarbeiter die Geschichte mittels der Figuren – sie/er setzt sozusagen den Rahmen der Erzählung. Später übernehmen dann die Kinder das Erzählen und Bewegen der Figuren.

Möglicher Einstieg: z. B. in Jerusalem, im Haus der Jünger.

## *Erzählung:* Wiedersehen – Die Emmaus-Geschichte

Es war Sonntagnachmittag. In Jerusalem saßen die Jünger und die Freunde Jesu traurig beisammen. Alle waren betrübt.

Irgendwann sagte Kleopas zu einem Freund: »Komm, laß uns heim nach Emmaus wandern. Hier in Jerusalem gibt es nichts mehr für uns zu tun.«

Die beiden zogen los. Sie gingen langsam und traurig nebeneinander her und redeten über all die Geschehnisse, die sich in den letzten Tagen ereignet hatten.

»Jesus ist tot«, sagte Kleopas. »Warum mußte er nur sterben?« Sein Freund erwiderte: »Er erzählte uns, daß Gott alle Menschen liebhat, und ich habe ihm geglaubt. Und nun lebt er nicht mehr!« Während sie sich unterhielten, holte ein fremder Wanderer sie ein. Er ging neben ihnen her und hörte ihnen zu. Nach einiger Zeit fragte der Fremde: »Worüber redet ihr so eifrig miteinander?«

Die Freunde blieben verblüfft stehen. Kleopas gab ihm zur Antwort: »Weißt du nicht, was in den letzten Tagen in Jerusalem geschehen ist? Jesus von Nazaret ist tot! Er war unser Freund und hat uns und allen Menschen von Gott erzählt. Er hat Kranke gesund und Traurige wieder fröhlich gemacht. Für jeden hatte er Zeit, sogar für die kleinen Kinder. Wir haben gehofft, er werde dem Volk Israel helfen. Aber nun ist er schon drei Tage tot, jetzt ist alles aus!«

Und der Freund berichtete: »Stell dir vor, heute morgen gingen einige Frauen zum Grab, aber das Grab war leer. Sie sagten, Jesus lebe!«

Der Fremde hörte sich alles an. Dann sprach er zu ihnen: »Ich kann verstehen, daß ihr traurig seid, aber ihr habt dazu keinen Grund. Auch wenn Jesus tot ist, ist nun nicht alles zu Ende. Gott ist viel größer und mächtiger, als wir uns das vorstellen können.«

Die Freunde lauschten seinen Worten und wunderten sich, wie der Fremde von Gott redete.

 Unterdessen gelangten sie in die Nähe des Dorfes. Der fremde Wanderer wollte sich von Kleopas und seinen Freunden verabschieden und weiterziehen, aber Kleopas bat ihn:»Bleib bei uns, die Sonne geht schon unter, es wird bald dunkel.«

Der Fremde nahm die Einladung an und ging mit den Freunden ins Haus. Bald war das Abendessen gerichtet, und die drei Männer setzten sich an den Tisch. Kleopas wollte gerade das Essen verteilen. Da nahm der Fremde das Brot in die Hand, betete zu Gott, brach das Brot und gab jedem ein Stück. Die beiden starrten ihn an. Das kannten sie doch! Genauso war es, wenn Jesus mit ihnen das Essen teilte! Auf einmal wußten sie, wer mit ihnen am Tisch saß: Es war Jesus! Er lebte wirklich!

Sie wollten ihn umarmen, aber bevor sie ihn berühren konnten, war Jesus vor ihren Augen verschwunden.

Die Freunde sahen sich betroffen und traurig an.»Nun sind wir so lange mit Jesus gewandert und haben ihn nicht erkannt«, klagte Kleopas. Der andere antwortete:»Aber hast du nicht bemerkt, wie froh wie wurden, als er uns von Gott erzählte.«

»Nun müssen wir aber schnell zurück nach Jerusalem und den anderen erzählen, daß Jesus lebt!« rief Kleopas aufgeregt.

Voller Freude machten sie sich noch am selben Abend auf den Weg. Nun redeten sie fröhlich miteinander und gingen ganz schnell und nicht mehr so langsam wie am Nachmittag. Bald erreichten sie das Haus, in dem die Jünger versammelt waren. Schon vor der Tür hörten sie fröhliche Stimmen, obwohl bei ihrem Abschied am Nachmittag alle betrübt waren.

Sie gingen hinein. Ein Jünger kam ihnen aufgeregt entgegen und rief:»Jesus lebt, er ist Simon begegnet!«

Gleich erzählte auch Kleopas, was sie erlebt hatten.»Jesus ist mit uns nach Emmaus gewandert. Er hat mit uns über Gott gesprochen, und wir waren nicht mehr so traurig. Zu Hause hat er mit uns gegessen und das Brot geteilt, wie er es oft mit uns allen getan hat! Erst da haben wir ihn erkannt. Wir wissen nun, daß Jesus lebt, auch wenn wir ihn nicht sehen.«

Als das die anderen Freunde von Jesus hörten, waren sie sehr glücklich. Sie sangen und tanzten und dankten Gott, weil ihnen Jesus begegnet war.

*Tanzlied*

Zum Abschluß der Einheit bzw. des Gottesdienstes wird gemeinsam das Lied»Sind zwei, sind drei in meinem Namen eins« gesungen und gespielt (in: Mal Gottes Regenbogen, Nr. 88). Dieses Lied vertieft den Kernpunkt der Geschichte: Jesus ist bei mir, auch wenn ich ihn nicht sehen kann.

Die Spielform kommt dem Bewegungsdrang der Kinder entgegen, die Schritte sind leicht nachzuvollziehen, die Melodie und der Text sind einfach.

*Spielanleitung:*

**Sind zwei, sind drei in meinem Namen eins**

Immer drei Kinder bilden eine Gruppe. Es wird ein innerer und ein äußerer Kreis gebildet, wobei zwei Kinder der Gruppe zum äußeren und eines zum inneren Kreis gehört.

Sind zwei,

*Die beiden äußeren Kinder klatschen die Hände gegeneinander.*

sind drei

*Die drei Kinder klatschen gegeneinander.*

in meinem Namen eins,
bin immer ich dabei.

*Die drei Kinder fassen sich an den Händen und gehen im Kreis herum.*

— *Wiederholung der ersten drei Schritte* —

*Ich bin dabei, ich bin dabei.*

*Kinder des inneren Kreises gehen rundherum, die äußeren Kinder klatschen.*

—*Beim Wiederbeginn bilden sich jedesmal neue Dreiergruppen.*

Aus Kamerun; Textübertragung: Dieter Trautwein; Musik: Bayiga Bayiga
Rechte: Strube Verlag GmbH, München

# Kranksein – Gesundsein

Text: Heilung eines Taubstummen (Markus 7,31–37)

HEIDE EITEL

## I. Thematik

### A. Erfahrungen der Kinder mit Krankheit

Kinder erleben Krankheit auf zweifache Art: Zum einen kann es eine Zeitlang ganz nett sein, als Kranker im Mittelpunkt zu stehen. Zum anderen aber ist Krankheit oft der erste erschreckende Einbruch in ihre behütete Welt. Sie machen Erfahrungen der Angst, vielleicht sogar der Todesangst, des Alleinseins und Ausgeschlossenseins von der Gemeinschaft. Oft ist es ihnen langweilig.

### B. Krankheit und Heilung in der Bibel

— Krankheit ist Schwäche und Unheilszustand, der der Schöpfungsabsicht Gottes widerspricht (vgl. Mt 12,22 ff.; u. a.).
— Krankheit ist im Alten Testament Strafe für Sünde. Jesus durchbricht das Vergeltungsdenken des zeitgenössischen Judentums (vgl. Lk 13,1–5; Joh 9,1–3).
— Heilung besteht im tiefsten Sinn in der Wiederherstellung der Gottesgemeinschaft. Jesu Wundertaten weisen zeichenhaft in die Zukunft, auf die Herrschaft Gottes. Die Weissagungen (Jes 35,5 – 6 und Offb 21,4) beginnen sich zu erfüllen. Aber noch gilt es, Krankheit und Leiden zu tragen. In unserer Schwäche erfahren wir jedoch Gottes Kraft (vgl. 2 Kor 12,7–10). Jesus beauftragt uns, in seinem Namen für die Kranken und Schwachen dazusein, und schenkt uns durch den Heiligen Geist die Kraft dazu.

### C. Der biblische Text zu dieser Reihe

Markus 7,31–37 wurde deshalb für die Kinder ausgewählt, weil zu dem heilenden Wort Jesu hier noch die ganz gezielte Berührung hinzukommt.

## II. Zum Text Markus 7,31–37

### A. Gliederung

*(nach E. Lohmeyer, »Das Evangelium nach Markus«, Seite 218, Verlag Vandenhoeck & Ruprecht)*
Nimmt man die Ortsbeschreibung V. 31 und das Schweigegebot V. 36 heraus, besteht die Geschichte aus fünf dreigliedrigen Sätzen:

Satz 1: Die Menschen bringen den Taubstummen zu Jesus.
Sätze 2–4 handeln von Jesus und dem Taubstummen, dabei bietet:
Vers 2: Vorbereitende Gebärde.
Vers 3: (Mitte!) Aufblick, Seufzen, Machtwort.
Vers 4: Die nachfolgenden Wirkungen.
Vers 5: Feierlicher, choralartiger Lobpreis des ganzen Volkes.

### B. Exegese zu den einzelnen Versen

V. 31: Jesus ist unterwegs jenseits der Grenze von Galiläa: Die Offenheit der Botschaft für die Heidenwelt wird deutlich.

V. 32 nennt die Behinderung (taub, gehörlos, stumm, stammelnd, kaum lallend). Sie steht in der Bibel auch für die Taubheit und Stummheit des Menschen gegenüber Gott. Vermutlich hat sich die Nachricht von der Heilung der Tochter der syrophönizischen Frau (Mk. 7,24–30) bis hierher herumgesprochen.

V. 33: Jesus will keine Schau und Sensation, sondern sich dem behinderten Menschen ganz widmen. Die Gesten sind seltsam, aber so, daß sie der Taubstumme verstehen kann: Er merkt, daß Jesus seine Ohren öffnen und das Band seiner Zunge lösen möchte (dem Speichel schreibt man bis heute heilende Wirkung zu).

Hier »handelt der Sohn des Gottes, der den Menschen eigenhändig aus Erde erschuf und der in der Vollendung die Tränen von den Menschengesichtern abwischen wird« (E. Plünnecke, in: Mit der Bibel durch das Jahr 1992, Kreuz-Verlag/Kath. Bibelwerk, Seite 218).

V. 34: Mitte und Höhepunkt der Erzählung ist die dreifache Tat Jesu: Sein Blick zeigt die Verbundenheit mit dem Vater (vgl. Joh 11,41); Jesus seufzt über die Krankheit (vgl. Mk 1,41; Römer 8,19–26), das machtvolle Wort öffnet die Ohren und den Mund.

V. 36: Das Verbot soll darauf hinweisen: Wer Jesus wirklich ist, erfährt man nicht durch seine Wunder, sondern erst durch seine Heilstat am Kreuz und durch Nachfolge auf seinem Weg.

V. 37: Hinweis auf den Schluß der Schöpfungsgeschichte (1. Mose 1,31). In Jesus ist die Kraft Gottes auf Erden erschienen. Jesus befreit den Taubstummen zu einem neuen Leben.

### C. Die Botschaft dieses Textes für die Kinder

— Gesundheit ist nicht selbstverständlich.
— Jesus wendet sich besonders den Kleinen, Schwachen und Kranken zu.
— Jesus weiß, was jeder Mensch persönlich braucht.
— Jesus schenkt Hoffnung auf Heilung.
— Jesus hilft in der Krankheit.
— Jesus will, daß auch wir uns um Schwache und Kranke kümmern. Auch sie sind unsere »Nächsten«.

## IV. Zur Planung

Die Reihe ist für vier Einheiten geplant; sie könnte noch erweitert werden z. B. mit dem Thema »Taubstumme heute« oder mit Informationen von Gehörlosen-Kindergarten und -schule Wilhelmsdorf (Zieglersche Anstalten) oder der Paulinenpflege Winnenden (Berufsbildungswerk; dort kann auch ein Film ausgeliehen werden).

Außerbiblische Geschichte zum Thema: »Bärbel« (Unterrichtsbuch für kath. Religion im 1. und 2. Schuljahr, Lehrerhandbuch, Verlag Kath. Bibelwerk, Stuttgart).

---

### Die Themen der vier Einheiten

1. EINHEIT
**Ich bin krank – alles ist anders**
— Gespräch übers Kranksein
— Verbände anlegen
— Gebet/Liturgie
— »So wie ich bin, komme ich zu dir«
  (aus: »Sagt Gott, wie wunderbar«, Seite 77)

2. EINHEIT
**Was hilft mir, daß ich wieder fröhlich werde?**
— Eine Geschichte
— Berührungsspiele
— Gespräche über Trost
— Eine Karte gestalten

3. EINHEIT
**Jesus heilt einen taubstummen Menschen**
— Erzählung
— Gebet
— Hörübungen

4. EINHEIT
**Ich bin dankbar, daß ich gesund bin**
— Geschichte nachspielen
— oder ein Wandbild anfertigen
— Lied und Tanz
— Gebet

---

### 1. EINHEIT
### Ich bin krank – alles ist anders

1. Bestimmt seid ihr alle schon mal krank gewesen. Vielleicht mußten die Eltern mit euch zum Arzt oder sogar ins Krankenhaus gehen. Wir wollen uns mal erzählen, wie das war. – Kinder berichten.

2. Ich habe einen Kinderarztkoffer mitgebracht – was wurde bei euch verwendet? – Die Kinder machen sich gegenseitig Verbände aus kleinen Mullbinden.

3. Was war denn ganz besonders schlimm bei eurer Krankheit? – Kinder erzählen: Fieberträume, Schmerzen, Durst; Angst, daß man nicht mehr gesund wird (Kinder erleben auch den Tod in ihrer Umgebung).

4. Jesus sagt: Wenn ihr krank seid, bin ich euch ganz besonders nah. Ich bin auch traurig über die Krankheit. Ihr dürft zu mir kommen und mir alles sagen, was euch traurig macht.

5. Schlußgebet (im Kreis stehen). Den Kehrvers im Kreis gehend singen: »So wie ich bin, komme ich zu dir« (Melodie in: »Sagt Gott, wie wunderbar«, S. 77).

Lieber Vater im Himmel, wir wollen dir jetzt sagen,
wie schlimm es ist, wenn wir krank sind:

*So wie ich bin, komme ich zu dir . . .*
»Mir tut manchmal mein Ohr so weh.«
(mit entsprechender Gebärde)

*So wie ich bin, komme ich zu dir . . .*
»Mir hat das gebrochene Bein so weh getan.«

*So wie ich bin, komme ich zu dir . . .*
(Kinder und Mitarbeiter zählen weiter auf.)

*So wie ich bin, komme ich zu dir . . .*
Wir bitten dich, sei bei allen, die heute krank sind.
Auch bei . . . . . ., die/der im Krankenhaus liegen muß.
Hilf allen, die Schmerzen haben
und laß sie bald wieder gesund werden.    Amen

## 2. EINHEIT
## Was hilft mir, daß ich wieder fröhlich werde?

1. Kurze Wiederholung. Danach Einstieg ins Thema mit einer kleinen Geschichte, die sehr anschaulich erzählt werden kann: »Rote Pünktchen überall« (in: »Alles wird wieder gut«, aus der Reihe »Sieben-Sachen-Büchlein«, Verlag Ernst Kaufmann). Inhalt: Jan hat Windpocken. Die roten Pünktchen machen ihm angst. Die Mutter tröstet ihn. Er darf sich zum Frühstück Pudding wünschen.

2. Wenn ich krank bin, gibt es Dinge, die mir guttun: *(Kinder überlegen)*

a) Ich stehe im Mittelpunkt, darf mir mein Lieblingsessen wünschen, mir wird vorgelesen usw.

b) Es gibt Berührung, die mir guttut: Ich werde zugedeckt, die Mutter legt mir die Hand auf die heiße Stirn, sie hält meine Hand, wenn ich Fieber und Angst habe.

c) Mögliche Aktivitäten: zudecken, Hand auf die Stirn legen, Puls fühlen,»Heile, heile Segen . . .«
Wir probieren aus, ob wir spüren, wie warm es wird, wenn wir die Hand auf den Arm legen und dort liegenlassen. Spürt ihr was? Das wollen wir uns jetzt gegenseitig machen. Wir lassen die Hand so lange liegen, bis wir gemeinsam auf 20 gezählt haben.

d) Trost tut uns gut *(Kinder überlegen, wer und was uns tröstet)*. Auch wenn ich lange krank sein muß, wenn ich niemand zum Spielen habe und es sehr weh tut, sagt Gott:
Ich kenne deine Krankheit und höre dich, wenn du zu mir rufst.
Ich will dich trösten, wie eine Mutter ihr Kind tröstet.

3. Gebet: *Wenn ich manchmal traurig bin*
*und vor Kummer weine,*
*lieber Gott, dann bitt ich dich:*
*Laß mich nicht alleine.*
*Tröste mich und mach,*
*daß ich wieder lach. Amen*

Aus: Renate Schupp,
»Alles wird wieder gut«,
ein Sieben-Sachen-Büchlein
aus dem Verlag Ernst Kaufmann, Lahr.

4. Aktion (für ein krankes Kind oder wenn man selbst krank ist): Die Kinder malen auf eine große Karte, auf der obiges Gebet steht, was uns bei Krankheit tröstet und fröhlich macht.

## 3. EINHEIT
## Jesus heilt einen taubstummen Menschen

Kurze Wiederholung.
Es gibt Krankheiten, die sehr schlimm sind. Wir sagen dazu »Behinderung«, weil ein Mensch mit einem Hindernis leben muß. Gelähmtsein, Blindsein, Gehörlossein u. a. – Wie ist das, wenn man nicht hört? Wir wollen dazu eine Geschichte hören:

**Erzählung: Ein Mensch wird froh** (Markus 7,31–37)

Daheim vor der Tür steht ein Mädchen. Es wohnt in einer Stadt im Ostjordanland. Dort glaubt man nicht an den Gott der Juden. Das Mädchen schaut die Straße entlang. Da geht die Mutter. Sie geht zum Brunnen, um Wasser zu holen. Den leeren Tonkrug trägt sie auf dem Kopf. Das Mädchen geht ins Haus. Ihr Brüderchen liegt auf einer Matte. Es ist noch klein. Ich nenne die beiden Kinder Tobias und Rebekka. Rebekka beugt sich über Tobias. Er lächelt und greift mit seinen Händen nach ihr.
Bald kommt die Mutter zurück mit dem gefüllten Wasserkrug auf dem Kopf. »So, jetzt koche ich uns eine Suppe, bald wird der Vater heimkommen!« ruft sie schon an der Tür. Aber da stolpert sie, der Wasserkrug fällt wie mit einem Donnerschlag auf den Boden und zerbricht. »Der schöne Krug, und das frische Wasser!« jammert die Mutter. Rebekka ist

so erschrocken, daß sie aufspringt. Die Mutter läuft durch die Wasser-
pfütze zu Tobias und will ihn trösten; aber er ist gar nicht erschrocken. Er
schaut seine Mutter nur an. »Na, du kannst aber viel ertragen!« sagt sie.
»Bist du nicht erschrocken?« Sie dreht sich zu Rebekka um: »Komisch,
ich habe erwartet, daß er laut schreit vor Schreck.«

*Ohne Freunde*

Die Mutter bückt sich und sammelt die Tonscherben auf. Sie denkt:
Irgend etwas stimmt mit Tobias nicht. Er dreht sein Köpfchen nicht,
wenn ich ihn rufe, und er kann nicht mal »Mama« sagen wie die anderen
Kinder in seinem Alter. Manchmal bewegt er den Mund, aber es ist, als
ob seine Zunge angebunden wäre. Und es wird nicht besser mit Tobias,
eher schlimmer. Er schaut mit großen Augen zu, wenn Rebekka mit ihren
Freundinnen spielt. Wenn sie sagen: »Komm, Tobias, wir spielen Mutter
und Vater, du bist unser Kind«, dann macht Tobias keinen Schritt auf sie
zu. Er schaut sie nur an, so daß man genau merkt, er hat nichts verstanden. »Ach, mit dir kann man ja nicht spielen«, ruft ein Kind. »Ich hole
*meinen* Bruder, der ist nicht so dumm!« Sie rennen weg, und Rebekka
geht weinend zurück zu Tobias und legt schützend den Arm um ihn. Tobias weint auch. »Mutter«, ruft sie ganz verzweifelt, »warum versteht er
uns denn nicht?«

»Tobias ist taub«, sagt Mutter ganz leise, »er kann überhaupt nichts
hören. Er kann auch nicht sprechen lernen. Es ist, als ob eine unsichtbare
Wand zwischen ihm und uns wäre. Diese Wand kann niemand durchstoßen.« »Aber Mutter, ich weiß, was er versteht: Wenn ich mit der Hand
winke und wenn man ihn streichelt, dann lacht er!« Die Mutter nickt. Sie
nimmt Tobias in den Arm und wischt ihm die Tränen ab. Tobias kuschelt
sich an die Mutter und hört auf zu weinen. Als Vater heimkommt, sagt
die Mutter zum Vater: »Jetzt können wir Tobias noch beschützen. Aber
was soll aus ihm werden, wenn er ein großer Mann ist? Er kann keinen
Beruf lernen. Er muß sich auf die Straße setzen und betteln.«

*Immer allein*

Es kommt so, wie die Mutter es gesagt hat. Als Tobias groß geworden
ist, kann er immer noch nichts hören. Es ist ganz still in ihm. Was soll er
den ganzen Tag tun? Meist sitzt er unter einem Baum vor dem Haus und
schaut den Leuten zu, die vorbeigehen. Alle aus der Stadt kennen ihn. Sie
sagen: »Da sitzt der taubstumme Tobias. Er hat ein kümmerliches Leben.« Manche geben ihm Geld oder etwas zu essen. Sie sind freundlich
zu ihm. Sie winken und rufen »Hallo, Tobias!« Dann freut er sich, seine
Augen leuchten auf und er winkt zurück. Aber manchmal kommen auch
Kinder und ärgern ihn. Sie kommen von hinten und stoßen ihn. Und
wenn er erschrocken umfällt, lachen sie und rennen schnell weg. Dann
wird Tobias böse, und er schlägt nach denen, die er noch erwischen kann.

### Die Begegnung

Eines Tages kommt Jesus in die Stadt. Viele fremde Menschen kommen und wollen Jesus zuhören. Tobias schaut ihnen mit großen Augen nach. Plötzlich sieht er Rebekka auf sich zurennen und die Eltern hinterherkommen, so schnell sie können. Rebekka ruft schon von weitem, dabei macht sie Zeichen mit den Händen:»Komm, Tobias, steh auf, du mußt mitkommen! Jesus ist da!« Tobias läßt sich von Rebekka und den Eltern mitziehen.

»Aber er ist der Messias der Juden. Wir gehören nicht dazu. Er wird Tobias nicht heilen«, sagt der Vater. Rebekka ruft:»Er hat in Tyrus ein krankes Kind gesund gemacht. Die Leute dort glauben auch nicht an seinen Gott. Er wird Tobias helfen!« Sie ziehen Tobias an den vielen Menschen vorbei, die dastehen und Jesus zuhören. Dann stehen sie vor Jesus. »Jesus«, rufen sie »bitte lege deine Hände auf unseren Tobias, er ist taub und stumm. Er kann nicht hören und nicht sprechen! Bitte . . .!« Sie schauen Jesus flehend an. Jesus sieht Tobias an. Jesus nimmt Tobias an der Hand und führt ihn weg von den vielen Menschen. Rebekka geht leise hinterher. Was wird Jesus tun?

Jesus legt Tobias die Finger in die Ohren. Dann legt er die Finger zuerst auf seine Zunge und dann auf die Zunge von Tobias. Tobias kann alles spüren, was Jesus mit ihm macht. Jesus blickt zum Himmel empor, seufzt und spricht zu Tobias:»Hephatha!« das heißt: Tu dich auf! Im selben Augenblick öffnen sich seine Ohren – er kann hören – seine Zunge löst sich – er kann richtig sprechen.

### Die große Freude

Jesus hat die unsichtbare, geschlossene Wand durchstoßen und das Band von seiner Zunge weggenommen. Tobias ist überglücklich. Jesus führt ihn zurück zu seinen Eltern. Rebekka geht hinterher. Tobias sagt mit lauter und deutlicher Stimme:»Danke, Jesus, daß du mich gesund gemacht hast!« Der Vater ruft:»Jetzt weiß ich, daß du, Jesus, stark bist und daß dein Gott uns auch liebhat!« »Danke, Jesus!« ruft auch Rebekka.

Jesus sagt zu den Menschen, die dabeistehen:»Erzählt es nicht weiter, was ihr eben gesehen habt.« Die Menschen schauen den geheilten Tobias an, und sie rufen:»Das müssen wir zu Hause erzählen. So etwas haben wir noch nie erlebt. Er hat alles gut gemacht: Den Gehörlosen gibt er das Gehör und den Stummen die Sprache!«

Tobias ist ein neuer Mensch geworden. Er kann jetzt die Stimmen seiner Schwester und seiner Eltern hören und mit ihnen reden. Er hört, daß die Vögel zwitschern und die Katzen miauen. Wenn die Nachbarn vorbeikommen, kann er mit ihnen reden. Er kann jetzt einen Beruf lernen. Tobias ist nicht mehr allein. Er gehört zu den anderen. Sein ganzes Leben lang wird Tobias nicht vergessen, wie Jesus ihm geholfen hat.

*Gebet:* Guter Gott, du hast den taubstummen Tobias geheilt.
Du hast ihm das Gehör und die Sprache gegeben.
Du hast ihn froh gemacht.
Ich danke dir, daß meine Ohren hören können
und meine Zunge reden.
Ich freue mich über dich, Gott.    Amen

*Wie ist das, wenn man nicht hört? (Hörübungen)*

Ohren zuhalten – einer sagt etwas. Wenn es nicht verstanden wurde,
die Hände »reden« lassen. Jeder darf etwas pantomimisch darstellen, die
anderen raten (essen, trinken, Berufe usw.).

Zum Schluß spielen wir Flüstertelefon. Die Kinder sitzen im Kreis.
Die Mitarbeiterin/der Mitarbeiter flüstert dem rechts sitzenden Kind ein
Wort ins Ohr. Dieses sagt es weiter, dem nächsten Kind ins Ohr. Die/der
Letzte in der Runde sagt laut, was angekommen ist (reizvolle, lange
Worte suchen, z. B. »Kindergottesdienstmitarbeitertreffen« usw.).

## 4. EINHEIT: Ich bin dankbar, daß ich gesund bin

Kurze Wiederholung der Geschichte.

Kinder überlegen, was der Geheilte jetzt alles kann – was wir können,
wenn wir gesund sind: reden, hören, hüpfen, springen, singen. Es ist nicht
selbstverständlich, daß wir gesund sind.

Vertiefung der Geschichte:
a)  Die Geschichte spielen, auch mehrmals, mit wechselnden Rollen (die
    Kinder legen bei der Darstellung der Heilung die Finger vor die Lip-
    pen, nicht auf die Zunge).
b)  Wandbild aus gemalten und ausgeschnittenen Figuren (vorbereiten).
c)  Lied und Tanz (anknüpfend an Mk 7,37)

*Lied: »Die Menschen öffnen Türen (Vers 1 und 6–9) – (siehe Seite 130)*

Liedeinführung:
Ich könnte mir vorstellen, daß der geheilte Tobias laut gesungen hat, deswegen habe ich euch heute ein Lied mitgebracht: Zuerst das Zwischen-
spiel auf la la singen: dann die Verse sprechen und singen.

Tanzvorschlag:

Vers 1: Mit angefaßten Händen im Kreis gehen. Zuerst nach rechts bis
        »Haus«, dann nach links.
        Zwischenspiel »la la« im Kreis hüpfen.
Vers 6: Im Kreis gehen mit Gebärden (langsam singen!) – »la la« ste-
        hend singen.
Vers 7: Langsam mit ausgestreckten Armen zur Kreismitte gehen – »la
        la« stehend singen.

### Die Menschen öffnen Türen

1. Die Men - schen öff - nen Tü - ren. Sie
ma - chen auf ihr Haus. Aus Städ - ten und aus
Dör - fern, da kom - men sie her - aus.

*Vor-, Zwischen-, Nachspiel,  evtl. auch gesungen auf lala.*

2. Sie machen auf die Ohren und hören Jesus an.
   Sie hören, in dem Jesus, da spricht ein Gottesmann.

3. Sie machen auf die Augen und schauen Jesus an.
   Sie sehen, in dem Jesus, da schaut Gott selbst uns an.

4. Sie machen auf die Hände und fassen Jesus an.
   Sie spüren, in dem Jesus, da rührt Gott selbst uns an.

5. Sie bringen ihre Kinder und geben sie dem Herrn.
   Sie bitten, Jesus, segne die Kinder, hab sie gern.

6. Es kommen viele Kranke, taub, stumm und blind und lahm.
   Sie fassen Jesu Kleider und seine Hände an.

7. Sie rufen: Herr erbarme! Erbarm dich unsrer Not!
   Erlöse uns von Krankheit, vom Bösen und vom Tod.

8. Und Jesus schaut mit Liebe die vielen Menschen an.
   Heilt ihre kranken Herzen und ihre Wunden dann.

9. Wir fragen alle staunend, wie Jesus das nur schafft.
   Wir glauben, in dem Jesus wirkt Gottes Geist und Kraft.

Text und Melodie: Franz Kett
Aus: Handreichungen und Arbeitshilfen zum Religionsbuch für die Grundschule, 2. Jahrgangsstufe, Hg. Fritz
Weidmann, Verlag Ludwig Auer, Donauwörth. Rechte: RPA Verlag, Landshut

Vers 8: Gebärde: Schauen, alle Hände in Kreismitte aufeinander legen –
»la la« Hände anfassen und im Kreis hüpfen.

Vers 9: Im Kreis gehen, bis »schafft«, dann stehenbleiben und beide
Arme nach oben ausstrecken – »la la« im Kreis hüpfen.

(Text sich selbst gut einprägen, ebenso die Tanzfolge; im Kreis mittan-
zen! Tanz mehrmals durchführen.)

*Gebet:* Lieber Vater im Himmel,
ich freue mich, daß ich gesund bin.
Ich kann morgens aufstehen und mit meinen Freunden spielen.
Ich kann essen, was mir schmeckt, und mit dem Roller fahren
und so vieles tun, was mir Freude macht.
Dafür danke ich dir.
Laß mich nicht vergessen, daß ich auch anderen helfen kann.
Sei du bei dem/der kranken . . . . . . und laß ihn bald wieder ge-
sund werden.   Amen

**Vorschläge für Psalmen und Lieder**

Psalmen: Geborgen ist mein Leben in Gott (LfJ S. 487)
Psalm 121

Lieder: Eine freudige Nachricht breitet sich aus (in: Sieben Leben möcht ich
haben, S. 70)
Ich möcht, daß einer mit mir geht (LfJ 678)
Die Welt lebt von Worten (LfJ 691)
Gott, du hast uns Augen gegeben (LfJ 684)
Ich freue mich und springe (siehe Seite 45)

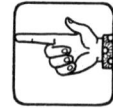

*Literatur*

Ernst Lohmeyer, »Das Evangelium nach Markus. Kritisch-exegetischer
Kommentar über das Neue Testament«, Band 1/2, Verlag Vandenhoeck & Ruprecht
»Lebensraum Kindergarten«, Hrsg. Ministerium für Kultus und Sport Baden-Württemberg,
Verlag Ernst Kaufmann und Herder Verlag
»Wenn man mit Händen und Füßen reden muß«, Hrsg. Haslachmühle, Horgenzell

# Beschenkt werden – teilen lernen
Text: Das Scherflein der Witwe (Lukas 21,1–4)

VERONIKA LANGER

## 1. Das Thema

Kinder vertrauen, daß es ihnen gutgeht. Sie wissen, daß Opfern (alles weggeben) weh tut. Kinder freuen sich über Geschenke (das gehört mir). Sie teilen gerne, wenn sie Erfahrungen machen, die zeigen, teilen beschenkt auch: mit Freude, mit Mitfreude. Sie gewinnen im Miteinanderteilen die Sicherheit, daß es ihnen deswegen nicht schlechter geht.

## 2. Die Botschaft

Dieser Entwurf führt auf eine biblische Erzählung zu, die vom Opfer handelt. Auf den ersten Blick ist die Geschichte der Witwe aus Lk 21,1–4 nicht kindgemäß. Kinder haben kein Geld zum Opfern. Auf das Taschengeld abzuheben, ist bei den Kleinen unsinnig, weil sie »wirklich nichts haben«.

Die Szene führt aber zu einer hilfreichen Erfahrung: Sie erzählt davon, wie Jesus diese Frau ansieht. Er sieht ihre Gabe, die in seinen Augen groß ist. Er belohnt ihr »teilen«, sagt, daß sie »mehr« gibt, als die, die besitzen, weil sie von Herzen gibt.

Kinder haben ein waches Gespür für Echtheit. Unsere materiell überfütterten Kinder sind vielleicht deshalb auch so unzufrieden, weil mit ihnen nicht geteilt wurde (Zeit, Liebe, Nähe etc.). Deshalb sollen diese Kindergottesdienste bewußtmachen, daß Schenken und Teilen gute Erfahrungen sind.

## 3. Arbeitsplanung

1. EINHEIT
**Vom Opfern und Teilen**
— Gespräch über Schenken, Teilen, Opfern
— Kanon: »Froh zu sein bedarf es wenig«
— Erzählung: »Die kleinen Leute von Swabeedoo«
— Spruch
— Gebet
— Hausaufgabe

**2. EINHEIT**
**Schenken ist schön**
— Wiederholung von Kanon, Spruch und Gebet
— Geschichte:»Die unerwartete Weihnachtsfreude«
— Liedvers
— Geschenk

**3. EINHEIT**
**Eine Frau, die schenkt**
— Fußspuren herstellen
— Lied
— Erzählung

## 1. EINHEIT
## Vom Opfern und Teilen

● *Mit Kindern Begriffe erarbeiten*

| **SCHENKEN** | **TEILEN** |
|---|---|
| hergeben | alle sollen etwas haben |
| danke sagen | alleine macht es keinen Spaß |
| sich von etwas trennen | Liederbücher austeilen |
| weil ich dich liebhabe | abgeben |
| Freude bereiten | gerecht sein |
| überraschen | nicht alles selbst behalten |

| **OPFER** | |
|---|---|
| in der Kirche opfern | Abraham opfert seinen Sohn |
| Unfallopfer | Kain und Abel opfern |
| Kriegsopfer | Brot für die Welt |

● *Kanon:*»Froh zu sein bedarf es wenig und wer teilt (schenkt, opfert) ist ein König.«
(Melodie siehe»Mein Kanonbuch«, Nr. 122, tvd-Verlag, Düsseldorf)

● *Geschichte:*»Die kleinen Leute von Swabeedoo«
(als Büchlein erschienen bei: Verlag Partisch und Röhling GmbH, Asternweg 4, 2360 Bad Segeberg)
evtl. Pelzchen mitbringen und die Kinder mitspielen lassen.

● *Lied vom Teilen:*»Gibst du mir von deinem Apfel ab«, Verse 1–8
(siehe Seite 134)

● *Spruch:*Ein Mensch sieht was vor Augen ist,
Gott aber sieht das Herz an. (1. Sam 16,7)

## Gibst du mir von deinem Apfel ab (Lied vom Teilen)

1. Gibst du mir von dei-nem Ap-fel ab,
weil ich heu-te nichts zu es-sen hab'? Ich
den-ke, das ver-spre-che ich, beim näch-sten Mal an
dich! Gut zu-sam-men-le-ben, tei-len, neh-men,
ge-ben. Wenn je-der et-was hat, dann
wer-den al-le satt. Wenn je-der et-was
hat, dann wer-den al-le satt.

2. Gibst du mir von deinem Frühstück ab?

3. Gibst du mir von deinem Kuchen ab?

4. Gibst du mir von deiner Limo ab,
weil ich heute nichts zu trinken hab' ...

5. Gibst du mir von deinem Spielzeug ab,
weil ich heute gar nichts bei mir hab'?
Ich denke, das verspreche ich,
beim nächsten Mal an dich.
Gut zusammen leben.
Teilen, nehmen, geben.
Teilst du, was du hast, mit mir,
dann freu' ich mich mit dir.

6. Gibst du mir von deinen Stiften ab?

7. Gibst du mir von deinem Kleister ab?
usw.

8. Gibst du mir von deiner Freude ab,
weil ich nichts zu lachen hab?

Text: Rolf Krenzer; Musik: Peter Janssens
Aus: »Ich schenk dir einen Sonnenstrahl«, 1985
Alle Rechte im Peter Janssens Musik Verlag,
Telgte/Westfalen

● *Gebet:* Der Kehrvers »Wir danken dir, wir danken dir, wir danken dir, o Gott« wird nach der Melodie »Für Speis und Trank« gesungen (aus: »Sagt Gott, wie wunderbar«, Seite 107).

*Wir danken dir, o Gott!*
Jeden Tag werden wir beschenkt.
Wir freuen uns, wenn uns jemand zeigt, daß er uns mag.
Wir danken dir . . .

*Wir danken dir, o Gott!*
Von dir kommt alles, was uns guttut.
Du schenkst die Sonne, damit wir draußen spielen können.
Du schenkst den Regen,
damit wir durch die Pfützen tollen können.
Du schenkst Sonne und Regen,
damit alles auf der Erde wachsen und leben kann. Auch ich.
Wir danken dir . . .

*Wir danken dir, o Gott!*
Und darum wollen wir auch die anderen Menschen nicht vergessen.
Wir denken aneinander und wollen uns Freude schenken.
Wir nehmen alle gute Gaben aus deiner Hand
und wollen sie miteinander teilen.
Wir danken dir . . .

Für den kommenden Kindergottesdienst bringt jedes Kind ein kleines Geschenk mit. Es soll so klein sein, daß es der andere nicht sieht, wenn man es in der Hand hält. Wir sammeln die Geschenke in einem Korb (an Reservegeschenke denken!) und wollen sie uns am nächsten Sonntag weiterschenken. (Großes Geheimnis! Nichts verraten!)

## 2. EINHEIT
## Schenken ist schön

Auf dem Altar steht ein Korb mit einem Tuch bedeckt, in den die Kinder ihre Geschenke legen.

Lieder, Gebet und Spruch aus der 1. Einheit. Kleine Kinder sind dankbar, Bekanntes zu hören und mitsprechen zu können.

● *Geschichte:* **Unerwartete Weihnachtsfreude**

Burrli hieß er, mein Teddybär. Ich trug ihn immer mit mir herum und wäre ohne ihn abends auf keinen Fall eingeschlafen. Nur beim Essen durfte er nicht neben meinem Teller sitzen, also thronte er oben auf dem Klavier, wo er mich gut sehen konnte. Wir waren unzertrennlich. Er war klein genug, um auf Spaziergängen in meiner Manteltasche zu sitzen. Sein Kopf mit den klugen Augen schaute natürlich heraus, weil wir über

alles, was wir erlebten, miteinander sprechen mußten. Seine Meinung war mir wichtig, und da er immer meiner Meinung war, verstanden wir uns ausgezeichnet.

In der Adventszeit hatten wir natürlich ganz besonders viel miteinander zu reden, es war für uns eine sehr aufregende Zeit voller Wunder und Geheimnisse. Zu den großen Herrlichkeiten gehörte der Christkindlmarkt vor der Teynkirche. Unsere Nasen schwelgten in der köstlichen Mischung aus Zimt, Lebkuchengewürzen, gebrannten Mandeln, Räucherstäbchen und Tannenduft, und unsere Augen konnten es gar nicht so schnell einsammeln, was da um uns glitzerte und funkelte – nur Engelshände konnten all diesen Zauber hierhergetragen haben. Und Burrli sagte, daß die Englein um diese Zeit in der Teynkirche übernachteten, weil sie nicht täglich den weiten Weg zwischen Himmel und Erde fliegen konnten. Das leuchtete mir ein.

Wenn es draußen dunkel wurde, saßen Burrli und ich am Fenster und warteten. Wir wollten das Christkind sehen. Übrigens behauptete Burrli einmal, es wäre ganz dicht vor seiner Nase vorbeigeflogen. Große, goldene Glitzerflügel hätte es gehabt und wunderschöne, lange Locken mit Sternen, die in allen Farben funkelten. Ich glaubte ihm, weil Burrli mich niemals anlog.

Zu meiner Kindheit kaufte man in Prag keine fertigen Kleider, sie wurden zu Hause genäht. Dafür gab es in den meisten Familien eine Hausschneiderin. Unsere hieß Milena Zazáková. Sie war jung Witwe geworden und lebte mit ihrem fünfjährigen Tontschi in ärmlichen Verhältnissen. Sie war von zarter Gestalt, das viele Nähen hatte ihren Rücken gebeugt. Man sah es auch an ihrem blassen Gesicht – es gab keinen Sonnenschein in diesem sorgenvollen Leben.

Meine Mutter schickte ihr jedes Jahr zu Weihnachten ein Paket mit nützlichen Dingen und legte auch einen Geldschein bei. Diesmal aber fand sie, wir sollten unsere Gaben persönlich zu Frau Zazáková bringen. Zu meiner größten Freude durfte ich mitgehen.

Als ich dann an Mutters Hand mit dem schweren Geschenkkorb durch den Schnee stapfte, fühlte ich eine helle Fröhlichkeit in mir und überlegte, ob dem Christkind wohl auch so zumute ist, wenn es den Kindern seine Geschenke bringt. Ich fragte Burrli, der natürlich in meiner Manteltasche saß, was er dazu meinte, und da hörte ich ihn singen . . . gnadenbringende Weihnachtszeit. Das war eine gute Antwort.

Ich war noch nie in dem Stadtteil gewesen, in dem Frau Zazáková wohnte. Die Häuser sahen grau und abweisend aus, müde vom Verbrauchtsein.

Auch das Haus, in dem Frau Zazáková wohnte, wirkte düster und verwohnt, es roch nach Kohlsuppe und Zwiebeln. Die schmale Holztreppe war abgetreten, an den Türen gab es oft nur Namensschilder aus Pappe. Endlich, ganz oben unter dem Dach, fanden wir den Namen Za-

záková. Eine Klingel gab es nicht. Auf unser Klopfen wurde die Tür einen Spaltbreit geöffnet – zwei ernste Kinderaugen sahen uns an. »Du bist sicher der Tontschi«, sagte meine Mutter. Er nickte. »Ist deine Mutter zu Hause?« Noch ehe er antworten konnte, kam sie und sah uns mit sichtlicher Verwirrung an: »Milostpaní, Sie kommen zu uns?« »Dürfen wir hereinkommen?« fragte meine Mutter freundlich. »Abr natierlich, sepferständlich, bittescheen . . .« Hastig nahm sie die Schürze ab, nestelte ordnend an ihrem Haar und bemühte sich, ihre Verlegenheit mit freundlichem Lächeln zu verdecken.

Die Wohnung bestand aus einem einzigen Raum mit den schrägen Wänden des Dachgeschosses. Das Fenster war mit Eisblumen bedeckt, zur Hälfte geschützt von einer grauen Decke, um die Kälte abzuhalten. Der Kohleherd in der Ecke war die einzige Wärmequelle, durch die Ritzen seines Eisentürchens schimmerten rötliche Feuerzeichen, und das Holz verbreitete einen harzigen Geruch. Die wenigen Möbelstücke, Bett, Kommode, Schrank, standen dienstbereit an der Wand, in der Mitte ein Tisch und vier Stühle. Kein Teppich, kein Bild, an der Decke eine schlichte Glaslampe.

Bedrückt faßte ich nach der Hand meiner Mutter. Ich dachte an mein gemütliches Kinderzimmer mit den hellen Möbeln, an meine Puppenecke und die Kiste mit den Kinderbüchern, an unsere große Familie mit den Geschwistern und der Großmutter – wie war das zu Hause alles glücklich in wohliger Geborgenheit.

Auf der Kommode stand ein kleiner Weihnachtsbaum, fünf Kerzen und einige Nüsse in Goldpapier waren der einzige Schmuck.

»Bittescheen, nemmen Sie Platz«, sagte Frau Zazáková, und »was darf ich Ihne anbieten, vielleicht eine Tee?«

Meine Mutter lehnte dankend ab:

»Wir wollten nur diesen Korb vorbeibringen und Ihnen ein schönes Fest wünschen.«

Tontschi, der bis dahin verlegen an seine Mutter gedrückt alles schweigend verfolgt hatte, wagte nun einen kleinen Schritt vor und starrte gebannt auf die liebevoll verpackten Geschenke. Frau Zazáková ergriff die Hand meiner Mutter und stammelte:

»Daß Sie perseenlich gekommen sind . . . zu mir und dem Tontschi . . . wie soll ich Ihne danken . . .« In ihren Augen schimmerten Tränen der Rührung, sie bückte sich, um meiner Mutter die Hand zu küssen.

»Aber Frau Zazáková, ich bitte Sie . . . das tun wir doch gern . . . außerdem – uns schickt ja das Christkind . . .«

Die Näherin drückte den Kleinen an sich und flüsterte: »Schau, Tontschitschku, das Christkind hat sie uns geschickt, die Frau Hiebner . . .«

»Das Christkind . . .«, fast flüsternd kam es. Es hatte ihn nicht vergessen, das begriff er jetzt. Und dieses Wissen verwandelte ihn – ein Lä-

cheln kam in sein blasses Kindergesicht, ein wunderbares Lächeln, und seine Augen schimmerten in warmem Glanz. So sieht ein Engel aus, dachte ich, und mir schien, als läge um seine kleine Gestalt ein heller Schein. So muß es damals gewesen sein, damals im Stall von Betlehem. Es war, als sagte mir eine Stimme:»Schenk ihm etwas, das deinem Herzen ganz wichtig ist.« Ohne Zögern griff ich in die Manteltasche und zog Burrli heraus:

»Da, Tontschi – nimm!«

Er sah mich sprachlos an, beinahe erschrocken. Heftig schüttelte er den Kopf:»Nein, nein!« Ich spürte, wie Burrli am ganzen Körper zitterte – oder war es meine Hand?

Meine Mutter neigte sich zu Tontschi und streichelte ihn:»Schau doch mal in den Korb, ganz oben, das blaue Packerl . . .«

Unsicher blickte der Kleine zu seiner Mutter, und erst als sie ihm aufmunternd zunickte, griff er danach. Behutsam wickelte er das Geschenk aus und recht verlegen, weil wir ihm dabei zusahen.

Als ein kleiner Teddybär zum Vorschein kam, rief ich:»Burrli, sieh mal!« und atmete befreit auf. Denn mir wurde erst jetzt bewußt, wie bitter es gewesen wäre, mich von Burrli zu trennen. Immerhin, ich hätte es getan, für Tontschi hätte ich es getan. Und das fand ich eigentlich ziemlich edel.

Beim Abschied umarmte ich Tontschi mit dem ganzen Ungestüm meiner Zuneigung, denn dies wußte ich: Er war ein Kind, wie ich keines kannte. Ich drückte meine Wange an seine. Als wir da so standen mit unseren Teddykindern, eng aneinandergelehnt und sehr glücklich, da war es mir, als schaue das Christkind zum Fenster herein. Burrli sah es auch, denn seine Augen strahlten.                    *Friederike Hübner*

(Die Rechte an dieser Erzählung konnten nicht eindeutig geklärt werden. Die Rechtsansprüche bleiben jedoch gewahrt.)

● *Lied:* nach der Melodie »Wir singen vor Freude« (Menschenskinderlieder, Nr. 152)

Schenken macht Freude, das weißt auch du.
Ich schenk dir das und bitte, was schenkst du?
Hin und her, her und hin.
Hier schenkt einer, da schenkt einer.
Von meiner Hand in deine Hand.
Schau, was zum Schluß in meiner Hand ich fand!

(Text: V. Langer)

Die Geschenke wandern ganz heimlich während des Liedes von einer Hand zur andern. Erst bei »Schau . . .« darf jeder seine Hand öffnen und das Geschenk gehört ihm. Eigenes kann im verdeckten Korb ausgetauscht werden.

## 3. EINHEIT: **Eine Frau, die schenkt**

● *Fußspuren herstellen*

*Material:* Tonpapier in den Farben Gelb, Lila, Rot, Schwarz, Blau und Orange. Scheren und Bleistifte. Karton mit einer Skizze des Tempels. *Vorbereitung:* Zu Beginn die Fußspuren für diese Geschichte herstellen. Die Spuren rings um die Tempelskizze legen. Beobachten, welche Unterschiede es gibt: Groß – klein, hell – dunkel, bedeutend – unbedeutend, auffällig – unauffällig usw.

*In die Erzählung hineinführen:*

Um meine Geschichte erzählen zu können, benötige ich zunächst die Hilfe der Kinder. Ich habe auf Karton eine große Skizze vom Tempel vorbereitet, die ich auf den Boden lege. Den Tempel selbst beschreibe ich nur kurz. Vielleicht kennen ihn die Kinder auch vom 12jährigen Jesus.

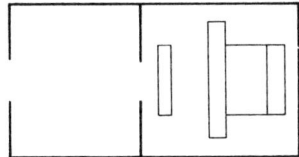

Die Opferstöcke für den Frauenvorhof habe ich vorbereitet, aber noch nicht aufgestellt. *Verschiedenfarbiger Karton, Bleistifte und Scheren* liegen ebenfalls bereit. Wir schauen uns den Tempel an. Schön ist er, aber ziemlich leer. Wollt ihr mir helfen, da Bewegung reinzubringen?

Die Kinder sind nun aufgefordert, die Menschen, die in unserer Geschichte dabei sind, darzustellen. Wir zeichnen dazu unsere Füße auf dem Karton nach und schneiden sie aus. Vielleicht können die Kinder schon selbst Personen benennen, die zum Tempel kommen. Ich sage dann dazu, wer mir noch fehlt und erkläre Begriffe wie Priester, Witwe, Jünger usw.

Den Farbvorschlag für die Füße gebe ich so weiter, wie ihn die Kinder wollten: *Jesus* (gelb), *die Jünger* (lila), *die Reichen* (rot und groß), *die Witwe* (schwarz und klein), *viele Menschen* (blau), die *Priester* (orange).

Daß die Kinder mit ihren eigenen Füßen die Personen darstellen, gibt ihnen die Möglichkeit, ganz bei der Geschichte dabeizusein und sie richtig mitzuerleben. Nun liegt es am Erzähler, Bewegung in den Tempel und in seine Geschichte zu bringen.

● Erzählung: **Eine Frau, die schenkt** (Lukas 21,1–4)

Jesus ist mit seinen Jüngern wieder in Jerusalem. Er redet wie viele andere Lehrer im Tempel zu den Leuten. Heute ist er im Vorhof der Frauen. Nur hier dürfen sich die Frauen aufhalten. Aber auch viele andere Menschen sind da.

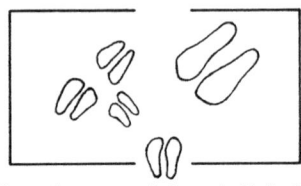

Sie hören zu, wie Jesu davon spricht, wie lieb Gott alle Menschen hat. Die meisten von ihnen wollen in den Tempel zum Gottesdienst. Sie kommen zum Schönen Tor herein und gehen an den Opferkästen vorbei. Hier ist ein Kasten für die Tempelsteuer. Da ist einer für das Holz, das für das Feuer auf dem Altar gebraucht wird. Einer ist da, damit der Tempel schön geschmückt werden kann, und dann gibt es auch noch einen für die Armen und Kranken.

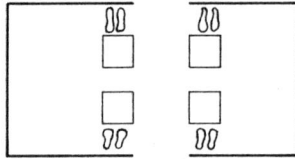

Hinter jedem Opferkasten steht ein Priester, der genau hinschaut, wieviel die Leute da hineinlegen. Wir wundern uns darüber, aber für die Menschen damals war das sehr wichtig. Sie wollen wissen, wer es sich etwas kosten läßt, daß der Tempel schön erhalten bleibt. So ist es ganz normal, daß auch Jesus sich mit seinen Jüngern in eine Ecke stellt und zuschaut.

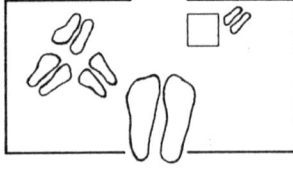

Immer mehr Menschen kommen und werfen ihre Gaben ein. Hier kommt ein ganz reicher Mann. An seinem wunderschön bestickten Kleid kann man es sehen, daß er viel Geld hat. Mit großen Schritten geht er zum Opferkasten. Dort bleibt er stehen und schaut sich erst einmal um, ob ihn auch alle sehen.

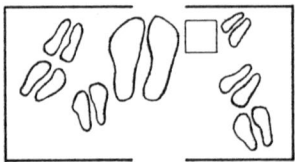

Jetzt wirft er ganz andächtig eine wertvolle Münze in den Kasten. Die Leute staunen. »Der läßt sich nicht lumpen«, sagt einer. Ein anderer ant-

wortet: »Ja, der läßt sich unseren schönen Tempel was kosten.« Auch der Priester nickt anerkennend mit dem Kopf. Der Reiche geht zufrieden weiter. Viele andere folgen ihm, und immer wieder kann man große, schwere Münzen in den Kasten fallen hören. Plötzlich kommt da eine schwarzgekleidete Frau zum Schönen Tor herein. Sie schaut sich nicht um. Hastig eilt sie durch den Frauenvorhof. Jesus sieht diese Frau. Er unterbricht das Gespräch mit seinen Jüngern und schaut nur noch auf diese unscheinbare Frau.

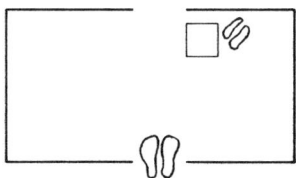

Schon an ihrem ärmlichen Kleid können alle erkennen, daß sie nicht reich ist. Ihr Mann ist gestorben. Niemand ist da, der für sie sorgt. So muß sie oft betteln gehen und ist darauf angewiesen, daß ihr fremde Leute zu essen geben. Manchmal bekommt sie auch etwas Geld. Das teilt sie sich dann gut ein, daß es auch viele Tage reicht. Aber was macht die Frau da? Auch sie bleibt am Opferkasten stehen. Sie will gar nicht gesehen werden. Schnell nimmt sie zwei kleine Münzen aus ihrer Rocktasche, legt sie in den Kasten und geht weiter. Sie weiß, daß sie gerade alles Geld gegeben hat, das sie besitzt. Aber sie ist nicht traurig darüber und betet zu Gott: »Lieber Vater im Himmel, du hast bisher jeden Tag für mich gesorgt. Du wirst mich auch weiterhin nicht im Stich lassen!« Und so geht sie ganz beruhigt wieder nach Hause in ihre armselige Hütte.

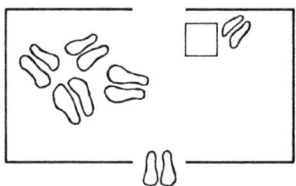

Die Jünger aber sind entsetzt! »Ja, ist denn diese Frau noch normal? Warum hat sie sich denn nicht wenigstens ein Geldstück zurückbehalten? Jetzt kann sie wieder betteln gehen! Und mit diesen zwei armseligen Münzen wird der Tempel auch nicht schöner. Nicht wahr, Jesus, das war doch nicht richtig von der Frau!« sagen sie.
»Ich sage euch«, antwortet Jesus, »diese Frau hat mehr gegeben als alle hier zusammen.« Die Jünger schauen Jesus erstaunt an. Was sagt er da? Sie hat mehr gegeben?
»Ja«, sagt Jesus. »Diese Menschen haben genügend Geld und Häuser. Es tut ihnen nicht weh, wenn sie etwas von dem vielen Reichtum abgeben. Sie können sich trotzdem noch alles leisten, was sie haben wollen.

Diese arme Witwe aber hat alles gegeben, was sie zum Leben braucht. Sie konnte das tun, weil sie darauf vertraut, daß Gott für ihr Leben sorgen wird. So hat sie nicht nur ihr ganzes Geld, sondern ihr ganzes Leben Gott gegeben.«

*

Danach gemeinsam erarbeiten:

● *Begriffe aus unserer Beobachtung* von der Geschichte aufnehmen
— dazu: viel – wenig
    Überfluß (ich habe immer noch genug) – Opfer (tut weh)
— Der Mensch sieht, was vor Augen ist, Gott aber sieht das Herz an.
● *Lied:* »Es war einmal ein reicher Mann«
    (Die biblische Erzählung kann auch erst in der nächsten Einheit erzählt werden, wenn das Herstellen der Fußspuren zuviel Zeit in Anspruch nimmt.)

**Es war einmal ein reicher Mann**

1. Es war ein-mal ein rei-cher Mann, der kam mit sei-ner Bör-se an, viel Gold und Geld hatt' er dar-in, das gab er Gott zum Op-fer hin.

2. Da war auch eine arme Frau,
die Jünger sahen's ganz genau,
die warf zwei kleine Münzen ein.
Was sollte das Besondres sein?

3. Doch Jesus sagte: Hört mal her,
die Frau hier, die gab sehr viel mehr
als dort der Reiche, das ist wahr,
der hat daheim viel Geld in bar.

4. Die Frau jedoch, die hat kein Geld.
Sie denkt: Nur mein Vertrauen zählt;
Gott, der die ganze Welt stets lenkt,
der hat auch immer mich beschenkt.

5. Genauso ist es auch noch heut',
ihr großen und ihr kleinen Leut.
Gott läßt euch niemals ganz im Stich,
liebt dich und dich und dich und mich.

Text und Melodie: Heinz-Lothar Worm. Rechte beim Autor

# Streiten – sich versöhnen

Text: Das Gleichnis vom Schalksknecht (Matthäus 18,21–35)

ALMA GRÜSSHABER/PETER HITZELBERGER

## I. Vorüberlegungen

### A. Erfahrungen der Kinder

Streit unter Kindern ist alltäglich. Die Anlässe dafür sind häufig banal und für Erwachsene oft nicht einsichtig. Kinder aber machen beim Streiten wichtige Erfahrungen:

— Klären, wer recht hat oder im Recht ist.
— Ein/e andere/r befaßt sich mit mir.
— Emotionale und (leider auch) körperliche Kraft messen.
— Stark sein – schwach sein. Ich bin vielleicht unterlegen und werde verletzt. Oder ich gewinne und fühle mich sehr mächtig.
— Sich wieder gut sein, ist gar nicht so leicht.
— Vergeben und versöhnen fällt nicht vom Himmel – u. U. muß ich zugeben, daß ich im Unrecht war.
— Sich nach dem Streiten wieder zu vertragen, *kann* sehr schön sein.

### B. Erfahrungen, die in den Einheiten dazu gemacht werden können

Streiten muß nicht den Grundton von Abwehr und Zank haben. Es geht auch um Ichstärke und um Grenzen, die die/der einzelne hat oder braucht. Auch Kinder müssen dringend lernen, daß es beim Streiten immer um »Sache« und »Person« geht. Dort, wo die Gefühle dann überschwappen, kann viel Häßliches und Verletzendes passieren.

Weil Menschen immer wieder in Konflikte miteinander geraten – die Kleinen und die Großen –, ist es wichtig, auch das Versöhnen und Vergeben einzuüben. Dort, wo ich der/dem anderen wieder die Hand reichen und in die Augen sehen kann, haben wir beide etwas gewonnen: neues Vertrauen, begraben von Anklage und Bedrohung, erfahren der Freude über einen Neuanfang. In der biblischen Erzählung vom Schalksknecht wird deutlich, was uns Menschen immer wieder abgeht: Güte und Großmut. Da bleibt einer kleinlich und knechtet den, der ihm wenig schuldet, obwohl er selbst große Schuld erlassen bekam. Da giftet einer, obwohl er keinen Grund hat, aber der Lust am Unterwerfen, am »mächtig sein« nachgibt. Vielleicht gelingt es, daß die Kinder entdecken: Obwohl es bei uns nicht um Geld geht, kann unser Streit dieselbe häßliche Seite haben, daß auch wir Kinder uns über die Freundin/den Freund erheben und uns anfeinden anstelle von Freundschaft. Vergeben und versöhnen hieße dann auch für die Kinder: Störendes ausräumen, Verletzendes wiedergutmachen.

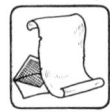

## II. Die Botschaft des Textes

### A. Der Text im Gesamt des Evangeliums

Der Text steht im Matthäusevangelium in einer der fünf großen Reden Jesu. Nach der Bergpredigt (Mt 5,1-7,28), der Aussendungsrede (Mt 9,35-11,1) und der Rede über das Himmelreich (Mt 13,1-53) ist die große Gemeinderede in Kapitel 18, zu der der Text gehört, die vierte große Redekomposition des Evangelisten. In Mt 24,1-25,1 folgt noch die Rede über die Endzeit. In diesen Reden teilt der Evangelist wesentliche Grundzüge seines Verständnisses der Botschaft Jesu mit. Die große Gemeinderede spricht Grundfragen des Gemeindelebens an.

Der Textabschnitt Mt 18,21-35 ist fast ausschließlich Sondergut (d. h., er findet sich nur bei Mt). Lediglich das einleitende Wort von der Vergebung findet sich noch in Lk 17,4.

Die Gliederung der Gemeinderede ist nicht eindeutig geklärt. Wir folgen in der Einteilung im Wesentlichen dem Matthäuskommentar von R. Schnackenburg (s. Literaturangaben):

a. Vom Großsein im Reich Gottes (Mt 18,1-5)
b. Vom Anstoßgeben (Mt 18,6-9)
c. Vom Bemühen um die »Kleinen« (Mt 18,10-14)
d. Von der geschwisterlichen Zurechtweisung innerhalb der Gemeinde (Mt 18,15-18)
e. Von der Kraft gemeinsamen Betens (Mt 18,19-20)
f. Von der Verzeihung/Gleichnis vom unbarmherzigen Knecht (Mt 18,21-35)

Im ganzen Kapitel geht es Matthäus darum, daß sich in der Gemeinde nicht der eine über den anderen erhebt, sich jeder um den anderen kümmert (die Zurechtweisung ist nur ein besonderer Fall davon) und nicht Anlaß zum Glaubensabfall eines anderen wird. Es soll in der Gemeinde ein geschwisterlicher Umgangsstil bestimmend sein. Einer trägt für den anderen Verantwortung. Solcher Gemeinschaft im Namen Jesu ist die Gegenwart des Auferstandenen zugesagt (Mt 18,20).

### B. Erarbeitung der Verse

Mt 18,21-35 spricht die Vergebung als Gemeinderegel an und erläutert sie mit einem Gleichnis Jesu. Das Gleichnis veranschaulicht die Dringlichkeit der Vergebungsbereitschaft aufgrund der von Gott erfahrenen Barmherzigkeit.

V. 21-22: Petrus tritt als Sprecher der Jünger (bzw. der Gemeinde) auf. Das siebenmalige Verzeihen, mit dem er schon eine hohe Zahl zu nennen meint, wird in Jesu Antwort radikal überboten. Die Bereitschaft zur Vergebung muß unbegrenzt und bedingungslos sein. Matthäus steigert Lk 17,4 damit noch, obwohl auch dieses Wort so verstanden werden muß.

V. 23–35: Das Gleichnis führt Matthäus mit seiner üblichen Einführungsformel ein (vgl. Mt 13,24.31.33.44.47). Die völlig unerwartete und unermeßliche Barmherzigkeit des Königs (im Judentum ein häufig gebrauchtes Symbol für Gott, vgl. auch Mt 22,2–14) wird in Gegensatz zur geradezu kleinlichen Erbarmungslosigkeit des Dieners (Menschen) gesetzt. Der König erläßt diesem hohen Beamten eine riesige Schuld (10 000 Talente = 60 Millionen Denare), die dieser verschwendet oder unterschlagen hat. Kurz darauf versucht derselbe Beamte jedoch bei seinem Schuldner die kleine Schuld von 100 Denaren brutal einzutreiben. Beide Schuldner flehen mit denselben Worten um Erbarmen. Dennoch ist der hohe Beamte wie taub und nicht imstande, aus der soeben erfahrenen Barmherzigkeit in einer vergleichbaren Situation ein angemessenes Handeln abzuleiten. Das ist der eigentliche Skandal an dieser Geschichte. Es geht also nicht um erbarmendes Handeln als moralische Pflicht, sondern als Konsequenz aus der vorher gemachten Erfahrung: »Hättest nicht auch du mit jenem, der gemeinsam mit dir in meinem Dienst steht, Erbarmen haben müssen, so wie ich mit dir Erbarmen hatte« (V. 33).

## C. Botschaft an die Kinder

Die Botschaft Jesu aus diesem Gleichnis läßt sich etwa wie folgt ausdrücken: Gott möchte dem Menschen, der zur Rettung aus Sünde und Schuld nichts beitragen kann, alles verzeihen. Er erwartet, daß dieser aus Freude und Dankbarkeit über die unverdiente Vergebung anderen Menschen ebenso verzeihend begegnet. Mit dieser Botschaft paßt sich der Text gut in das Grundanliegen der Gemeinderede oder auch der Bergpredigt ein. Dieses Grundverständnis möchte ich Kindern vermitteln: Mein Handeln folgt aus der zuvor gemachten Erfahrung mit Gott. Vers 33 ist für mich daher die Pointe des Textes.

Die Bestrafung des undankbaren Dieners ist lediglich die Folge dessen, daß er die »Spielregeln« seines Herrn offensichtlich nicht zu kennen scheint. In der Erzählung für die Kinder kann man die Verse 34 und 35 auch weglassen, um Mißdeutungen vorzubeugen. Auf der Strafe, die zu befürchten ist, liegt sicher nicht die Betonung.

Für das Thema »Streiten – Sich versöhnen« hat die gesamte Gemeinderede Bedeutung. Aus diesem Zusammenhang ergibt sich für unseren Text erst die richtige Deutung. Mt 18,21–35 macht exemplarisch deutlich, wie Streit und Versöhnung unter dem Gesichtspunkt eines geschwisterlichen Umgangsstils unter Gemeindegliedern angegangen werden kann.

Die Erfahrungen mit Geschwistern sind bei Kindern sicher unterschiedlich, doch was sie sich von einem Bruder oder einer Schwester erwarten würden, führt – wie ich meine – sehr wohl zu dem, was Matthäus sich unter einer geschwisterlichen Gemeinde vorstellt.

Entscheidend ist, die Vergebung durch Gott zu erfahren und sich mit seinem Nächsten als Teil der »Familie« dieses Vaters zu begreifen (vgl. Lk 15,31–32: das Wort des Vaters an den älteren Sohn). Darauf sollte bei der Hinführung zur Erzählung geachtet werden.

*D. Überlegungen zur Darbietung der Bibelgeschichte*

Für die Erzählung schlage ich folgendes vor:
a)  Gleichniserzählung von Vers 21–29.
b)  Die Kinder finden einen Schluß dazu.
c)  Tatsächlicher Schluß der Gleichniserzählung.

Die Erzählung schließt dann mit der Frage des Petrus: »Wie oft muß ich meinem Bruder vergeben, wenn er an mir schuldig wurde?«

*Überlegungen für das Gespräch*

Es sollte anklingen, daß wir immer wieder zum Streiten neigen. Streit ist nicht von vornherein unbedingt als etwas Schlechtes anzusehen. Aber das Bemühen um Wege der Versöhnung ist sehr wichtig. Gott will uns als seine Familie und deshalb als Menschen, die in Frieden und Vergebung miteinander leben.

Als Gebet sollte die 5. Bitte des Vaterunsers aufgenommen werden: »Und vergib uns unsere Schuld, *wie* auch wir vergeben unseren Schuldigern«.

## III. Darbietung

Liturgie für alle Einheiten: Psalm 103 (aus: »Sagt Gott, wie wunderbar«, S. 58)

1. EINHEIT

**Wenn es Streit gibt**

—  Geschichte: »Die roten Scherben«
—  Gespräch: Was beim Streiten weh tut
—  Malen mit Fingerfarben

2. EINHEIT

**Wenn der/die andere mir Unrecht tut**

—  Bibelgeschichte vom königlichen Beamten (Mt 18,21–35)
—  Stabfiguren herstellen, Geschichte nachspielen
—  Liedeinführung: »Halte zu mir, guter Gott« (siehe Seite 85 – sowie in: »Mal Gottes Regenbogen«, Nr. 47, mit einer anderen Melodie)

3. EINHEIT
**Wenn ich mich entschuldigen sollte**
— Gespräch übers Entschuldigen und Versöhnen
  Variante 1: Wir gestalten ein Riesenliederbuch zum Lied
  »Halte zu mir, guter Gott«
  Variante 2: Geschichte »Der Papierflieger«
  Faltarbeit: »Papierflieger herstellen

## IV. Praktische und didaktische Überlegungen zur Darbietung

### 1. EINHEIT
### Wenn es Streit gibt

*Eingangsgruß*
*Lied:* »Wo ein Mensch Vertrauen gibt« (in: »Mal Gottes Regenbogen«, Nr. 103)
*Psalm:* »Deine Gnade und Barmherzigkeit«, nach Psalm 103 (aus: »Sagt Gott, wie wunderbar«, S. 58)

● *Erzählung:* **Die roten Scherben**

Jörg sitzt mit zerknirschtem Gesicht und einer Schniefnase auf der Steintreppe vor dem Haus. Mit den Fingern bohrt er tiefe Löcher in die Jackentasche. Er spürt die Rücklichtscherben, die er in die Tasche gesteckt hat. Zwischendurch schimpft er laut vor sich hin. »Dir werd ich's zeigen, du Feigling. Einfach mein Fahrrad beschädigen. Wenn ich dich kriege, kannst du was erleben . . .«
Was war geschehen? Bastian, Jörgs Schulfreund, war mit dabeigewesen beim Radfahren in der Spielstraße. Bastian besitzt ein altes Fahrrad, eine richtige Klapperkiste. Ständig muß er etwas reparieren. Aber er ist ein flinker Radfahrer. Das Fahrrad von Jörg ist nagelneu. Es hat zwölf Gänge. Immer wieder muß Jörg damit auftrumpfen. »Wollen wir mal eine schnelle Tour fahren? Wer siegt wohl?« sagt er häufig. Bislang hat Bastian mitgemacht. Er hat auch eingesteckt, daß Jörg meistens als Sieger hervorgeht. »Man müßte eine bessere Karre haben«, sagt er manchmal halb beleidigt.
Heute war Bastian jedoch nicht bereit gewesen, das tolle Rad von Jörg anzuerkennen. »Du mieser Angeber, du gewinnst ja nur, weil du ein neues Fahrrad hast. Mit meiner Kiste wärst du viel schlechter als ich. Sollen wir nicht endlich mal Beweise sammeln? Los – wir tauschen die Räder!« brüllte Bastian. Energisch wehrte Jörg ab: »Nein, ich lasse niemand mit meinem Rad fahren. Auch dich nicht.« Beleidigt wandte sich Bastian ab und spielte mit seiner Klingel. Plötzlich warf er sein Rad hin,

sprang auf Jörg zu und schrie: »Such dir doch einen anderen Freund, einen, der sich alles gefallen läßt!« Dann stieß er mit den Fäusten auf Jörgs Rad und gab dem Rücklicht einen kräftigen Fußtritt, daß die Scherben nur so klirrten. Sprachlos stand Jörg da.

»He«, rief er stammelnd. Blitzschnell stieg Bastian auf sein Rad und verschwand um die Ecke.

Bestürzt sammelte Jörg die roten Scherben auf. Er biß die Zähne zusammen. Innen drinnen stieg Wut in ihm auf. Ganz furchtbar böse ist er auf Bastian. Langsam schiebt er sein Fahrrad nach Hause und setzt sich auf die Steintreppe.

● *Gespräch:* Wie könnten Jörg und Bastian wieder zusammenfinden?
Wie ist das bei uns, wenn wir streiten?
Was passiert beim Streiten – was tut weh?
— Ich sehe die/den anderen nur mit meinen Augen;
— ich will recht haben;
— ich sehe bei anderen die Fehler, die ich bei mir nicht sehe;
— ich mache oft um eine kleine Sache viel Lärm;
— ich sage, schreie, brülle Worte, die andere verletzen;
— mir geht es ganz schlecht, und ich brauche Trost.

● *Gestaltungsidee:* Bilder malen mit Fingerfarben
Material: Papierbogen, etwa DIN A 3 groß, für jedes Kind bereitlegen, dazu Fingerfarben und Lappen.
Impuls: Streiten löst in uns Gefühle aus. Wenn ich wütend bin, ist das wie ein Feuer oder wie Gewitter. Wenn Belastendes weg ist, kann das wie ein schöner Sommertag sein oder wie eine bunte Blume.
Die Kinder sollen ihr Blatt zusammenfalten. Jede Blattseite steht nun für ein Gefühl. Dunkle und aggressive Farben stehen für den Ärger, die Wut, die Tränen, das Traurige. Helle und warme Farben geben wieder, wie schön es ist, wenn wir Freunde haben, uns leiden können, miteinander Geduld haben.
Die Bilder werden mit dem Namen versehen und zum Trocknen ausgelegt. Miteinander schauen wir jedes Bild an und fragen den Maler/die Malerin, was er/sie dabei gedacht haben.

*Lied:* »Laßt uns gehn in unser Land« in: »Liederbuch zum Umhängen«, S. 65)
*Gebet und Segensgruß*

2. EINHEIT
## Wenn der/die andere mir unrecht tut

*Eingangsgruß*
*Liturgie:* »Deine Gnade und Barmherzigkeit«, nach Psalm 103 (s. o.)
● *Bibelgeschichte:* Vom königlichen Beamten (Mt 18,21–35)

### Der königliche Beamte, der nicht vergeben konnte

*Einführung:* In der folgenden Geschichte erzählt uns Jesus vom Himmelreich. Jesus möchte uns sagen: Jeder von uns gehört zur gleichen Familie. Gott ist unser Vater, und wir wohnen alle mit ihm im gleichen Haus. Wenn Jesus vom Himmelreich spricht, dann sagt er uns, wie es in diesem Haus, in dem wir mit Gott unserem Vater wohnen, zugeht.

So erzählt Jesus uns:

Mit dem Himmelreich ist es wie mit einem König. Dieser herrscht über ein großes Reich. Er hat viele Beamte, die ihm helfen, sein Land zu verwalten. Regelmäßig verlangt er von diesen Männern Rechenschaft über ihre Arbeit.

Eines Tages lädt er die wichtigsten Beamten in seinen Palast ein. Der König prüft, was jeder gearbeitet hat. Nun entdeckt er bei einem dieser Männer, daß seine Rechnungen nicht stimmen. Eine riesige Geldsumme fehlt – 60 Millionen Denare. »Wo ist das Geld«, fragt der König. Der Beamte erschrickt. Er wirft sich zu Boden und fleht: »Großer König, hab Erbarmen mit mir. Ich habe alles ausgegeben, aber ich werde es dir zurückzahlen.« Der König überlegt lange. Dann hat er Mitleid mit diesem Mann und sagt: »Ich erlasse dir deine Schuld. Du bist frei.«

Hocherfreut geht der Mann aus dem Palast. »Das ist noch einmal gutgegangen«, denkt er. Er eilt nach Hause, um seiner Frau alles zu erzählen. Am Palasttor trifft er einen Mann. Diesen packt er und ruft: »Halt. Du schuldest mir 100 Denare. Los, bezahle sofort, was du mir schuldest! Jeden Denar will ich von dir haben.« Der andere fällt auf die Knie und fleht: »Hab Geduld mit mir. Gib mir Zeit, und ich werde es dir zurückzahlen.«

▶ *Frage an die Kinder:* Wie geht die Geschichte aus?
Wie handelt der Beamte an seinem Schuldner?

Der Beamte hat kein Erbarmen mit dem Mann. Er ruft die Palastwache und läßt ihn ins Gefängnis werfen. Dort soll er büßen, bis alles bezahlt ist.

Nun waren auch andere Menschen beim Palast. Einige beobachten dies und eilen zum König. Sie berichten ihm, was sie gehört und gesehen haben. Der König läßt seinen Beamten rufen und sagt zu ihm: »Du Schuft! Dir habe ich deine riesige Schuld erlassen, weil du mich so angefleht hast. Hättest du nicht mit deinem Schuldner Mitleid haben müssen? Habe ich dir nicht eine viel größere Schuld erlassen?« In seinem Zorn läßt der König den undankbaren Beamten ins Gefängnis werfen, bis seine ganze Schuld bezahlt ist.

▶ *Abschluß:* Zu Beginn habe ich erzählt: Jesus möchte uns sagen, wie es im Himmelreich zugeht. Was können wir aus dieser Geschichte erfahren
— Der König erläßt eine große Schuld.
— Jede/r handelt manchmal wie der Beamte.

— Der König erwartet, daß der Beamte auch gegen seinen Schuldner groß-
zügig ist.
— Gott erwartet, daß wir einander so vergeben, wie er uns vergibt.

Die Geschichte erzählte Jesus seinen Jüngern, als Petrus ihn fragte:»Wie oft muß
ich meinem Bruder vergeben, wenn er mir gegenüber schuldig geworden ist?«
Wie lautet nun die Antwort?

● *Stabfiguren herstellen*
Material: Kartonstücke, Rundstäbe ca. 50–75 cm lang, Tesakrepp-
band, Stoffreste/Wollreste, Klebstoff, Bleistift, Scheren.

Die Umrisse einer Figur aufzeichnen und ausschneiden. Dabei ist zu be-
achten: Die Figur sollte später nach allen Seiten gehen – also das Profil
nicht in Seitenansicht, sondern von vorne.
Die Figur mit Stoff- und Wollresten »anziehen« bzw. bekleben. Zum
Schluß den Stab an der Rückseite der Figur festkleben. Jetzt kann das
Spiel beginnen.
Nach der Bastelaufgabe evtl. ein Nachspielen des Textes angehen.
Die Geschichte in den unterschiedlichsten Rollen nachspielen. Die Figur
dürfen die Kinder mit nach Hause nehmen.

● *Liedeinführung:*»Halte zu mir, guter Gott« (siehe Seite 85 – sowie
in:»Mal Gottes Regenbogen«, Nr. 47, mit anderer Melodie)
Lied erst ansingen, dann dazu klatschen, stampfen oder tanzen.
*Gebet*(siehe Seite 152) *und Segensgruß*


3. EINHEIT
**Wenn ich mich entschuldigen sollte**

*Eingangsgruß*
*Lied:*»Gott ist so gut zu mir« (L. z. U. Nr. 36)
*Psalm:*»Deine Gnade und Barmherzigkeit«, nach Psalm 103

● *Gespräch:*Vom Versöhnen und Entschuldigen
Was können wir alles tun, damit es wieder gut wird?
— Die/den anderen anreden und einander wieder in die Augen
sehen;
— der/dem anderen die Hand reichen;
— sagen, was uns leid tut;
— sagen, was uns verletzt hat;
— wieder miteinander spielen;
— auf uns selbst aufpassen, daß der Streit nicht weitergeht;
— darauf achten, daß es dem anderen Kind gutgeht;
— Gott darum bitten, daß er uns Mut gibt,»Entschuldigung« zu
sagen;
— mit jemand über den Streit reden (Freund/in, Mutter, Vater).

● *Gestaltungsidee:* VARIANTE 1
Wir gestalten ein Riesenliederbuch zum Lied »Halte zu mir, guter Gott«

*Material:* Kartons im Format DIN A 3 (pro Buch 5 Stück), Klebstift, Locher, Stoff- und Wollreste, Farbstifte, Bindfaden oder Kordel (ca. 75 cm lang), 4 Liedblätter mit je einem Vers des Liedes (evtl. handgeschrieben, Druckbuchstaben).

*Herstellung:* Kartonstücke lochen; auf je ein Kartonblatt einen Liedvers kleben; Titel gestalten (z. B. mit der Liedüberschrift und dem Namen des Kindes). Dann zu jedem Liedvers eine Bildseite machen: z. B. zu Vers 1 = Hände, Vers 2 = Kinder unterwegs, Vers 3 = Zwei streiten sich, Vers 4 = Sonne, Licht, frohe Kinder. Die Seiten mit einer Kordel oder Schnur zusammenbinden.

*Hinweis:* u. U. eignet sich diese Werkaufgabe auch über zwei Einheiten. Das Riesenliederbuch eignet sich als Gruppenaufgabe oder als Einzelarbeit.

## VARIANTE 2

● *Erzählung:* **Der Papierflieger**

Julia hat mit ihrer Mutter gestritten. Es ist ziemlich laut zugegangen bei Müllers. »Du verstehst mich nicht – du bist die blödeste Mama, die ich kenne«, keifte Julia. »Immer soll ich ein braves Mädchen sein und mit dir die Tante besuchen. Ich will aber heute nicht mitgehen. Ich will zu Bianca und nicht mit dir«, hat Julia geschrien. Die Mutter hörte erst ruhig zu. Aber Julia wurde immer lautstarker. Zuletzt brüllte sie: »Nein, nein, nein. Du kannst mir nicht befehlen. Ich will heute machen, was ich will. Mach doch deinen Besuch alleine.« Dann knallte sie ihre Bücher auf den Boden und schluchzte wütend. Traurig sagte die Mutter: »Geh nach oben in dein Zimmer. Ich will dich erst wieder sehen, wenn du nicht mehr so dickköpfig bist. Du weißt, daß der Besuch heut sein muß. Friederike ist schließlich deine Patentante.«

Murrend rannte Julia nach oben. In ihrem Zimmer holte sie ihre Lieblingspuppe und legte sich aufs Bett. Lange schimpfte sie vor sich hin. Erst langsam beruhigte sie sich wieder. Unten hörte sie die Mutter arbeiten. Die Mittagszeit geht vorüber. Niemand ruft sie zum Essen. Plötzlich merkt Julia, wie sinnlos dieser Zank mit der Mutter ist. Leise murmelt sie vor sich hin. »Meine Freundin könnte ich auch morgen besuchen. Manchmal ist es bei Tante Friederike ganz hübsch. Soll ich nicht doch mit Mama gehen?« Laut sagt sie: »Wie sage ich bloß, daß mir der Streit leid tut?«

Julia geht zum Fenster. Lange überlegt sie sich, wie sie sich bei der Mutter entschuldigen könnte. Plötzlich hat sie eine Idee: Sie holt ein Blatt Papier, faltet einen Papierflieger. Mit einem dicken Stift schreibt sie auf die Flügel: ENTSCHULDIGUNG. Sie öffnet ihre Zimmertür und lauscht, bis sie Geräusche von unten hört. Die Mutter ist im Treppenhaus zugange. Schnell läßt Julia den Papierflieger durchs Treppenhaus gleiten. Er fällt der Mutter vor die Füße. Einen Augenblick ist es ganz still. Dann lacht die Mutter und ruft:»Komm, Julia, das Mittagessen wartet.«

● *Aufgabe:*Wir falten einen Papierflieger und beschriften ihn – für alle Fälle, wo wir das Wort»Entschuldigung« brauchen.
*Material:*weiße Papierbögen DIN A 4 oder Zeitungspapier, Schere, Wachs- oder Filzstifte.

*Lied:*»Halte zu mir, guter Gott«
*Gebet und Segensgruß*

*Gebet:*

Lieber Gott,
manchmal ist es so schwer,
einen Fehler zuzugeben.
Vergib, wenn wir harte Worte zueinander sagen.
Schenke uns Mut, daß wir unsere Schuld einsehen.
Gib uns Liebe, einander zu verzeihen,
so wie du es in deinem Gebet lehrst:
 *(gemeinsam:)*
Vergib uns unsere Schuld
wie wir vergeben unseren Schuldigern.
Und führe uns nicht in Versuchung,
sondern erlöse uns von dem Bösen.
Denn dein ist das Reich und die Kraft
und die Herrlichkeit in Ewigkeit.   Amen

*Literaturangabe:*
Rudolf Schnackenburg, Matthäusevangelium, Die Neue Echter Bibel,
Kommentar zum Neuen Testament mit der Einheitsübersetzung, Band 1.2,
Echter Verlag, Würzburg

# Freunde haben – Grenzen überwinden
Text: Die Heilung des Gelähmten (Markus 2,1–12)

HERBERT WÜRTH

## I. Vorüberlegungen: Kinder und das Thema

### A. Grenzen erfahren

Kinder vergleichen sich mit größeren Kindern und mit Erwachsenen. Dabei spüren sie in vielen Dingen des Alltags wie auch bei den Verboten der Eltern ihre Kleinheit und Begrenztheit. Diese Erfahrung führt zur Einsicht: »Ich kann nicht alles – ich brauche andere.«

Kinder erleben Aus-Grenzung, Im-Stich-gelassen-Werden, zum Beispiel durch Abwesenheit der Eltern, viel bedrohlicher, weil ihnen die Bewältigungsmechanismen fehlen.

### B. Kinder und Freunde

Um diese Grenzen zu überwinden, sind Kinder auf Freundschaften angewiesen, noch stärker als Erwachsene.

Gleichaltrige sind hierbei als Spielkameraden und als Bestätigung gegen andere (Eltern, andere Cliquen) wichtig. Dabei machen sie die Erfahrung: Ich bin nicht allein. Und: Ich kann anderen vertrauen.

Teilen, für die Kleinsten eine schwere Aufgabe, wird mit Freunden eine beglückende Erfahrung. Auch streiten und versöhnen wird hier eingeübt.

### C. Jesus als Freund

Neben den Vorstellungen von Gott als Vater, König, Hirte usw. ist in der Kindheit die des Freundes besonders wichtig. Gott (und der ihn repräsentierende Jesus) als helfenden Freund erkennen – das sollen Kinder in dieser Geschichte erfahren.

### D. Kinder und Krankheit

Kinder erfahren Behinderungen bei anderen, Krankheiten und Begrenzungen bei sich selbst. Die Einschränkung der Bewegungsfreiheit durch eine Krankheit wird als bedrohlich erfahren, selbst wenn diese in der Sicht der Erwachsenen harmlos ist. Freunde sind nötig, die mittragen und helfen.

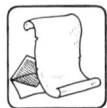

## II. Die Botschaft des Textes

*A. Zum ganzen Text*

— Überschrift im ev.-kath. Kommentar von J. Gnilka: »Die Vollmacht des Menschensohnes über die Sünde«. Dies ist sicher die Hauptabsicht dieses Abschnitts.

— Die Betonung liegt nicht auf dem Wunder, sondern auf der Bestätigung Jesu durch das Wunder, und dies in der Auseinandersetzung mit Schriftgelehrten.

— Der Abschluß, der damit auch die Absicht der Erzählung anzeigt, ist (wie oft bei Wundergeschichten) das Lob Gottes.

*B. Wort- und Sacherklärungen*

— *»Das Wort reden«* ist ein Begriff aus der urchristlichen Missionssprache.

— *Bett* bezeichnet hier das Bett des armen Mannes, eine Matte.

— Die Krankheit ist mit *Gicht* sehr unzulänglich beschrieben. Sicher ist als Folge dieser Krankheit eine Lähmung eingetreten. Den Grad der Behinderung kann man daran ersehen, daß vier Männer nötig sind, um den Gelähmten zu tragen.

— *Haus:* In Palästina bestand das Haus in der Regel aus einem einzigen Raum. Das Dach war flach und bestand aus Holzstangen, zwischen die Zweige und Schilf geflochten waren. Das Geflecht war mit Lehm abgedichtet. Auf das Dach führte meist eine Außentreppe.

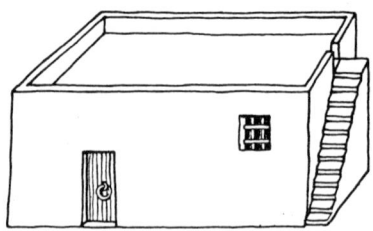

— *Glaube:* nicht der des Kranken, auch kein ausgeführtes Glaubensbekenntnis, sondern ein unbändiges Vertrauen der Freunde auf die Heilungskraft Jesu (stellvertretender Glaube).

— *»Was ist schwerer?«* Auf den ersten Blick wohl die sichtbare Heilung, dem Kern nach (denn es gab zu Jesu Zeiten viele Berichte von Wunderheilungen) die vollmächtige Sündenvergebung. Für Jesus gehört beides untrennbar zusammen (Ganzheitlichkeit).

— Folgendes Zitat von J. Gnilka ergibt eine andere Perspektive: »Der Transport durch das Dach erfolgt ursprünglich nicht wegen der Menge, sondern um den Krankheitsdämon zu hintergehen. Er soll den regulären Eingang des Hauses nicht kennen, um nicht zurückkehren zu können.« (Das Evangelium nach Markus, Ev.-Kath. Kommentar, S. 97)

*C. Sündenvergebung*

— Sind Sündenvergebung und Heilung zwei Seiten derselben Sache?
— Der Vorwurf der Gotteslästerung steht im Raum. Auch der Messias und der messianische Hohepriester haben keine Vollmacht, Sünden zu vergeben. Auf Gotteslästerung stand die Todesstrafe.
— Diesem Vorwurf wird zweifach begegnet: Erstens durch den Hinweis auf die Vollmacht als »Menschensohn« (nach den Spätschriften des AT: dem Boten Gottes in der Endzeit) und zweitens durch die Bestätigung des Wunders.
— Die Verse 5b–10 (die Sündenvergebung samt anschließender Diskussion) werden von etlichen Auslegern als später, schon vor Markus hinzugefügter Zusatz bezeichnet.
— These: Die Zuwendung Jesu zum Gelähmten und die Aufnahme in die Gemeinschaft ist schon Zeichen der Sündenvergebung.

## III. Die Botschaft und die Kinder

▶ Der exegetische Schwerpunkt liegt auf der Auseinandersetzung um die Sündenvergebung. Für die Kleinsten ist die Geschichte jedoch als Vertrauensgeschichte zu erzählen: Ein Mensch wird gesund.

▶ Es ist wohl legitim, den Gelähmten als jungen Mann darzustellen. Damit wird für Kinder klar, daß es sich nicht um (etwa altersbedingte) Gebrechlichkeit handelt.

▶ Das »Grenzen überwinden« impliziert eine Identifikation mit dem Gelähmten. Wo demgegenüber die Identifikation mit den Freunden geschieht, ist dies mehr im Sinne einer Aufforderung: »Hilf auch du!« (Diakonie).

▶ Sünde und Krankheit: Diesem (verhängnisvollen) Zusammenhang ist zu wehren. Es ist vielmehr vom Heil-werden von Körper und Seele zu reden.

▶ Kinder und Sünde: Kinder im Alter von 4–6 haben mit dem Begriff und der Sache »Sünde« noch keine Beziehung. Als böse empfindet sich das Kind, wenn es die Anordnungen der Eltern nicht befolgt. Sünde wird (auch Erwachsenen-Mißverständnis) moralisch als Ungehorsam aufgefaßt.

▶ Einem weiteren Mißverständnis wird man wohl kaum ganz entgehen können: Jesus als der große Zauberer (Natürlich sollte man dies nicht auch noch verstärken).

▶ »Freunde haben – Grenzen überwinden.« Unter diesem Titel ist diese Geschichte eine Wagnis- und Vertrauensgeschichte: Der Gelähmte vertraut seinen Freunden, die Freunde vertrauen Jesus.

## IV. Zur Darbietung

### A. *Entscheidungen auf dem Weg zur Darbietung*

▶ »Der junge Mann«: Ich habe ihm keinen Namen gegeben. Wenn Kinder diese Geschichte später wieder hören, dann aber unter anderem Namen, werden sie sie kaum als dieselbe Geschichte wiedererkennen.

▶ Da die Verse 5b–10 als späterer Zusatz angesehen werden können und sie für Kinder zu schwierig sind, wird auf den Begriff der Sünde und der Sündenvergebung verzichtet. Statt dessen wird in die Erzählung die Frage eingeflochten:»Bin ich von Gott vergessen?«

▶ In der Zielsetzung für diese Geschichte will ich mich Pfarrer Heiner Hägele anschließen:»Die Not des Gelähmten, der Einsatz der Freunde und Jesu Hilfe für den ganzen Menschen sollen Schwerpunkte unserer Erzählung für die Kleinen sein.« (in:»Evang. Kinderkirche« 3/1976, S. 235)

### B. *Wie man den Text über mehrere Einheiten verteilen kann*

● *Erzählen*
Unter V. findet sich eine Erzählung aus der Sicht des jungen Mannes, die auf mehrere Sonntage aufgeteilt werden kann. Wer mit Hilfsmitteln (siehe VII.) erzählen will, sollte dies lieber aus der Sicht eines Freundes tun.

● *Gestalten eines Bilderbuches*
Fotokopierte DIN-A4-Blätter (mit Umrissen und knappstem Text) jeden Sonntag nach der Geschichte austeilen und ausmalen lassen. Nach dem letzten Sonntag zu einem Bilderbuch zusammenheften und mit nach Hause geben.

● *Gestalten eines Spielliedes*
Von einem Spiellied (z. B. das umgearbeitete von U. Gohl, siehe VI.) jeden Sonntag einige Verse singen und am letzten Sonntag die Geschichte mit allen Versen spielen.

● Es ist ratsam, einen Liedvers (z. B.»Nun laßt uns Gott, dem Herren«, EKG/LfJ 227,1 oder eines der anderen Lieder, siehe VI.) und den unter VI. angegebenen Psalm (oder einen anderen) über die ganze Reihe beizubehalten, da die Kleinen noch ohne Lesekenntnisse sind.

## C. Vorschlag für vier Einheiten

1. EINHEIT
*Intention:* **Mitfühlen mit einem, der nicht laufen kann.**
a. Wie ist es, wenn man nicht mehr laufen kann:
   Kleine Übungen: Ein Kind muß von anderen Kindern über Hindernisse zu einem Platz gebracht werden, ohne daß es seine Füße zu Hilfe nimmt

(oder stellt sich ein Mitarbeiter zur Verfügung?). Vielleicht findet man einen Teppich und trägt den Betreffenden damit ein Stück weit.

b. Erzählen: Vom jungen gelähmten Mann und seinen Freunden.

**2. EINHEIT**

*Intention:* **Miterleben, daß Jesus ein Freund und Helfer ist.**

a. Erzählen, wie der Gelähmte zu Jesus gebracht und geheilt wird.

b. Einen Freudentanz des Gelähmten mit seinen Freunden erfinden, in den nach und nach alle anderen einbezogen werden (z. B.»Singt und tanzt«, siehe VI. D.)

**3. EINHEIT**

*Intention:* **Erkennen, daß es auch unter uns Leute gibt, die nicht mehr auf die Füße kommen. Außenseiter-Problematik aufzeigen.**

a. »Helen lernt leben« (aus der Bilderbuchreihe »Religion für kleine Leute«, Verlag Ernst Kaufmann)

b. »Angelika« (in: »Vorlesebuch Religion«, Bd. 1, S. 33, Verlag Ernst Kaufmann). Die Erzählung so verändern, daß es sich nicht um eine Schulklasse handelt.

**4. EINHEIT**

*Intention:* **Geschichte nochmals im Zusammenhang erleben; Jesus als Freund.**

a. Eine außerbiblische Geschichte (siehe VII.)

b. Die Geschichte wiederholen, spielen und singen.

# V. Erzählung: »Der Gelähmte« (Markus 2,1 ff.)

*1. Der junge Mann kann nicht gehen.*

Ein junger Mann lebt in Kapernaum bei seiner Mutter.

»Mama, wenn ich nur gehen könnte.« Viele Male sagt er das am Tag.

Da seufzt seine Mutter. »Ja, das wäre schön«, sagt sie.

Aber sie sagt es ohne Hoffnung.

Der junge Mann hat starke Arme. Für die ist nichts zu schwer.

Aber seine Beine sind lahm, gelähmt seit seiner Kindheit.

Mit seinen starken Armen kann er sich im Haus überall hinschleppen.

Manchmal versucht er, sich am Tisch hochzuziehen.

Aber auf seinen Füßen kann er nicht stehen.

Deshalb kommt er draußen nicht weit. Da wird er bald müde.

Dort begegnen ihm unfreundliche Leute.

»Du kriechst wie ein Wurm«, sagen manche.

Dann möchte er gar nicht mehr leben.

Andere schauen mitleidsvoll auf ihn herab.

Auch das ist schlimm für den jungen Mann.

Eigentlich freut er sich nur, wenn seine vier Freunde zu ihm kommen.

Die kommen manchmal und erzählen, was sie gerade gemacht haben.

Doch irgendwann gehen auch sie wieder.

Dann bleibt der junge Mann zurück und ist wieder allein.
»Mama, hat mich Gott ganz vergessen?«
Das fragt der junge Mann oft, wenn er auf seinem Bett liegt.
Darauf weiß seine Mutter keine Antwort.
»Gott hat auch uns nicht vergessen«, sagt sie dann.
An ihrer Stimme merkt man, daß ihr dieser Satz schwerfällt.

*2. Jesus ist in der Stadt.*

Eines Morgens kommen seine vier Freunde ins Haus gestürmt.
»Was habt ihr?« fragt der junge Mann.
Er liegt noch auf seiner Matte, auf der er nachts schläft.
»Der Mann aus Nazaret ist in der Stadt!« antworten sie.
»Jesus heißt er, und vielleicht kann er dir helfen.
Wir müssen dich schnell hinbringen.
Es sind noch nicht so viele Leute bei ihm.«
Die vier Freunde nehmen die Matte, auf der der junge Mann liegt.
An den vier Enden halten sie die Matte und tragen ihn hinaus.
Im Eiltempo geht es durch die Straßen.
Die vier Freunde wissen, wo es hingeht.
Der junge Mann sieht nur die Wände und die Dächer der Häuser.
Seine Freunde gehen schnell.
Dabei kommen sie ganz außer Atem.
Endlich sind sie da.
Aber – die Enttäuschung ist groß: sie kommen zu spät.
Viele, viele Menschen sind schon im Haus.
Sogar draußen wartet eine ganze Menschenmenge.
Einer der Freunde sagt: »Schade. Wir müssen wieder umkehren.«
Doch die anderen sagen: »Nein, das tun wir nicht.«
Jetzt sind wir hier. Wir gehen zu Jesus.«
Doch das ist leichter gesagt als getan.
Die Leute stehen wie eine Mauer.
Sie schauen unfreundlich und rücken noch enger zusammen.
Da ist kein Durchkommen möglich.

*3. Die vier Freunde bringen den jungen Mann bis zu Jesus.*

Wieder beraten die Freunde.
Da zeigt einer auf die Treppe, die außen aufs Dach führt.
Wieder nehmen sie die vier Enden der Matte.
Sie zwängen sich mühsam mit dem jungen Mann die enge Treppe hinauf.
Oben schauen sie sich ratlos an.
Sie hören Jesus unter sich reden.
Aber das flache Dach hat kein Fenster.
Da entdeckt einer eine Hacke.
Damit hackt er den Lehm vom Dach.

Darunter sind Zweige und Äste.
Die ziehen sie mit ihren Händen heraus.
Bald ist ein Loch im Dach.
Durch das Loch sehen sie, wie die Leute erschreckt nach oben blicken.
Doch die Öffnung ist noch nicht groß genug.
Deshalb hacken die Freunde weiter, obwohl einer ruft:»Aufhören!«
Da ist das Loch groß genug.

*4. Jesus hilft dem jungen Mann.*

Einer der Freunde entdeckt Schnüre auf dem Dach.
Die bindet er an die vier Enden der Matte.
Und nun lassen sie ihren Freund auf der Matte hinunter.
Es schaukelt; der junge Mann hat Angst, die Schnüre könnten reißen.
Doch dann kommt er wohlbehalten unten an.
Da liegt er, direkt vor den Füßen Jesu.
Mit seinen kräftigen Armen richtet er sich auf.
Aber weiter geht es nicht.
Das wissen die Leute.
Auch Jesus merkt, daß die Füße des jungen Mannes gelähmt sind.
»Du hast gute Freunde«, sagt Jesus zu ihm.
»Freunde, die etwas für dich tun. Freunde, die dir helfen.
Auch Gott hat dich nicht vergessen.
Gott weiß, daß du gerne laufen willst.
Deine Freunde haben dich hierher getragen.
Heimgehen kannst du allein. Probier's doch mal!«
Weil Jesus ihm das sagt, versucht es der junge Mann.
Und was daheim am Tisch nie geklappt hat, das gelingt jetzt:
Er kann sich aufrichten, er kann stehen!

*5. Das Leben sieht nun anders aus.*

Zum ersten Mal in seinem Leben steht der junge Mann.
Und er schaut auf seine Matte hinab, auf der er sonst immer gelegen
    hatte.
Er merkt jetzt erst, wie groß er ist.
Er merkt jetzt erst, wie es ist,
wenn man in die Gesichter der Menschen blicken kann.
Jesus sagt ihm:»Ich vergebe dir. Nimm deine Matte und geh heim.«
Das läßt sich der junge Mann nicht zweimal sagen.
Mit unsicheren Schritten und mit einem leuchtenden Gesicht
geht er durch die Menschenmenge hindurch.
Einmal dreht er sich noch um.
»Danke«, sagt er und blickt Jesus an.
Dann sieht er den Hausbesitzer.
»Morgen komme ich mit meinen Freunden und repariere das Dach.«

## VI. Bausteine zur Liturgie

### A. Spiellied: Jesus ist gekommen

*Refr.:* Je - sus ist ge - kom - men; wir sind nicht al - lein,

hat uns an- ge- nom- men und will Freund uns sein.

1. Ein Mann lebt in Ka - per - na - um, der

kann nicht gehn noch stehn. Die gan- ze Zeit ist

er im Haus, kann nicht die Stadt be - sehn.

*Refrain:* Jesus ist gekommen, wir sind nicht allein;
hat uns angenommen und will Freund uns sein.

1. Ein Mann lebt in Kapernaum, der kann nicht gehn noch stehn.
   Die ganze Zeit ist er im Haus, kann nicht die Stadt besehn.

2. Gebetet hat er sicher oft:»O Gott, so hilf mir doch!«
   So geht es weiter Tag um Tag. Die Leute spotten noch.

3. Vier Freunde nur hat dieser Mann in dieser großen Stadt.
   Sie kommen und besuchen ihn und geben einen Rat:

4. Sie sagen zu dem kranken Mann:»So elend du auch bist,
   wir tragen dich samt deinem Bett dorthin wo Jesus ist.«

5. Gesagt, getan, dort ist das Haus. Doch leider ganz besetzt!
   Und draußen drängen sich noch mehr. Die Freunde sind entsetzt.

6. Was sollen jetzt die Freunde tun? War dieser Weg umsonst?
   »O nein, ich weiß«, sagt nun ein Freund, »wie du zu Jesus kommst.«

7. Und damit steigen sie aufs Dach, 's ist ihnen nichts zu viel.
   Sie machen sich dort schnell ein Loch und sind jetzt bald am Ziel.

8. Vor Jesus liegt der Lahme nun. Er kann ihn deutlich sehn.
   Und alles schaut zu Jesus hin. Was wird denn jetzt geschehn?

9. »Es kann nicht sein«, sagt Jesus nun, »daß Gott dich je vergißt.
Ich weiß und sage es dir heut: für Gott du wertvoll bist.

10. So nimm dein Bett und gehe heim, dein Leiden hat ein End.
Allein gelassen warst du oft, doch Gott ist's, der dich kennt.«

11. Der Mann geht heim, er springt und hüpft. Er singt und er lobt Gott.
Die Leute freuen sich so sehr. Und jetzt ist alles gut.

Text: Ulrich Gohl, Herbert Würth; Melodie: Ulrich Gohl. Rechte bei den Autoren.

## B. *Psalm-Vorschlag*

(Der Refrain ist derselbe wie der des Spielliedes auf der linken Seite; er kann also auch gesungen werden.)

*Refrain:* Jesus ist gekommen, wir sind nicht allein;
hat uns angenommen und will Freund uns sein.

Gott, es gibt Tage, da sind wir allein.
Das ist nicht schön.
Manchmal haben wir Angst.
*Refrain*

Gott, es gibt Tage, da gelingt uns nichts.
Allein schaffen wir es nicht.
Aber keiner ist da, der uns hilft.
*Refrain*

Gott, es gibt Tage, da hätten wir gerne einen Freund.
Wie gut, daß du da bist.
Du verläßt uns nicht.
*Refrain*

Gott, es gibt Tage, da freuen wir uns.
Freunde helfen uns.
wir können lachen und springen.
Danke, guter Gott. Amen.

## C. *Weitere Psalmen und Gebete*

»Gott macht mir leicht meine Last«, Sprechtext von Maria Hermann in »Evang. Kinderkirche«, 1/1983, S. 11.

»Herr, erbarme dich« (in: »Fröhlich Herz«, S. 94)

Vielleicht erarbeiten Sie zusammen mit den Kindern Dank- und Bittgebete, in denen Sie an die denken, die Freunde brauchen.

## D. *Lieder*

»Nun laßt uns Gott, dem Herren« (EKG/LfJ 227,1)

»Gott, du hast uns Augen gegeben« (LfJ 684)

»Singt und tanzt und jubelt laut vor Freuden« (Neue Lieder II/Württ., Nr. 786, nur Refrain)

»Wenn einer sagt: Ich mag dich, du« (in: »Mal Gottes Regenbogen«, Nr. 95)

»Das wünsch ich sehr, daß immer einer bei mir wär« (in: »Mal Gottes Regenbogen«, Nr. 16)

## VII. Weitere Materialien

In den Kinderbibeln (z. B. von I. Weth, W. Laubi) finden sich weitere gute Gedanken und manche Illustration zur Erzählung.
U. Manfroid hat in »Evang. Kinderkirche 1/1974, S. 22 f. eine Erzählung zu den Bildern von Kees de Kort geschrieben.

Das Bild von Kees de Kort, wie der Kranke durch die Dachöffnung vor die Füße Jesu heruntergelassen wird, ist auch als Poster erhältlich (Calwer Verlag, Scharnhauser Str. 44, 7000 Stuttgart 70)

Wenn mit Hilfsmitteln erzählt wird:
— Klopapier-Rollen: Gesicht und Füße aufmalen, Wollfäden als Haare aufkleben
— Streichholzschachtel-Gesicht: Taschentuch über zwei Finger stecken, eine Streichholzschachtel-Hülle mit Papier bekleben und darauf ein Gesicht malen, diese Hülle auf die beiden Finger stecken.
— Stehkino (siehe »Komm, wir suchen Bethlehem«, S. 24)
Ein Bild zum Krank-sein. Mit den Kindern überlegen:
— Was fehlt der/dem Kranken?
— Können wir uns in sie/ihn hineinversetzen?
— Wo braucht sie/er Hilfe? Was kann man nicht tun, wenn man krank ist?
— Als ich einmal krank war. (Siehe Entwurf »Krank sein – gesund sein«, Seite 122)
Mit Duplo-Steinen ein palästinensisches Haus bauen und (ohne Figuren!) damit die Geschichte und das Dach-Abdecken erzählen.
Das Palästina-Haus des Aue-Verlags (Bogen Nr. 17) basteln.

Eine außerbiblische Geschichte wäre möglich, wie »Ausgerechnet im Urlaub« von Rolf Krenzer (Kurze Geschichte 1, S. 90 ff: Nachdem Ingo im Urlaub krank war, kann er sich danach ganz anders über den Urlaub freuen. Beim eigenen Nach-Erzählen ist diese Geschichte etwas einfacher zu gestalten.)
Weitere Geschichten in den »Vorlesebüchern Religion« (Band 1–3) Verlag Ernst Kaufmann, unter den Stichworten »Freund« und »Freundschaft«.

*Literaturhinweise*

Joachim Gnilka, »Das Evangelium nach Markus, Evangelisch-katholischer Kommentar zum Neuen Testament«, Band 2/1, Neukirchner Verlag/Benziger Verlag
Wolfgang-Jürgen Stark (Hrsg.), »Geschichten der Bibel für die Kleinsten im Kindergottesdienst«, Gütersloher Verlagshaus
Regine Schindler, »Helen lernt leben«, aus der Reihe: »Religion für kleine Leute«, Verlag Ernst Kaufmann
Dietrich Steinwede/Sabine Ruprecht, »Vorlesebuch Religion«, Band 1–3, Verlag Ernst Kaufmann
Rolf Krenzer, Anneliese Pokrandt und Richard Rogge, »Kurze Geschichten 1«, Verlag Ernst Kaufmann
Irmgard Weth, »Neukirchner Kinder-Bibel«, mit Bildern von Kees de Kort, Neukirchner Verlag
Werner Laubi/Annegert Fuchshuber, »Kinderbibel«, Verlag Ernst Kaufmann
Andreas Weidle (Hg.), »Komm, wir suchen Bethlehem«, Verlag Junge Gemeinde

# III.

# Aktives und Kreatives zum Spielen, Basteln und Feiern

MATERIALTEIL

# Musikalische Spiele und Geschichten verklanglichen

*Einfacher und schöpferischer Umgang mit Musik in Kindergottesdienst und Kindergruppen*

HEINZ-GÜNTER BEUTLER-LOTZ

## Ermutigung

Musik trägt den Gottesdienst, sie erzählt Geschichten, ruft unsere Bitten und unseren Dank zu Gott, öffnet uns die Sinne, läßt uns klingen, bringt in Bewegung und zur Ruhe. In den letzten 15 Jahren hat sich die moderne geistliche Musik gewandelt. Wie in einem weitverzweigten Baum finden sich heute viele Liederdichter, Komponisten und Gruppen, die ihre Lieder für jung und alt, für Große und Kleine, in Noten und Liederbüchern, auf Kassetten und CDs bereithalten. Das Angebot, die Richtungen und Verlage sind kaum mehr zu überblicken. Und manche Mitarbeiter/innen erschrecken bei der großen Auswahl, wenn sie noch unbekannte Noten sehen oder »so schöne« Musik hören. Sie denken dann: »Das kann ich nicht anleiten. Das können wir nicht singen. Bei uns wird das nie was . . .«

Aber vielleicht muß ja in unserer kirchlichen Gruppenarbeit nicht jeder Ton konzertreif stimmen, sondern eher aus dem Herzen klingen. Es ist die Frage, was wichtiger ist: die Kinder und ihre Freude oder die Kunst und ihre Werktreue. Ich muß mich als Mitarbeiter/in nur – so unbeholfen ich mich auch fühle – auf den Weg machen, etwas Neues ausprobieren zu wollen. Einmal in Schwung gekommen, werden sich dann überraschende Entdeckungen und neue – gute und weniger glückliche – Erfahrungen die Hand geben und mich vorantreiben bei den vielfältigen Formen des kreativen Gestaltens und Kommunizierens.

## Die Idee

Musik liegt uns im Blut, brennt uns unter den Schuhsohlen, verleiht unseren Gefühlen Flügel, läßt uns im Rhythmus des Lebens tanzen und springen. Deshalb spielt in unseren Kindergottesdiensten die Musik eine große Rolle: Wir singen viel, altes und neues; wir hören Musik zur Meditation und tanzen zu ihr; und wir machen selbst Musik und neue Erfahrungen mit unseren Fähigkeiten als Erwachsene und Kinder.

Zu zwei Möglichkeiten für einen schöpferischen Umgang mit Musik im Kindergottesdienst, Kindergarten und in der Gruppenarbeit möchte ich einladen:

1. *Musikalische Spiele,* die Freude machen und die eigene Wahrnehmung fördern, die mit Vertrauen und Verständigung zu tun haben und das Gruppengefühl stärken;
2. *Geschichten verklanglichen,* d. h. gemeinsam z. B. eine biblische Geschichte in Töne umsetzen, so daß spätere Zuhörer vielleicht die Geschichte wiedererkennen.

Beide Richtungen des musikalischen Gestaltens ergänzen sich gut, können aber auch alleine auftauchen.

## Unser Körper als Instrument

Wir legen ein menschengroßes Blatt Papier in unsere Mitte und setzen uns außen herum. Einer darf sich auf das Papier legen, und einer oder mehrere andere zeichnen seinen Umriß mit dicken Filzstiften. In diese große Zeichnung werden wir unsere gesammelten Erfahrungen mit bunten Stiften eintragen. Bei unseren Füßen fangen wir an und arbeiten uns langsam vor. Gemeinsam probieren wir an jeder Station, was alles hörbar wird und überlegen, was damit ausgedrückt werden kann.

| | |
|---|---|
| **Zehen** | barfuß mit Fußspitzen trippeln, schleichen |
| **Ferse** | klopfen |
| **Fuß** | stampfen, scharren |
| **Knie** | zusammenschlagen |
| **Oberschenkel** | mit den Händen draufschlagen |
| **Faust** | in die hohle Hand schlagen, auf verschiedenem Untergrund klopfen |
| **Handwurzel** | aneinanderklopfen |
| **Fingerspitzen** | beide Hände gegeneinander klopfen, auf verschiedenem Material |
| **Fingernägel** | schaben, kratzen, reiben |
| **Fingerknochen** | anklopfen, Pferdehufe, Uhrpendel |
| **Hand** | patschen, schlagen, klatschen, flach, hohl, auf verschiedenem Untergrund |
| **Backen** | aufblasen, mit den Fingern anklopfen, tribbeln, Luft herausklopfen |
| **Lippen** | locker lassen, mit Fingern spielen, Regentropfen |
| **Mund** | Zungenschnalzen, die vielen Äußerungsformen: lallen, murmeln, grunzen, pfeifen, stöhnen, husten, singen, schmatzen, gurren, posaunen, meckern, wiehern, schnauben, miauen usw. |
| **seufzen** | ausatmen mit geschlossenem Mund oder kurz ausatmen durch die Nase oder lang einatmen auf h, einsaugen |
| **schlürfen** | lang einatmen auf sch |
| **gurgeln** | auf r im Gaumen |
| **schnarren** | durch Zungen r oder Lippen br |
| **fauchen** | auf f (mit der Stimme wird es w) |
| **zischen** | auf s, sch, ts |

## Die Instrumente

Als Instrumente läßt sich alles verwenden, was irgendwie klingt. Die bekannten Orff-Instrumente Xylophon, Metallophon, Triangel, Rassel, Klanghölzer und Trommeln eignen sich ebenso wie Haushaltsgeräte, Dosen, Flaschen, Metallreste, Holzteile, Papier und andere Umweltmaterialien.

Einfache Klanginstrumente lassen sich leicht selbst anfertigen. Bauanleitungen finden sich in der Literatur inzwischen viele, und in der religionspädagogischen Fortbildung gibt es Praxisseminare und Workshops. Wer sich umhört und umschaut, wird so manches entdecken, was klingen kann und mit dem einfaches Musizieren Freude macht.

Auch unser ganzer Körper verfügt außer über den Mund noch über viele Möglichkeiten. Gerade in der Vielfalt und Unterschiedlichkeit der vorhandenen Klangkörper liegt der Reiz zum Spielen und Gestalten. Hier ist – ausnahmsweise – weniger nicht mehr.

## Der Anfang

In einem geräumigen und freundlichen Raum lagern wir uns auf Sitzkissen oder Decken in einem Kreis. Die Instrumente kommen in die Mitte. Das Sitzen auf dem Boden hat sich für alle Altersstufen als günstig erwiesen, denn jeder kann – ohne zu stören – seine Körperhaltung wechseln. Der Kreis bietet sich an, damit jeder jeden gleich gut sehen kann. Es ist die Standardsitzordnung unserer Kindergottesdienste.

Am Anfang stehen bei den musikalischen Spielen wie beim Verklanglichen von Geschichten erste Erfahrungen mit den wesentlichen Elementen der Musik und den Möglichkeiten der »Instrumente«.

---

**Mit Musik und Instrumenten vertraut werden**

● *Spiel: Instrumente aushorchen und ausspielen*
Jeder kann beliebig die vorhandenen Instrumente erproben,
Klangeigenschaften und unterschiedliche Spieltechniken untersuchen.
Wir lassen uns Zeit, vieles auszuführen. Wurden dann genügend
Anfangserfahrungen gesammelt, gehen wir zum nächsten Spiel über.

● *Spiel: Musikalische Grundelemente erleben*
Nachdem sich jeder erst einmal für ein Instrument entschieden hat, üben
wir gemeinsam laut – leise, hell – dunkel, schnell – langsam, hoch – tief,
klingend – nicht klingend usw. zu spielen.

● *Spiel: Instrumente vorstellen*
Jeder soll nun die Möglichkeit seines Instruments den anderen vorstellen
und die Gruppe versucht, dies dann jeweils nachzumachen.

## Einige Instrumentenbau-Ideen

Trompete aus einem Schlauch mit einem alten Trichter. Geht auch ohne Mundstück. Plastikmundstücke gibt es billig in Musikgeschäften.

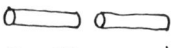

Klanghölzer aus einem zersägten Rundholz, z.B. einem Besenstiel

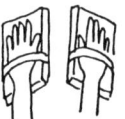

Handbretter aus Holzscheiben. Die Riemen sind aus einem breiten Gummiband od. Fahrradschlauch.

Nagelspiel. Auf einem Holzbrett bilden viele Nägel einen Kreiszaun. Kliddes und Metallkugel können hier kreisen.

Metallophon. Moniereisenreste von einer Baustelle auf eine Waschmitteltrommel gelegt.

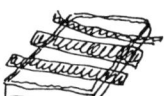

Holzspiel: Verschiedene Holzleisten auf einer Zigarrenkiste, deren Rand mit Tesamoll beklebt wird.

Waldteufel aus einem Holzstück mit Kerbe und einem Yoghurtbecher.

Glasspiel mit alten Gläsern oder Flaschen, unterschiedlich mit Sand oder Wasser augefüllt.

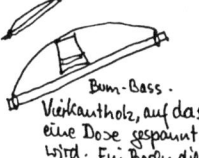

Bum-Bass. Vierkantholz, auf das eine Dose gespannt wird. Ein Bogen dient zum Spielen.

Rassel. Mit unterschiedlichem Material angefüllte Hohlkörper (Dosen, Schachteln, Bambus).

Blumentopf-Glockenspiel. Holz- od. Metallstücke als Schläger eingebunden.

Schellenkranz. Um einen Holzring werden viele kleine Schellen (Glöckchen), die es in Bastlergeschäften gibt, festgebunden.

Gummi-Zupfbrett. Über eine offene Dose werden Gummis gespannt. Diese können abgezupft oder angeschlagen werden.

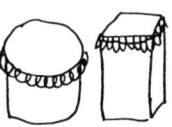

Trommeln aus alten Kästen und Dosen mit starkem Papier und einmal mit Butterbrotpapier und ein anderes mal mit Plastik bespannt.

Klingelwurm. An einem Kleiderbügel hängen die unterschiedlichsten Klingeln, Schellen und Glöckchen.

## Musikalische Spiele

Es geht nicht darum,»Musik zu machen« oder ein »musikalisches Kunstwerk« zu produzieren, sondern vielmehr um gemeinsame Spiele mit Instrumenten und Stimmen. Die Liturgie unserer Kindergottesdienste, der Wechsel von Sprache und Liedern und der Wechsel einer – alle ist nichts anderes als ein geordnetes Spiel. Leider fehlt in diesem liturgischen Spiel so oft etwas von der Menschenfreundlichkeit und Freiheit unseres Gottes; Form und Ablauf erstarren, und für die Bedürfnisse von Kindern und Mitarbeitern bleibt kein Raum. In den gemeinsamen Spielen dagegen bringen wir beides in Einklang: unseren Spieltrieb, den Bewegungsdrang, die Lust, etwas gemeinsam zu tun, und die Freundlichkeit und Freiheit unseres Gottes.

Einmal in Gang gekommen, leben diese Spiele davon, daß sie sich weiterentwickeln. Auch müssen die Grenzen zwischen dem vorstehenden Mitarbeiter und der Gruppe fließend werden, denn jeder soll seine Vorschläge einbringen. Im musikalischen Spiel wie vor Gott sind alle gleich, dürfen ihre Rollen zwischen Vor- und Nachmachen wechseln. Der einzelne erfährt durch den schöpferischen Umgang mit der Musik in einer überschaubaren Gruppe, daß Gemeinschaft aus dem gemeinsamen Vollzug heraus wächst und daß die gegenseitige Annahme ein Gefühl der Geborgenheit vermittelt.

Insgesamt sind es also Spiele, die Phantasie entfalten, von Freiheit und Vielfalt, von Behutsamkeit und Verständigung leben. Spiele für alle.

---

### Einige Spielanregungen

● *Sich mit Instrumenten begegnen und begrüßen*
Unsere Sprache ist ausgefallen, und wir können uns nur noch über unsere Instrumente verständigen. Wir gehen mit ihnen durch den Raum, reden so vor uns hin, und wenn wir auf andere treffen, begrüßen wir sie, versuchen uns zu unterhalten und verabschieden uns wieder.

● *Sich mit Instrumenten verständigen*
Wieder im Kreis versucht jeder, mit einem anderen von gegenüber Kontakt aufzunehmen und ein Gespräch ohne Worte zu führen.

● *Charakter-Klischees oder Stimmungen spielen*
Wir versuchen gemeinsam mit den Instrumenten verschiedene Stimmung darzustellen: zornig, traurig, fröhlich, ruhig, gesprächig, zurückhaltend etc.

● *Typen spielen*
Jeder darf sich einen »Typ« ausdenken, z. B. der Kluge, der Dumme, der Große, der Kleine, der Faule, und diesen dann musikalisch den anderen vorstellen. Die Gruppe versucht die Improvisation nachzuspielen und dann zu deuten, was sie gehört und nachgemacht haben.

● *Einschläfern und Aufwecken/Aktiv und Passiv*
Immer zwei spielen wechselweise zusammen: Zuerst liegt der eine
entspannt auf dem Boden und der andere versucht ihm mit seinem
Instrument »etwas Gutes« zu tun (schöne, ruhige, einschläfernde Musik).
Nach einer Pause weckt er seinen Partner mit der Musik wieder auf. Dann
tauschen beide ihre Rolle, und am Ende reden sie darüber, wie sie sich
gefühlt haben.

● *Blindenführung*
Immer zwei spielen miteinander und tauschen mindestens einmal ihre
Rollen. Gemeinsam einigen sie sich darauf, wer zuerst die Augen schließt
und wer mit dem Instrument führen darf. Der Aktive führt den Blinden mit
seiner Musik auf geraden und dann auch auf Schlangenlinien durch den
Raum.

● *Führe mich nicht in Versuchung*
Immer drei tun sich zusammen, um dieses Blindenführen zu spielen: Einer
wird geführt, einer führt, der Dritte mischt sich ein und versucht, mit dem
gleichen Geräusch bzw. Instrument den Blinden auf seine eigene Bahn
abzulenken.

● *Sich im Meer der Töne wiederfinden*
Zwei einigen sich im Stehen auf einen Ton, schließen die Augen und gehen
still durch den Raum. Auf ein Zeichen hin beginnen alle, mit ihren
Geräuschen den jeweiligen Partner wiederzufinden. Wer sich gefunden
hat, bleibt stehen und wartet, bis alle gefunden sind, und dann erst läßt sich
über die Erfahrung reden.

● *Blind ein Ziel erreichen*
Zwei stehen als Signalbojen einer Hafeneinfahrt im Raum und tönen mit
ihren Stimmen oder Instrumenten. Die anderen dürfen alle nacheinander
blind durch den Raum und diese Hafeneinfahrt ziehen.

● *Klingende Schienen*
Alle bilden eine breite Gasse, durch die jeder blind ziehen darf. Die
Mitspieler, an denen der Blinde gerade vorbeizieht, beginnen dann jeweils
mit ihrem Spiel und klingen.

● *Musikalischer Kreis*
Alle haben die Augen geschlossen, und einer beginnt auf seinem
Instrument bzw. mit seiner Stimme. Nach einer Weile beginnt auch sein
linker Nebenmann, und so setzt einer nach dem anderen ein, bis sich der
Kreis wieder schließt. Genauso nehmen nun die Klänge auch wieder ab.

## Geschichten verklanglichen

Geschichten, das können die eigenen Alltagserfahrungen der Kinder
und Mitarbeiter sein, die wir thematisch zusammentragen: Geschichten
aus der Schule, vom Spielen, vom Familienleben, vom Arbeitsplatz der

Väter, vom nahe liegenden Flugplatz oder Wald; Geschichten von eigenen Erlebnissen. Ebensogut aber können es biblische und außerbiblische Erzählungen sein, die die Kinder neu kennenlernen sollen, weil wir sie für wesentlich halten.

Lebenserfahrungen aus den eigenen Geschichten und die Botschaft der ausgewählten Geschichten sollen jeweils mit allen musikalischen Möglichkeiten gemeinsam hörbar gemacht werden. Je nach dem Wesen der Spiel-Geschichte gibt es dabei zwei grundsätzliche Wege:

● *Eine Geschichte mit durchgängigem Ablauf*

Wir halten uns hautnah an die Ereignisse in der Geschichte und gestalten diese als logische Folge ohne Unterbrechung, z. B.
— die Lebensgeschichte eines Senfkorns,
— der barmherzige Samariter,
— in Urlaub fahren usw.

Gemeinsam überlegen wir den Ablauf unserer Geschichte und gestalten diese musikalisch aus. So spielen wir uns Stück für Stück voran. Am Ende spielen wir das ganze Werk dann mehrmals durch und nehmen die vielleicht noch notwendigen Veränderungen vor.

Zur Unterstützung des Verklanglichens läßt sich eine große Papierrolle in die Mitte legen, sie wird die Partitur unserer Geschichte. Alle Elemente werden dort nacheinander aufgemalt oder aufgeschrieben. Hier zeigen Farben, Zeichen und Wörter dann die Instrumente, Spielweisen und was sie darstellen sollten, in der Reihenfolge der Ereignisse. Für eine Wiederholung ist die Partitur vor Augen allen Spielern eine gute Gedächtnisstütze.

● *Eine Folge von losen übertragenen Szenen*

Gemeinsam mit der Gruppe oder in unserer eigenen Vorbereitung arbeiten wir die wesentlichen inhaltlichen Elemente der Geschichte heraus und bringen sie auf Begriffe der Gegenwart, d. h. aus dem eigenen Erfahrungsbereich, z. B.
— beim verlorenen Sohn
  die Szenen: zusammensein – sich lösen – suchen – finden – feiern,
— bei der Geschichte von Noah
  die Szenen: böse Erde – Familie Noah – Untergang – Regenbogenland;
— bei der Geschichte von der Sturmstillung
  die Szenen: Angst haben – Geborgen sein usw.

Zu diesen Begriffen gestalten wir dann musikalische Bilder. Wir können zu den Begriffen jeweils immer wieder neu improvisieren und so spontane Stimmungsbilder herstellen. Weiter lassen sich diese Bilder nach mehrfachem Spielen auch genauer festhalten. Hier sind dann große Pa-

pierbogen, auf denen wir unsere »Festschreibungen« aufmalen, hilfreich. Auf jedem Stimmungsbogen können wir auch alle verbalen Ein-
fälle zu den besonders groß aufgeschriebenen Begriffen und den erfundenen Spielweisen niederschreiben.

## Die Aufführung

Die gemeinsam verklanglichten Geschichten sind kein Selbstzweck,
sie wollen und sollen auch anderen zu Gehör gebracht werden, bedürfen
einer »Aufführung«. Wenn sich eine Kindergottesdienstgruppe 45 Mi-
nuten Zeit für das musikalische Gestalten einer Geschichte genommen
hat, kann sie ihre Schöpfung im Schlußteil den anderen noch vorspielen.
Musikalische Geschichten sind in der Regel schneller vorgeführt, als von
den Spielern angenommen wird. Bei der Aufführung sollten die Zuhörer
bequem liegen oder sitzen und ihre Augen geschlossen halten. Nachdem
der letzte Ton verklungen ist, warten wir eine Weile, und dann lassen wir
die Zuhörer erzählen, was sie alles gehört und gedacht haben. Erst danach berichten wir, was die Gruppe darstellen wollte und um welche Geschichte es sich handelt. Solch eine Aufführung ist für Zuhörer und für
die Spieler ein eindrucksvolles Ereignis.

Eine auf Papier gebannte Geschichte läßt sich mit denselben Spielern auch noch in der folgenden Woche einer anderen Kindergruppe
(Jungschar, Kinderhort) oder beim Seniorennachmittag oder im Familiengottesdienst aufführen. Es wird in jedem Fall eine Bereicherung. Sind
die Zuhörer schon mit solchen kleinen Musikbildern vertraut, können
wir sie auch zu einfachem gemeinsamem Musizieren einladen. Zusammen lassen sich ganz einfach Stimmungsbilder zu Begriffen ausspielen.
Auf alle Fälle aber bieten solche Aktionen reichlich Anlaß zum Kennenlernen und Sichnnäherkommen von unterschiedlichen Gruppen der Gemeinde. Es ist ein kleiner Beitrag zur Vernetzung der Gemeinde.

## Mit der Gemeinde improvisieren

Die sonn- und festtägliche Gemeinde darf man nicht über-, aber auch
nicht unterfordern. Viele sind für Neues aufgeschlossen, wenn man sie
behutsam anleitet. In Gottesdiensten mit Großen und Kleinen, Alten und
Jungen haben wir beim schöpferischen Einsatz von Musik, einfachen Instrumenten und unseren Fähigkeiten gute Erfahrungen gemacht. Einige
Ideen zum Anregen und Weiterspinnen:

● *Musikalische Lesung*

Eine biblische Geschichte wird mit Dias gezeigt. Die Gemeinde vertont mit den Instrumenten, was sie sieht. Dann wird die Geschichte erzählt . . .

● *Musikalisches Spiel*

Kinder oder Erwachsene spielen eine Geschichte oder Situation mit ihren Körpern ohne Worte (z. B. das Werden und Vergehen einer Blume, die Einsamkeit Jesu und die Flucht der Jünger). Die Gemeinde wird zwischendrin ermutigt, mit ihren Instrumenten mitzuwirken (im Beispiel: zur Erde zu werden, zum Regen, zu Sonne ... oder zur Dunkelheit, zu Weglaufenden, zu Soldaten ...).

● *Musikalische Gebete*

Kyrie: Mitarbeiter/innen haben knapp gehaltene Gebete vorbereitet, z. B.: »Gott, viele Menschen sind traurig, weil ... Sie fühlen sich so, wie unsere Musik klingt ...« und die Gemeinde stimmt ein und singt dann ein »Herr, erbarme dich«.

Gloria: »Gott, wir freuen uns über ... unsere Musik klingt dir zur Ehre!« Und die Gemeinde vertont das jeweilige Sprachbild, bis am Ende zusammen ein »Ehre sei Gott« gesungen wird.

So gestaltet sich eine lebendige Liturgie »mit Herzen, Mund und Händen«, und viele können dabei mitwirken.

*Literaturhinweise*

H. Buzasi, Musikinstrumente aus Krimskrams. Bauanleitungen, Stuttgart 1978

H.-H. Decker-Voigt, Musik als Lebenshilfe, Band A und B. 80 bzw. 40 Beispiele aus dem Vorfeld der Musik, Lilienthal 1975

F. Harz, Musik, Kind und Glaube. Zum Umgang mit Musik in der religiösen Erziehung, Stuttgart 1982

M. und W. Jehn, Musikalische Spielzeugkiste, Hör-Spiele. Klangexperimente mit Spielsachen, Lilienthal 1979

W. Keller, Ludi musica Band 2, Schallspiele, Anleitung und Modelle zum Gruppenimprovisieren mit Geräuschen, Klängen und Tönen für Spieler aller Altersstufen, Boppard o. J.

M. Küntzel-Hansen, Musik mit Kindern. Versuche mit Geräusch und Klang. Stuttgart 1973

U. Martini, Musikinstrumente – erfinden, bauen, spielen. Anleitungen und Vorschläge für die pädagogische Arbeit. Stuttgart 1980

H. J. Quoos, P. Ausländer, Bau einfacher Instrumente und erstes Zusammenspiel. Rothe Reihe universal Edition Band 68, Wien 1977

R. Schmidt, Musik und Spiel in Religionsunterricht und Jugendarbeit, Stuttgart 1983 (Praktische Anleitungen. Beispiele und Modelle)

B. Schlaudt, ». . . so spielt die Kindergottesdienstband«, Materialheft 59 der Beratungsstelle für Gestaltung von Gottesdiensten, Frankfurt 1990 (Anleitungen, Ideen, Modelle, Noten, zusätzlich Liederheft und MC)

J. Schwarting, da capo – Klingende Geschichte für Vorschul- und Grundschulkinder mit einer praktischen Einführung und praktischen Beispielen von Klangszenen, Boppard 1976

# Bewegungslieder

*Ausgewählt und zusammengestellt*
*von* SILKE WAIBEL *und* ALMA GRÜSSHABER

### Körpererfahrungen

Die Kinder nehmen ihre Umwelt mit dem ganzen Körper und allen Sinnen wahr. Es macht ihnen Spaß und Freude, sich zu bewegen. Sie haben die Möglichkeit, aus sich herauszugehen und Stimmungen kommen zu lassen. Wut, Lachen, Freude, Traurigkeit, Aggressionen werden auf diese Weise dargestellt und auch ausgelebt. Dies schafft ein inneres Gleichgewicht, da Kinder ja oft ihre Stimmungen oder Gefühle nicht in Worte fassen können.

Hier ist die Phantasie gefragt: z. B. eigene Bewegungen erfinden, Kontakt zu anderen aufnehmen, eigene Ideen ausprobieren und vor allem Spaß haben.

### Konzentrationsübungen

Kinder lassen sich durch Geräusche oder neue Bewegungen schnell ablenken. Sie sind geradezu empfänglich für jeden Impuls – ob er der momentanen Situation dient oder von der Sache weglenkt. So ist es manchmal notwendig, ein Bewegungslied einzusetzen, damit eine Kindergruppe nicht »ausrastet«. Im vorgegebenen Bewegungsablauf finden Kinder sich wieder, orientieren sich neu und sind nicht nur dem eigenen Gefühl überlassen. Bewegungslieder schaffen aber auch Brücken vom Gehörtem zu Erlebtem. Wie hilfreich sind etwa Spiellieder, um den Inhalt einer Erzählung nochmals nachzuvollziehen.

### »Wer singt, sinkt nicht«

Es ist für gestreßte Kindergottesdienst-Mitarbeiterinnen und Mitarbeiter sehr zu empfehlen, die »Ohrwürmer«, d. h. die liebsten Lieder der Gruppe zu kennen, um sie jederzeit einsetzen zu können. Vielleicht hat das Singen bei einem Bewegungslied nicht immer höchste musikalische Qualität, dafür helfen aber die Bewegungen dem einzelnen Kind, das Lied vertraut zu machen.

Wenn eine Kindergottesdienstgruppe noch wenig Bewegungslieder kennt, dann können zunächst diese vertieft werden. Wer neue Lieder mit Bewegungen einführt, sollte wissen, daß jede Bewegung bleiben muß, so wie sie eingeführt wurde, bis sie sitzt und wieder verändert werden kann. Lieber sparsam z. B. nur mit *einer* Bewegung ein Lied einführen, als sich und den Kindern eine Fülle von Verrenkungen zumuten.

Ein Bewegungslied wird eingeführt wie andere Lieder auch:
— Melodie vertraut machen (Flötenbegleitung, Gitarrenmusik oder Summen).
— Den Text erläutern: Was sehen wir vor uns?
  Wie könnten wir das singen?
— Bewegungen vorgeben oder erarbeiten (z. B. die Kinder machen ihre Ideen vor, wir erproben sie – dann aber beibehalten).

Die folgenden Lieder sind nur ein Ausschnitt dessen, was es an Bewegungsliedern gibt und was täglich neu hinzukommt. Wir haben hier bewußt heitere, lustige Lieder aufgenommen, die für die »Pausen« oder »Übergänge« im Kindergottesdienst eingesetzt werden können.

### Hände drücken, Hände drücken

(Text und Melodie: Rolf Krenzer, aus: Lotz/Krenzer, »Hast du unsern Hund gesehen?«, Verlag Ernst Kaufmann, Lahr, und Kösel-Verlag, München

▶ *Bewegungen:* Hier einfach nach den Vorgaben die Bewegungen ausführen: klatschen, schnalzen, winken, putzen:

Händeklatschen – Ich klatsche mit der rechten Hand
Fingerschnalzen – Ich schnalze mit der rechten Hand
Lustig winken – Ich winke mit der rechten Hand
Zähne putzen – Ich putze mit der rechten Hand
Schuhe putzen – Ich putze mit der rechten Hand
Nase putzen – Ich putze mit der rechten Hand

## Wenn du glücklich bist

Aus: Gerhard Schöne, »Das Auto von Lucio.
Kinderlieder aus aller Welt«,
Patmos Verlag, Düsseldorf 1991

▶ *Bewegungen:* Hier werden die Bewegungen einfach nach dem Text dazu gespielt: klatschen, stampfen, seufzen, schmatzen, alles nochmals tun.

\*

## Wir werden immer größer *(Melodie siehe Seite 35)*

▶ *Bewegungen dazu:* Die Hände wandern wie auf einer unsichtbaren Treppe
immer höher, bis alle Hände ganz oben sind.
　　Manchmal stellen sich die Kinder auch noch auf einen Stuhl, um richtig
»groß« zu sein. (Ein Bewegungsablauf zu diesem Lied findet sich auch in dem
Modell »Ich bin ich«, S. 35)

(Weitere Bewegungslieder finden sich im Modellteil S. 35, 43, 44, 66, 84, 98, 105,
121, 129, 150.)

# Fingerspiele – wozu sie gut sind

SILKE WAIBEL

Kinder haben einen ungeheuren Bewegungsdrang. Gerade nach konzentriertem Erleben (z. B. Geschichten hören, Bilderbuch anschauen etc.) ist Bewegung angesagt. Aber auch dann, wenn große Unruhe herrscht und wir Mitarbeiter/innen die Gruppe zur Ruhe bringen wollen. Manchmal fasziniert ein Fingerspiel oder ein Bewegungslied so, daß danach eine ganz andere Atmosphäre entstanden ist und die Kinder gelöst und frei werden.

Wichtig ist bei Fingerspielen und Bewegungsliedern, das Geschehen von laut nach leise zu lenken, bewegte und ruhige Phasen in eine gute Abfolge zu bringen.

### In einem kleinen Häuschen . . .

| | |
|---|---|
| In einem kleinen Häuschen | *(mit den Händen ein Dach darstellen)* |
| sind schrecklich viele Mäuschen. | *(wegwerfende Handbewegung)* |
| Sie kribbeln und krabbeln, | |
| sie zippeln und zappeln, | *(mit den Fingern zappeln)* |
| auf Tische und Bänke | *(Finger auf den Armen hin-her wandern lassen)* |
| auf Stühle und Schränke. | |
| Und will man sie fangen, | *(Hände fassen zu)* |
| Husch, sind sie alle weg! | *(Hände verschwinden auf dem Rücken)* |
| Und sie kommen erst wieder, | |
| wenn alle | *(Trampeln, schreien, singen mit der Zunge schnalzen . . .)* |

oder ganz leise sind.
(mündlich überliefert)

### Wo ist Daumen
(zu singen nach der Melodie »Bruder Jakob)

| | |
|---|---|
| »Wo ist Daumen? Wo ist Daumen?« | *(Die Hand ist versteckt hinter dem Rücken)* |
| »Hier bin ich! Hier bin ich!« | *(nun taucht nur der Daumen auf)* |
| »Was machst du heut morgen?« | *(Daumen antwortet gleich)* |
| »Ich geh' heut einkaufen.« | |
| »Tschüs. Ade.« | |

—  »Dann geht das Lied weiter:
»Wo ist Zeigefinger?« (Mittelfinger, Ringfinger, kleiner Finger)
Die Kinder können sich selbst einiges überlegen, z. B. einen Finger einfach nicht

erscheinen lassen und die Kinder rätseln lassen, was los sein könnte (Urlaub, Geburtstag . . .).
Der Finger könnte auch krank sein. Dann müssen wir ihn trösten. Wir wünschen »Gute Besserung« und »Bleib gesund«.
Ganz besonders freuen sich die Kinder auf den kleinen Finger, vor allem wenn dieser mal wieder frech war oder etwas angestellt hat. Bei »was machst du heute morgen?« hört man ihn schmatzen. Dann hat er z. B. mal am Nutellaglas genascht oder Gummibärchenhunger gehabt oder ganz tollen Quatsch gemacht (die Kinder selbst erfinden lassen).

### Laßt uns tanzen
(Melodie: »Bruder Jakob«)

| | |
|---|---|
| Laßt uns tanzen | *(4 Schritte zur Mitte gehen und klatschen)* |
| Laßt uns tanzen | *(wieder herausgehen)* |
| hin und her | *(mit dem rechten Fuß einen Seitschritt)* |
| hin und her | *(linker Fuß setzt nach. Linker Fuß zur Seite, rechter Fuß setzt nach – wiederholen)* |
| Rundherum im Kreise | *(Hände in die Hüfte stemmen und sich um sich* |
| Rundherum im Kreise | *selbst drehen. Dann Richtungswechsel)* |
| Bleiben stehn | *(auf der Stelle stampfen, wiederholen)* |
| bleiben stehn. | |

### Die Hand, die steigt

| | |
|---|---|
| Die Hand, die steigt den Berg hinauf | *(linker Arm nach vorn ausgestreckt ist der Berg. Rechte Hand steigt hoch an* |
| Jetzt bleibt sie erst mal stehn. | *der Armbeuge. Halt.)* |
| Soll ich zwicken? | *(Das Kind kann entscheiden, sich* |
| Soll ich kneifen? | *wünschen)* |
| Oder soll ich weitergehn? | *(die Hand klettert weiter)* |
| Die Hand, die steigt den Berg hinauf | *(An der Schulter ist sie endlich)* |
| – jetzt steht sie endlich obendrauf | *(oben angelangt)* |
| Und von da oben rutscht sie munter | *(abrutschen lassen)* |
| den | |
| ganzen | |
| Berg | |
| hinunter. | (mündlich überliefert) |

Die Kinder können mit einem Arm den Berg darstellen, mit der anderen Hand daran hochklettern. Spannend und aufregend ist es aber, wenn immer zwei zusammen spielen. Der eine stellt mit dem ausgestreckten Arm den Berg dar, der andere klettert daran hoch (danach Spielerwechsel).

### Die Stecknadel und der Luftballon.

Ich bin eine Stecknadel  *(Zeigefinger hochstrecken, Stimme sehr hoch)*
und ich ein dicker Luftbal-  *(andere Handfläche als Luftballon, tiefe*
lon.  *Stimme)*
Ich bin sehr spitz  *(Finger in die Höhe recken, hohe Stimme)*
und ich bin ganz rund.  *(Ballon mit Handfläche zeigen, tiefe Stimme)*
Weißt du was? Machen wir  *(Finger, hohe Stimme)*
ein Schmätterrengtängtäng.
Ich mache pieks –  *(Stecknadel sticht in den Luftballon. lautes*
und du machst PENG.  *»Peng«.)*
  (mündlich überliefert)

*Variante:*
Beim nächsten Spiel wechseln die Kinder ab – die Stecknadelhand ist nun der
Luftballon usw.

### Alle Leut, alle Leut

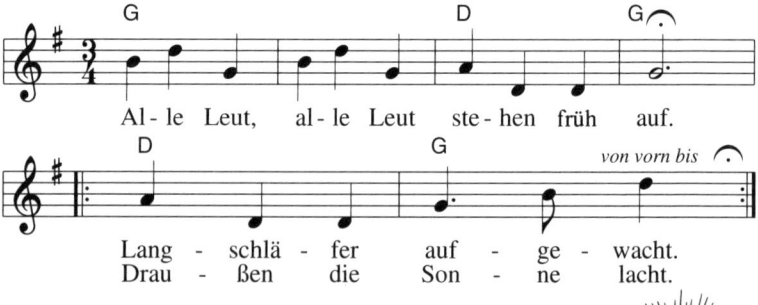

Al - le  Leut,  al - le  Leut  ste - hen  früh  auf.

Lang - schlä - fer  auf - ge - wacht.
Drau - ßen  die  Son - ne  lacht.

Alle Leut, alle Leut, stehen früh auf.
Langschläfer aufgewacht.
Draußen die Sonne lacht.
Alle Leut, alle Leut,
stehen jetzt auf.«

Kinder liegen auf dem Boden und schlafen. Nach und nach werden alle munter.
Wir gähnen, reiben uns die Augen etc.
Zum Schluß marschieren wir im Kreis hintereinander und singen dazu.

*(Weitere Fingerspiele finden sich S. 69 und 187)*

# Allerlei Bastelideen

## Einfache Figuren aus Papprollen

Aus Papprollen (z. B. Toiletten- oder Küchenrollen) lassen sich leicht Figuren gestalten, die im Kindergottesdienst eingesetzt werden können oder die Kinder als Erinnerung an das Thema des Gottesdienstes mitbekommen. Außer der Papprolle werden bunte Papierreste (Illustrierte, Tonpapier), zurechtgeschnittene Wollfäden, Stoffreste und Klebstoff benötigt.

Das Gesicht entsteht durch Papierreste, die man auf die Rolle klebt. Eine hervorstehende Nase kann aus Tonpapier geschnitten werden. Haare oder Federn werden aus Wollfäden oder Stoffstreifen gemacht und an der Rolle befestigt.

Man kann die Figur auch mit Füßen ausstatten (aus Tonpapier ausschneiden und ankleben). Zum Schluß kann die Rolle angemalt oder mit Stoffresten beklebt werden.

*Peter Hitzelberger*

\*

## Summende Biene

*Material:* pro Biene 2 Wäscheklammern aus Holz (Halterung entfernen); 2 Stück Kork, ca. 6–8 mm dick (von einem Flaschenkorken abschneiden) 4–5 mm breiter Streifen Gummi von einem Luftballon; ein Stück Schnur oder Kordel, ca. 50 cm lang; orangefarbenes Tonpapier, schwarzer Filzstift; Klebstoff, Schere, Bleistift.

*Arbeitsgang:* Den Körper der Biene aus Tonpapier ausschneiden (siehe Muster) und bemalen. Wäscheklammerteile seitenverkehrt aufeinanderlegen und den Bienenleib einkleben. In der Mitte der aneinandergeklebten Holzklammern die Korkscheiben aufsetzen, festkleben. Den Gummi über Holzklammer und Korkscheibe spannen. An einem Klammerende den Faden oder die Kordel festbinden. Nun kann die Biene summen. In großen Kreisen schwenken, dann wird das Summen hörbar.

*Almut Seeger*

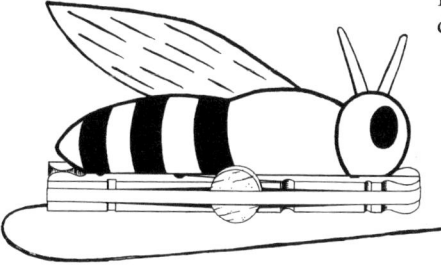

## Bastelanleitung für eine Schafmarionette
*(Die Vorlage ist um ein Drittel verkleinert)*

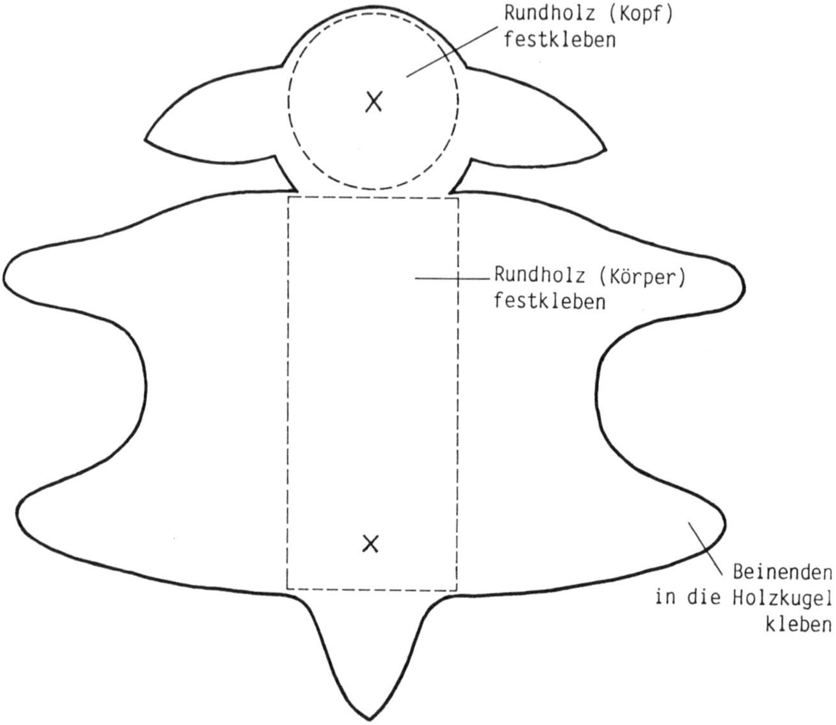

Rundholz (Kopf)
festkleben

X

Rundholz (Körper)
festkleben

X

Beinenden
in die Holzkugel
kleben

**Material:**

Filz
Rohwolle
4 Holzkugeln Ø 2 cm
2 Rundhölzer Ø 3,5 cm
(evtl. abgesägter Besenstiel)
– für den Körper 8 cm lang
– für den Kopf 4 cm lang
Wollfaden ca. 1 m lang
Nadel
Schere
Filzstift

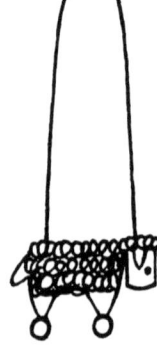

**Herstellung:**

Die Schafschablone aus Filz
ausschneiden und mit Rohwolle
bekleben.
Rundholz für den Körper der
Länge nach befestigen.
Das Rundholz für den Kopf wird
Hochkant angeklebt.
Augen mit Filzstift aufmalen.
Den Wollfaden an den beiden
bezeichneten Stellen (x) befestigen.
*(Waltraud Hörsch)*

# Bastelanleitung für Tonpapierfiguren im Sandkasten

ANTJE BONMANN

*1. Herstellung des Sandkastens*

Dazu benötigen wir eine einfache Obstkiste, einen-120-l-Müllsack (blau) und Sand. Statt der Obstkiste kann auch ein großer Verpackungskarton (von einem Fernsehapparat) verwendet werden (so die Anleitung von Hans Peter Adler u. Petra Vöge in:»Arbeitsfeld Kinderkirche – heute und morgen«, S. 180 f., Verlag Junge Gemeinde). Die Kiste kann nun einfach in den Sack hineingeschoben werden. Wenn die Innenseiten der Kiste gut ausgekleidet sind, wird das Sackende zusammengedreht und in einer Falte versteckt. Man kann aber auch die Kiste nur innen mit der Folie des Müllsacks auskleiden. Durch die Folie wird es auch möglich einen See darzustellen.

Wo Gebirge oder ein Berg entstehen soll, kann man Styroporplatten hineinlegen, die mit Sand bedeckt werden. Mit großen und kleinen Steinen, Moos und Zweigen kann man Landschaften gestalten. Alles, was die Natur bietet, kann mit etwas Phantasie eingesetzt werden.

*2. Material für die Tonpapierfiguren*

Vorteilhaft ist es, sich einzelne Grundelemente als Schablonen zu fertigen, die als Vorlagen für unterschiedliche Figuren u. ä. dienen. Andere Farbwahl des Tonpapiers, veränderte Kopfbedeckung, andere Bärte und schon haben wir es mit einer anderen Figur zu tun.

Als Material für die Figuren genügt normalerweise Tonpapier, da wir ohnehin mit doppeltem Material arbeiten. Zwischen den einzelnen Teilen muß ja ein Zahnstocher fixiert werden, um die Finger in den Sand stecken zu können. Bei größeren Flächen (Kulissen) oder strapazierten Requisiten sollte man Fotokarton verwenden.

Mit Ökopapieren habe ich keine Erfahrung, aber es gibt sie inzwischen auf dem Markt (der Schwermetallgehalt soll geringer sein).

Papierreste, die bei der Herstellung anfallen, sollten gesammelt werden. Gerade für Haare, Bärte, Gesichter, Hände reichen kleinste Schnipsel aus. Beim Kauf einer DIN-A-4-Tonpapiermappe oder eines Tonpapierzeichenblocks hat man gleich eine entsprechende Farbvielfalt. Der Gestaltungsvariation für die einzelnen Figuren sind keine Grenzen gesetzt.

Neben den farbigen Tonpapieren sind folgende zusätzliche Materialien wichtig:

— Zahnstocher und Schaschlikspieße,
— Wolle (z. B. für Tierschwanz),
— Holzperle natur, ∅ ca. 18 mm, und weißer Pfeifenputzer (für Jesuskind; dieses kann aber auch einfach aus Tonpapier ausgeschnitten werden – siehe Foto.)
— Klebstoff.

*3. Herstellung der Tonpapierfiguren*

Am Beispiel einiger Figuren aus der Weihnachtsgeschichte führe ich die einzelnen Schritte der Fertigstellung aus. Ähnlich ist die Vorgehensweise bei anderen Figuren:

1. Alle Teile liegen ausgeschnitten vor uns.
2. Die Hände werden im Falz umgeklappt und im Gelenkbereich zusammengeklebt.
3. Das Handgelenk auf dem unteren Armteil fixieren und oberes Armteil deckungsgleich aufkleben. Zweiten Arm genauso vorbereiten.
4. Beide Arme so auf die Rückseite des Vorderteils kleben, daß sie im Halsbereich aneinanderstoßen und schräg nach unten vom Körper weisen.                    *(weiter auf Seite 184)*

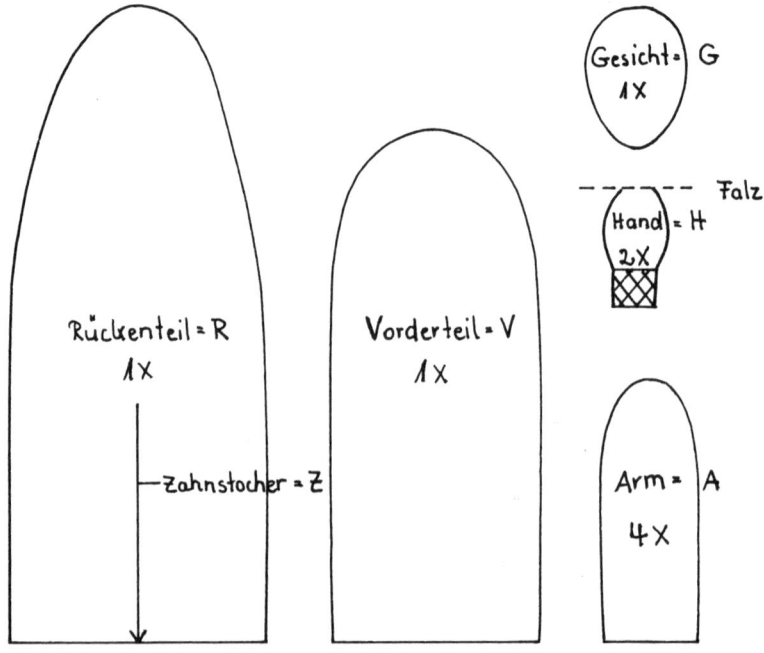

Schablonen MARIA (im Original Figur 10,5 cm hoch)

Beispiel einer Szene aus der Weihnachtsgeschichte wie sie mit Tonpapierfiguren im Sandkasten dargestellt werden kann.

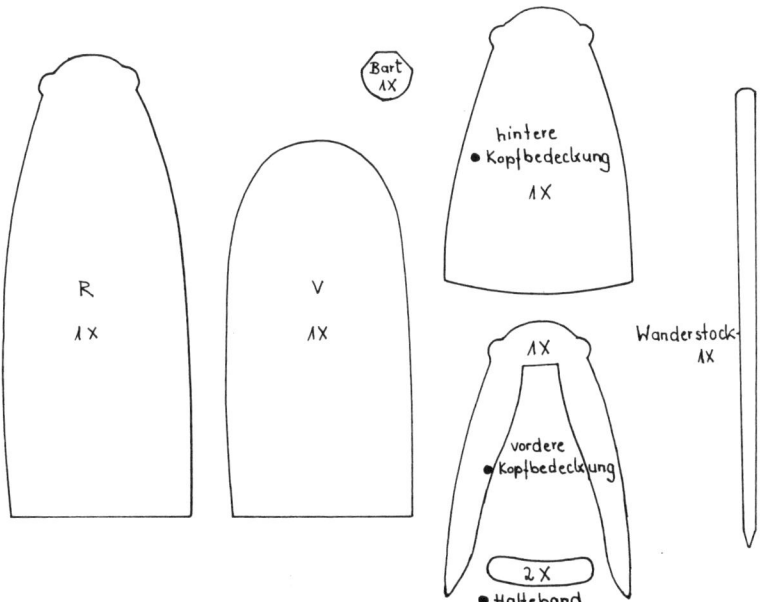

Schablonen JOSEF (im Original Figur 10,5 cm hoch)

5. Der Länge nach, in der Mitte der Vorderseite des Rückenteils, die obere Hälfte des Zahnstochers fixieren (hängt auch von der Sandkastentiefe ab).
6. Das Vorderteil wird, deckungsgleich mit der unteren Kante des Rückenteils, aufgeklebt. Einen Blick auf die gleichmäßig überstehenden Ränder werfen und gut andrücken.
7. Zum Leben erwacht die Figur mit dem Gesicht. Das Kinn sollte dabei ca. 2–5 mm tief über das Vorderteil geklebt werden. Dadurch erhält der Kopf mehr Stabilität.
8. Bei männlichen Figuren treten durch die unterschiedlichen Kopfbedeckungen und Bärte kleine Abweichungen in der Herstellung auf. Beispielhaft sind die Schablonen für die Josefsfigur dargestellt.

Da Josef eine separate Kopfbedeckung hat, kann das Rückenteil auch durch ein zweites Vorderteil ersetzt werden. Durch die vorgegebene Proportionierung ist es aber mit den angegebenen Schablonen zunächst einfacher.

Wer dem vorgegebenen Stil treu bleiben will, kann auch Gras, Bäume und Büsche aus Tonpapier fertigen. Als Beispiel ist die Schablone für einen Busch dargestellt.

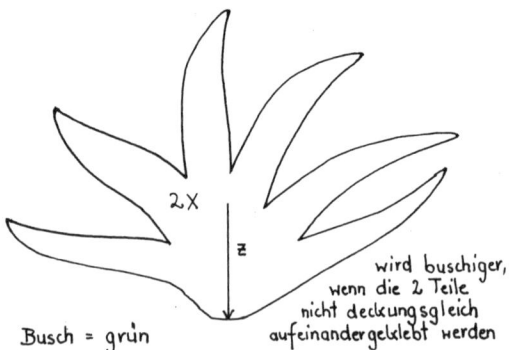

Schablone für einen Busch (im Original 10,5 cm breit)

# Die Geburtstagfeier im Kindergottesdienst

MARIANNE DEHLINGER

### Weshalb Geburtstag feiern?

Zu den großen Höhepunkten im Leben eines Kindes gehört der Geburtstag. Schon lange vor dem Fest freuen sich Kinder auf diesen Tag und zählen Tage und Stunden bis zu diesem Ereignis. Endlich stehen sie im Mittelpunkt: Es ist »ihr« oder »sein« Tag. Ein Jahr älter geworden sein heißt, dem Erwachsenwerden näherkommen. Das Kind erlebt: Ich werde größer.

Während der Erwachsene an seinem Geburtstag zurückschaut auf Vergangenes, lebt das Kind ganz in der Gegenwart, in der Festfreude seines Geburtstages. Mit der Familie und den Freundinnen und Freunden wird gefeiert. Die Vorfreude und die Vorbereitung, die Spannung auf das, was der Tag bringt, der Geburtstagtisch, die Glückwünsche, die Geschenke, das Spiel – all das gehört zum Fest in der Familie.

### Wie feiern wir Kindergeburtstage im Kindergottesdienst?

Auch der Kindergottesdienst sollte die Geburtstage nicht stillschweigend übergehen, gehört doch Fest und Gemeinschaft zum besonderen Part dieser Gottesdienstform. Die Kinder sollen gerade hier erfahren, daß sie geliebt, gewollt und bejaht sind. Doch wie könnte das Geburtstagsfeiern gestaltet werden? Wird der Geburtstag nur erwähnt, indem etwa ein Lied für die Geburtstagskinder gesungen wird, so ist dies zu wenig. Vielleicht könnte jeder Kindergottesdienst seine eigene Form finden, die den Kindern vertraut wird. Jedenfalls ist sicher: Auch ein noch so kleines Fest braucht Zeit und bedarf der Vorbereitung.

### Welche Vorbereitungen erfordert das Geburtstagsfeiern?

Grundsätzlich müßte jeder Mitarbeiterkreis überlegen, welche zeitliche Regelung festgelegt wird:
— Wird jeden Sonntag ein Geburtstag gefeiert?
— Ist einmal im Monat »Sammelfest«?
Bei einer größeren Kindergruppe ist letzteres sinnvoll. Die Vorbereitung dafür nimmt nicht zuviel Zeit in Anspruch; die Durchführung einer Feier könnte z. B. anstelle eines Spiel- oder Bastelangebotes stehen.

In der Mitarbeiterrunde müßten folgende Dinge geklärt werden:
— Welchen »Festablauf« wählen wir (siehe Vorschlag)?
— Welchen Geburtstagskalender führen wir?

— Welches Lied/Kanon ist »das« Geburtstagslied?
— Wie gelingt es, die jeweiligen Geburtstagskinder in den Mittelpunkt
  zu stellen? (optisch und z. B. in der Sitz- oder Stehrunde)
— Welches Gebet oder welcher Psalm wird gesprochen?
— Welche »Bonbons« = Spiele, Geschichten oder Tänze gibt es?
— Welche »Geschenke« gibt es? (Es muß nicht nur Materielles sein –
  z. B. könnten Kinder auch ihr Lieblingsspielzeug mitbringen, oder
  die Mitarbeiter/innen spendieren etwas zum Essen oder Trinken.)

## Praktische Vorschläge für eine Geburtstagsfeier

Sitzordnung möglichst im Kreis (vermittelt Zusammengehörigkeit).

● *1. Einstieg:* Am vergangenen . . . hatte . . . (Name) Geburtstag.
. . . zündet die Geburtstagskerze an.

● *2. Geburtstagslied:*
1. Vers: »Viel Glück und viel Segen auf all deinen Wegen,
Gesundheit und Frohsinn sei auch mit dabei.«
   (Melodie aus »Kleines Liederbuch« oder »Sagt Gott, wie . . .«, S. 101)
2. Vers: »Die Liebe unseres Gottes beschütze dich immer.
Viel Freude und Gutes, das wünschen wir dir.«     (Text: M. Dehlinger)

● *3. Geburtstagsspiele zur Auswahl*
*Stuhlspringen:* Das Geburtstagskind sagt, wie alt sie/er geworden
ist. In die Mitte wird ein kleiner Stuhl (oder ein Kissen) gestellt. Es springt
so oft über den Stuhl, wie es Jahre alt geworden ist. Alle zählen laut die
Jahre mit und klatschen bei jedem Sprung.
*Geburtstagstor:* Kinder stehen sich paarweise gegenüber. Das Geburtstagskind zieht hindurch. (Kann mit dem Geburtslied »Viel
Glück und viel Segen . . .« gespielt werden.)
*Geburtstagsrakete:* Wir lassen für das Geburtstagskind mit Körper-
stimmen eine Rakete steigen:
1. Stufe: Summen
2. Stufe: Schenkel klopfen
3. Stufe: Füße trampeln
4. Stufe: Pfeifen und hochgehobene Arme im großen Bogen nach unten
senken.
*Hoch soll sie/er leben:* Jahre des Geburtstagskindes einsetzen.
Wir bilden einen Kreis um das Geburtstagskind und fassen uns an den
Händen. Wir gehen um das Kind herum und singen.
Beim Wiederholen heben wir das Geburtstagskind hoch in die Luft.
Beim Wiederholen lassen wir den Kreis ganz eng werden, so daß das Geburtstagskind uns alle spürt.
Beim Wiederholen nehmen wir das Geburtstagskind in die Mitte in den
Kreis und tanzen.

*Lied mit Bewegungen und Fingerspiel*

**Ich möchte gern ein Mäuschen sein**

Ich möch-te gern ein Mäus-chen sein, ti-pe ti-pe ti-pe tap. Dann
kom-me ich zu dir her-ein, ti-pe ti-pe ti-pe tap, und
bau-e mir in dei-ner Näh', ti-pe ti-pe ti-pe tap, mein
Haus, daß ich dich im-mer seh, ti-pe ti-pe ti-pe tap.

Text: Rolf Krenzer; Melodie: Hans Werner Clasen
Aus: R. Krenzer/H. W. Clasen: »Ein Lied springt aus der Tür heraus«, ERES Edition
Horst Schubert, 2802 Lilienthal/Bremen 1985.

## Spielanregungen:

KREISSPIEL: Das Geburtstagskind steht oder sitzt im Kreis. Wir gehen zu dem Lied langsam um es herum. Bei jedem »Tipe tipe tipe tap« gehen wir wie kleine Mäuschen ein paar Schritte näher auf das Geburtstagskind zu. Wenn wir ganz nahe bei ihm sind, geben wir ihm die Hände, streicheln es oder legen die Arme um es.

FINGERSPIEL: Ich *(wir schlagen beide Hände vor die Brust)* möchte gern ein Mäuschen sein *(Hände deuten an unserem Kopf die Ohren an)*, tipe tipe tap *(Finger ganz schnell bewegen, als ob wir ganz schnell flitzen)*. Dann komme ich zu dir herein *(zeigen auf das Geburtstagskind)*, tipe tipe tipe tap *(wie oben)*, und baue mir in deiner Nähe *(mit Händen Steine aufeinander setzen)*, tipe tipe tipe tap *(ganz schnell bauen)*, mein Haus *(beide Hände zeigen ein Dach)*, daß ich dich immer seh *(zeigen auf das Geburtstagskind)*.

## Unser Geburtstagslied

*(Die ganze Gruppe oder sieben vom Geburtstagskind ausgewählte Kinder im Kreis. Das Geburtstagskind in der Mitte.)*

*Alle Kreiskinder:*

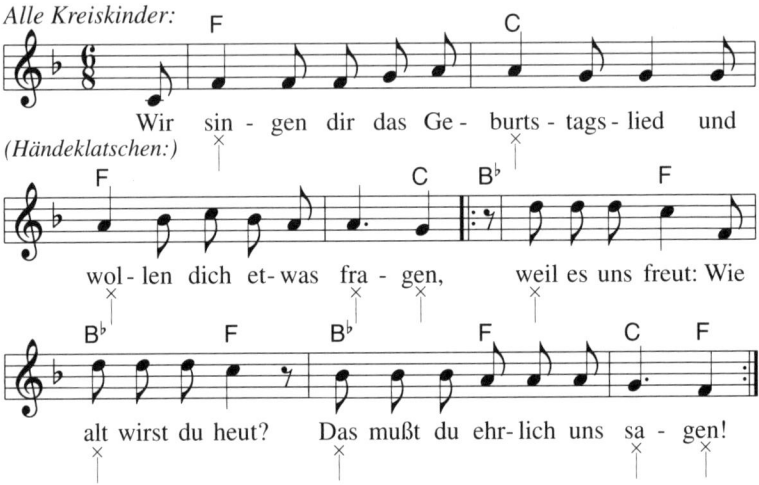

Wir sin - gen dir das Ge - burts - tags - lied und
*(Händeklatschen:)*
wol - len dich et - was fra - gen, weil es uns freut: Wie
alt wirst du heut? Das mußt du ehr - lich uns sa - gen!

Geburtstagskind: 4 (5, 6, 7) Jahre!
1. Kind: Vier Jahre erst?
   Du sollst noch viel älter werden!
Geburtstagskind: Wie alt denn?
1. Kind: So alt wie eine Schildkröte!
2. Kind: Und groß wie eine Mondrakete!
Geburtstagskind: Dankeschön. Da habe ich aber viel Zeit.

*Alle Kreiskinder:*

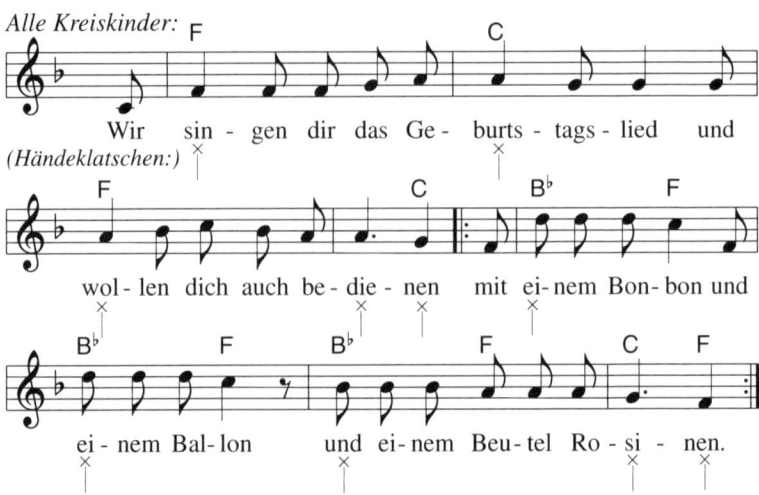

Wir sin - gen dir das Ge - burts - tags - lied und
*(Händeklatschen:)*
wol - len dich auch be - die - nen mit ei - nem Bon - bon und
ei - nem Bal - lon und ei - nem Beu - tel Ro - si - nen.

(1. Kind gibt dem Geburtstagskind einen »kostbaren« Bonbon,
2. Kind einen Luftballon.

Geburtstagskind: Und wo habt ihr die Rosinen?

*Alle Kreiskinder (rhythmisch sprechen!):*

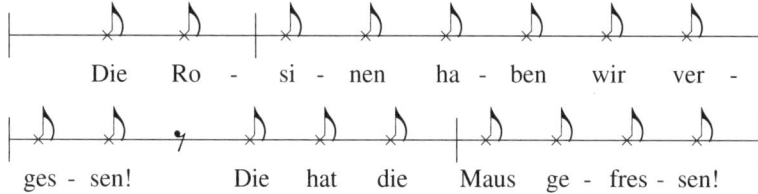

*(Alle Kreiskinder streicheln sich die Bäuche und summen behaglich durch alle Tonhöhen:)*

● *4. Geburtstagsgruß der Mitarbeiter*
Liebe/r . . . . . . wir freuen uns, daß es dich gibt und daß du bei uns im Kindergottesdienst bist. Heute brennt die Kerze für dich. Wir wünschen dir, daß es hell ist auf deinem Weg, daß du froh bist und viel Schönes erlebst. Wir wünschen dir, daß Gott dich beschützt und immer an deiner Seite bleibt.
(Hier können Kinder auch Glückwünsche äußern.)

● *5. Überreichen eines kleinen Geburtstagsgeschenks*

● *6. Dankvers*
»Danket, danket dem Herrn . . .« (Singen mit erhobenen Armen, bei »danket« in die Hände klatschen)
»Vom Aufgang der Sonne . . .« (Singen mit bunten Bändern)

● *7. Gebet*
Unser Vater im Himmel, wir danken dir, daß du . . . unser Geburtstagskind sein . . . Lebensjahr hindurch behütet hast.
Du hast . . . bewahrt in vielen Gefahren.
Du hast . . . gesund gemacht, wenn er/sie krank war.
Du hast . . . wieder Freude geschenkt, wenn er/sie traurig war.
Für das alles danken wir dir und bitten, führe . . . weiter an deiner Hand. Amen.

● *8. Segenslied:*
»Segne uns, o Herr« (z. B. in: Neue Lieder II/Württ., Nr. 809)

## Weitere Ideen zur Geburtstagsgestaltung

GEBURTSTAGSKALENDER:
*Der Geburtstagsbaum* wird auf Packpapier gemalt oder aufgeklebt. Er wird am Anfang des neuen Jahres aufgehängt. Der Baum hat 12 Äste = 12 Monate. An die Äste werden in Blätterform die Namen der Kinder bei der Geburtstagsfeier befestigt.

*Das Geburtstagshaus* wird aufgemalt oder aufgeklebt. Es hat 12 Fenster = 12 Monate. Jeden Monat öffnet sich ein Fenster. Es zeigt Bilder der Geburtstagskinder.

*Die Geburtstagskette.* Ein breites Band (fester Stoff oder Pappe verziert) wird aufgehängt. Die Monate werden angeheftet. Die Namen der Geburtstagskinder werden in die Form einer Blüte, Herz oder Ball hineingeschrieben und dem Monat bei der Geburtstagsfeier zugeordnet.

## Geschenke

Sicher gibt es nette käufliche Geschenke für die Kinder, z. B. Jutetaschen, Kunstpostkarten, Poster etc. Etwas ganz Besonderes ist das kleine selbstgebastelte Geschenk, das die Mitarbeiter vorbereiten.

*Lutscherblume.* Material: Lutscher am Stil, Kreppapier. Der Lutschergröße entsprechend wird ein Kreppapierstreifen zugeschnitten und mit Heftstichen gefaßt. Der Faden wird zusammengezogen, der Streifen erhält die Rundung und wird um den Lutscherrand geklebt.

*Süßer Schmetterling.* Material: Bonbon, Tonpapier. Das Bonbon bildet den Körper des Schmetterlings. Aus Tonpapier wird der Schmetterling ausgeschnitten und auf das Bonbon geklebt. Der Schmetterling wird mit Buntstiften verziert.

*Die Knospe.* Material: Kartonröhre (Toilettenrolle), ein Streifen Packpapier 15 × 17 cm; 3 Streifen Seidenpapier 10 × 30 cm (verschiedene Farben), Bierdeckel, grüne Faltblätter.

Das Packpapier um die Rolle kleben als Knospenhülle. Das grüne Faltblatt als Wiese auf den Bierdeckel kleben, die Rolle daraufkleben. Die 3 Streifen Seidenpapier am unteren Rand aufeinanderkleben, am oberen Rand kammartig einschneiden als Blütenblätter. Die Streifen der Länge nach zusammenrollen, in die Röhre stecken, das überstehende Packpapier zukleben. Am Geburtstag öffnen, Blüte herausziehen und entfalten.

  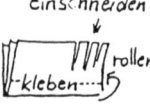 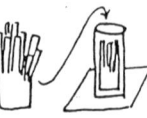 

*Kleine Filzmännlein.* Material: 20 bis 25 cm Filz für Körper und Reste für Hände, Augen, Mund und Backen. Wollreste und Füllwolle. 2 Ovalstücke für Körper ausschneiden. Von rechts mit kleinen Vorstichen dicht an der Kante zusammennähen. Die ausgeschnittenen Hand- und Fußteile an der entsprechenden Stelle einschieben und annähen. Ausstopfen, Haare aus Wollfäden schneiden, oben an Öffnung annähen und das Männlein zunähen.

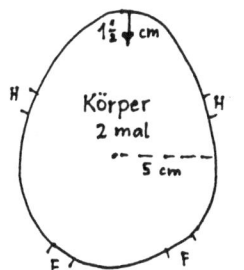

*Mäuschen.* Material: Plüsch, Filz oder fester Stoff 50 × 10 cm, Holzperlen für die Augen, Wolle für das Schwänzchen, Füllmaterial. Seitenteile von links aneinanderstecken und dicht an der Kante mit kleinen Steppstichen zusammennähen. Die Bauchteile annähen. Am linken Teil Öffnung lassen zum Ausstopfen. Arbeit umdrehen und ausstopfen. Wollschwänzchen häkeln oder drehen, am linken Teil beim Zunähen mit einnähen. Ohren annähen, ein wenig darunter Perlenaugen befestigen.

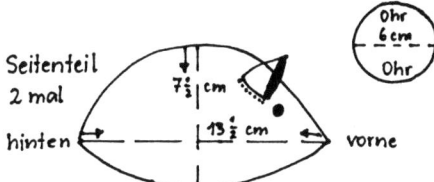

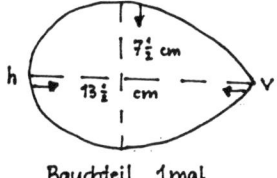

## Geburtstagslieder

»Wir werden immer größer« (siehe Seite 35)
»Wenn einer sagt« (Mal Gottes Regenbogen, Nr. 94)
»Wir feiern heut Geburtstag« (Unser Kinderliederbuch, Nr. 153, Oncken-Verlag/CVH/Bundes-Verlag)
»Weil du heut Geburtstag hast« (Unser Kinderliederbuch, Nr. 155)
»Wir singen vor Freude« (Menschenskinderlieder, Nr. 152)

## Geburtstagsgebete

»Was wünschen wir zum Geburtstag?« (in: Sagt Gott, wie wunderbar, Nr. 101)
»Was sollen wir dir wünschen für ein Leben lang?« (Fröhlich Herz, Nr. 43)

## Die Mitarbeiterinnen und Mitarbeiter dieses Buches

Beutler-Lotz, Heinz-Günter
Theologe und Religionspädagoge
Jahnstraße 1
6536 Gau-Algesheim

Biedenbach, Ute, Pfarrvikarin
Südstraße 93
7100 Heilbronn

Bonmann, Antje, Krankenschwester,
Hausfrau, Kindergottesdienst-
Mitarbeiterin
Wielandstraße 2
6702 Limburgerhof

Dehlinger, Marianne, Katechetin
Winterbacher Straße 22
7064 Remshalden/Hebsack

Eitel, Heide, Erzieherin und Hausfrau
Alte Dorfstraße 47
7000 Stuttgart 70

Grüßhaber, Alma
Supervisorin, Jugendreferentin und
Hausfrau
Birkenwaldstraße 189
7000 Stuttgart 1

Hinterer, Martin, Pfarrer
Nobileweg 1 B
7000 Stuttgart 40

Hitzelberger, Peter, Lektor
und Theologe
Tölzer Straße 5
7000 Stuttgart 50

Hörsch, Waltraut, Erzieherin
Wilhelmstraße 4
7928 Giengen/Brenz

Hudelmayer, Karla, Lehrerin und
Hausfrau
Feldbergstraße 32
7000 Stuttgart 80

Knodel, Thomas und Rotraut
Diakon und Hausmann/Lehrerin
Einsiedlerweg 19
7132 Illingen

Langer, Veronika, Erzieherin und
Hausfrau
Pfaffenäckerweg 4
7415 Wannweil

Lübtow, Joachim von
Kinder- und Jugendlichen-
Psychotherapeut
Augustenstraße 39B
7000 Stuttgart 1

Mattern, Dieter, Pfarrer
Schönbergstraße 7
7000 Stuttgart 70

Mischke, Regine
Sozialpädagogin und Hausfrau
Buchauerstraße 15
7000 Stuttgart 60

Saiger, Rose, Lehrerin und Hausfrau
Wolfmadenstraße 53
7000 Stuttgart 80

Seeger, Almut, Erzieherin
Blumenstraße 8
7920 Heidenheim

Waibel, Silke, Erzieherin
Am Pfarrgarten 9
7050 Waiblingen-Hohenacker

Würth, Herbert, Pfarrer
Pfarrstraße 7
7127 Pleidelsheim